国际出版业发展报告

（2018版）

ANNUAL REPORT ON
INTERNATIONAL PUBLISHING INDUSTRY
（2018）

范军　主编

中国书籍出版社
China Book Press

图书在版编目（CIP）数据

国际出版业发展报告：2018版 /范军主编. — 北京：中国书籍出版社, 2019.7

ISBN 978-7-5068-7328-4

Ⅰ.①国… Ⅱ.①范… Ⅲ.①出版业–研究报告–世界–2018 Ⅳ.①G239.1

中国版本图书馆CIP数据核字(2019)第124077号

国际出版业发展报告（2018版）

范军 主编

责任编辑 朱 琳

责任印制 孙马飞 马 芝

封面设计 许惟一

出版发行 中国书籍出版社

地 址 北京市丰台区三路居路 97 号（邮编：100073）

电 话 (010) 52257143（总编室） (010) 52257140（发行部）

电子邮箱 eo@chinabp.com.cn

经 销 全国新华书店

印 厂 河北省三河市顺兴印务有限公司

开 本 787毫米×1092毫米 1/16

字 数 310千字

印 张 20.5

版 次 2019 年 7月第 1 版 2019 年 7月第 1 次印刷

书 号 ISBN 978-7-5068-7328-4

定 价 128.00 元

前　言

当前，大国战略博弈全面加剧，新一轮科技革命和产业革命风起云涌，各种全球性挑战日益突出，处于这些因素影响下的国际出版业面临着更多不确定性，具体表现为：图书市场阴晴不定，畅销书成为产业中坚；电子读物日渐式微，新兴出版方兴未艾；电商巨头一家独大，实体书店喜忧参半；出版输出如火如荼，对华版贸未来可期。所有这些为我国出版业发展尤其是出版走出去提供了重要的借鉴和参考。为此，我们编写了这本《国际出版业发展报告（2018版）》。

《国际出版业发展报告（2018版）》包括“主报告”“研究成果”“业界观点”三个部分，内容涵盖2017年美国、英国、法国、德国、俄罗斯、西班牙、日本、韩国、澳大利亚9个国家以及2016年独联体国家出版业发展状况。

“第一篇　主报告”由中国新闻出版研究院副院长、研究员范军，中国新闻出版研究院国际出版研究室助理研究员张晴撰写。“第二篇　研究成果”中美国报告由张晴撰写；英国报告由辽宁大学张岩、石悦、叶颖、刘铮撰写；法国报告由中国新闻出版研究院国际出版研究室副研究员王珺撰写；德国报告由戴姆勒集团（中国）彭斯撰写；俄罗斯报告由中国新闻出版研究院副研究员王卉莲撰写；西班牙报告由中国社会科学院拉丁美洲研究所楼宇博士撰写；日本报告由华北科技学院秦石美、朱华撰写；韩国报告由韩国出版业观察员叶子撰写。“第三篇　业界观点”中，澳大利亚报告由辽宁大学张岩、范冬雨、张敏洁、薛锦谊撰写；独联体国家报告由王卉莲撰写。

范军组织了本书的撰写、修改和统稿工作，张晴承担了组稿工作。

我们真诚地希望能以此书为桥梁，与业界人士建立广泛而深入的合作，从而促进国际出版业研究工作的拓展与完善。在此，对各方专家学者所付出的辛勤劳动和大力支持表示诚挚的谢意。

《国际出版业发展报告（2018 版）》课题组

2019 年 5 月 16 日

目　录

第一篇
主报告

国际出版业发展的新动向与新变化

范　军　张　晴

当下，大国战略博弈加剧，新一轮科技革命和产业变革风起云涌，各种全球性挑战日益突出，世界处于“百年未有之大变局”。在这一大背景下，国际出版业发展出现了一些新动向与新变化。

一、纸书市场阴晴不定，畅销书籍成为中坚

2017 年以来，世界经济总体稳中向好，对各国出版业是个利好消息。2017 年美国经济小幅回升，货物贸易总额达到 38 896 亿美元，同比增长 6.8%。同时，新增就业岗位 210 万个，失业率同比下降 4.1%。国内经济的回暖和国际贸易的上扬以及失业率的下降，使美国出版业全球“老大”的地位更加巩固。

2017 年，恰逢美国和法国两国大选，特朗普和马克龙分别获胜。正是凭借大选造势，涉及选举的书籍纷纷涌现，特别是特朗普的上台在美国图书出版业形成了“特朗普效应”，极大地助力了美国出版业的繁荣发展。2017 年美国图书出版品种达到 19.8 万种，总销售额约为 262.3 亿美元；法国图书出版品种约 10.5 万种，总销售额约为 27.9 亿欧元。

2017 年，欧洲最主要的事件莫过于英国“脱欧”。早在 2016 年 6 月，经英国全民公投，英国决定退出欧盟。尽管“脱欧”大势已定，但其争论一直没有停止过。这也为图书出版业发展带来契机，2017 年英国纸质图书总销售额为 31.2 亿英镑，同比增长 4.8%，其中，纸质图书国内销售额 17.6 亿英镑，同比增长 2.3%。

除此之外，西班牙和俄罗斯经济也呈现复苏迹象，2017 年西班牙国内生产总值

为 11 630 亿欧元，同比增长 3.1%。由此，也带动了西班牙图书业的发展。2017 年西班牙纸质图书出版 8.73 万种，同比增长 7.1%；总销售额为 23.19 万欧元，略高于 2016 年。2017 年俄罗斯出版图书 11.74 万种，同比增长 5.6%；总印张 53.89 亿印张，同比增长 14.5%。

然而，德国、日本和韩国的情况却不容乐观。2017 年德国图书出版品种约为 8.3 万种，为十年来的最低点；图书总销售额为 91.3 亿欧元，同比下降 1.6%，购书群体数量也持续下降。与德国相似，2017 年日本图书市场出现历史上最大的负增长，出版图书 7.31 万种，同比减少 2.6%；图书销量为 5.92 亿册，同比减少 4.2%；总销售额为 7152 亿日元，同比下降 3.0%。2017 年韩国出版图书 5.97 万种，同比减少 1.9%；发行图书 0.84 亿册，同比减少 5.7%。

在各国纸书市场阴晴不定的情况下，畅销书成为拉动产业的中坚力量。尽管像英国作家 E.L. 詹姆斯的《五十度灰》系列和 J.K. 罗琳的《哈利波特》系列等超级畅销书并不是年年都有，但从 2017 年各国图书销售情况来看，畅销书的表现为国际出版市场增添不少亮点。

小说类图书一直是各国畅销榜单上的常客。阿莫尔·托勒斯的《莫斯科的绅士》（*A Gentleman in Moscow*）和科尔森·怀特黑德的《地下铁道》（*The Underground Railroad*）在美国图书排行榜上位列前两名，分别占榜长达 41 周和 30 周之久。在福尔摩斯诞生地的英国，悬疑惊悚读物在读者的心中依然占有很重要的位置，加拿大作家莎丽·拉佩娜的《隔壁的一那对夫妇》（*The Couple Next Door*）、丹·布朗（Dan Brown）的《起源》（*Origin*）以及克莱尔·麦金托什（Claire Mackintosh）的《我看见你》（*I See You*）等悬疑惊悚题材的小说十分抢眼。2017 年最受西班牙读者青睐的小说仍是西班牙本土作家的作品。费尔南多·阿兰布鲁的《祖国》在畅销书排行榜上位列第一，成为年度最受欢迎的作品。此外，风靡全球的英国作家肯·福莱特的《圣殿春秋》、美国作家丹·布朗的《本源》等外国文学作品也榜上有名。2017 年日本畅销榜上值得提及的是村上春树的长篇小说《刺杀骑士团长》第一部和第二部。由于该书涉及南京大屠杀等历史事实，在日本国内外引起了强烈反响。

在非小说图书中，不仅宗教类、励志类、生活类读物颇受读者喜爱，科学、政治、社会学等相对严肃的图书也受到民众青睐。如在美国曾与特朗普一争高下的希拉里·克林顿所著的《何以致败》（*What Happened*），比尔·奥雷利与马丁·杜加尔德合著描写二战期间美日之战的《干掉太阳旗》（*Killing the Rising Sun*），阿尔·弗兰肯的回忆录《参议院的巨人》（*Giant of the Senate*）等政治类图书。2017年韩国也经历了政权更替，《文在寅的命运》《国家是什么》《再一次，宪法》《为何愤怒》等与总统和政治相关书籍销量不错。

2017年，电影热映对其同名图书销售发挥了巨大影响。阿加莎·克里斯蒂的《东方快车谋杀案》（*Murder on the Orient Express*）、斯蒂芬·金的《死光》（*It*）、宝拉·霍金斯的《火车上的女孩》（*The Girl on the Train*）和李·查尔德的《永不回头》（*Never Go Back*）等出版商在好莱坞的推动下赚得盆满钵满。2017年奥斯卡获奖影片《隐藏的人物》同样改编自小说《隐藏的数字》（*Hidden Figures*），该书在美国平装书排行榜上停留时间长达30周。

随着人们对生活品质的要求越来越高，饮食健康题材的图书也十分畅销。2017年登顶英国畅销书榜的就有英国著名烹饪类图书出版人杰米·奥利弗（Jamie Oliver）的《五种食材的简易食谱》（*5 Ingredients—Quick & Easy Food*）。该书纸质版销量达到71.6万册，实现了线上粉丝到线下消费者的转换。在畅销书大行其道的同时，曾经一度风靡的涂色类图书风光不再，在榜单中也很难寻其踪影。

二、电子读物日渐式微，新兴出版方兴未艾

早在2012年，电子书发展处于巅峰之际，许多业内人士认为，纸质图书前景暗淡，迟早会被电子书所取代。但从近年来销售趋势来看，各国电子书市场呈现出疲态，2017年以来更是进一步下滑。

作为出版头号强国，美国在电子书问世之初发展最为迅猛，但自2014年以来市场状况不容乐观。2017年美国出版电子书15.9万种，同比减少27.54%，降幅十分明显；销售收入降至20.8亿美元，较2016年下滑5.1%。在2017年美国出版业销售收入中，有47.8%来源于纸质图书，接近一半，而电子书销售收入只占销售收入的7.9%。英国电子书销售情况与美国相似，自2015年以来也是逐年下降。2017年电子书销售额为5.43亿英镑，同比下降2%，只有纸质图书销售额的1/6。2017年，虽然德国电子书销售量有所提高，但迫于各方面的压力，其价格却不断下降，销售额并未增长，

反而下降了 1.4%。在俄罗斯，由于与纸质图书之间定价的不断缩小，电子书的价格优势逐渐丧失，使得整个电子书市场远不如前些年。

近年来，随着移动互联及智能技术的不断更新，消费群体日趋年轻化，有声书让不“读书”的人愿意“读书”。美国有声书出版商协会发布的《美国有声书阅读销售报告》显示，78% 的受访者认为听书有利于放松心情。2017 年美国有声书销售收入高达 9.7 亿美元，其中实体有声书为 1.5 亿美元，可下载有声书为 8.2 亿美元。法国有声图书是 2017 年和 2018 年图书出版业的一大亮点，知名的南方行动出版社（Actes Sud）和埃蒂迪集团（Editis）纷纷投资出版有声书。2017 年俄罗斯有声读物市场销售收入达到 6.5 亿卢布，比 2016 年增长 54.8%。究其原因是俄罗斯国土面积广阔，许多偏远地方图书很难送达，而有声书传播十分便利。俄罗斯有声书公司 Storytel Russia 的 CEO 鲍里斯・马卡洛克认为，有声读物正成为俄罗斯出版业潜力巨大的蓝海。

同时，越来越多的作者在自助出版上尝到了甜头，投身于自助出版领域。以自助出版头号强国美国为例，按 ISBN 号来统计，2017 年纸质图书和电子书自助出版种数约 100.92 万种，突破百万大关，同比增长 28.24%。另外，Kindle 在美国推出自助数字出版平台（Digital Text Platform）打破了出版商对书籍内容的垄断，缩减了从作者到读者的中间环节，实现了 Kindle 直接出版，在增加作者版税收入的同时，也推动了网络文学的爆炸式增长。

一直被传统出版商看作“体制外”的亚马逊是自助出版领域的龙头，它对公司自助出版业务有着严格细致的分工。旗下的创作空间公司（CreateSpace）负责纸质自助出版，Kindle 直接出版公司（Kindle Direct Publishing）负责电子书自助出版。2017 年创作空间公司出版图书种数占到自助出版总量的 74.5%，而 Kindle 直接出版公司仅 2017 年就有超过 1 000 名独立作家通过其获得超过 10 万美元的版税。2017 年，创作空间公司的用户开始向 Kindle 直接出版公司转移，亚马逊计划在未来将两个平台进行业务整合。

三、电商巨头一家独大，实体书店喜忧参半

近年来，电商巨头亚马逊在线上图书销售方面占据垄断地位，仅 2017 年上半年，亚马逊图书销售额便高达 30 亿美元，同比增长 46%；电子书销售额达到 7.5 亿美元，

同比增长 6%。2017 年亚马逊占据美国图书销售的半壁江山，每卖出两本书中就有一本来自亚马逊网站。与此同时，亚马逊还在不断开拓海外市场。2017 年亚马逊日本分公司采取一系列举措来扩大商品的直销范围，让图书更快地交付到消费者手中。这无疑挑战着日本传统书刊“出版商—经销商—书店”的发行方式。2017 年底亚马逊澳大利亚分公司正式开业，引发不少澳大利亚本土书商恐慌。为此，澳大利亚政府计划于 2018 年将开始对从海外零售商购买的的低价值商品征收 10% 的商品服务税。

除了在线上不断扩展其商业版图之外，亚马逊线下实体店业务也是风生水起。从 2015 年首家实体书店营业以来，亚马逊在全美开设一系列实体实验性质的书店。2017 年 5 月，第七家书店在哥伦布圆形广场（Columbus Circle）的时代华纳中心开张。之后，亚马逊还计划再开 6 家书店，包括华盛顿州贝尔维尤、新泽西州帕拉默斯和加州圣何塞的折扣店。这些线下店选址大都集中在大学、商场等青年人聚集地，采用读者导向与数据至上相结合的全新书店运营模式。在图书分类上，它完全打破传统书店的主题分类模式而采用基于大数据读者分析的评分制。它还利用其海量的消费数据和消化能力，为读者提供更加丰富和人性化的信息及用户体验。

亚马逊等线上销售平台的迅速发展，给各国实体书店带来了巨大冲击。自 2012 年以来，美国图书实体零售巨头巴诺书店销售额持续下滑，2018 年销售额 36.62 亿美元，同比下降 6%。为了自救，从 2014 年至 2018 年的 5 年里，巴诺已换掉 4 位 CEO，2018 年 2 月一次性解雇 1 800 名全职员工，同时大量削减店面数量，积极试水小而精的示范店。巴诺还通过开设咖啡馆、餐厅，延长营业时间以及举办相关活动等措施来提高服务，丰富顾客的体验。2017 年俄罗斯图书零售渠道中实体书店占据 53.9% 的市场份额，但较上年减少 2.5 个百分点。2017 年日本实体书店的数量减至 12 526 家，比 2015 年减少 13 488 家。由于实行图书定价制以及政府加大对书店扶持力度，近年来韩国书店数量减少的趋势有所放缓。尽管如此，2017 年纯书店和兼营文具、阅读咖啡厅等的一般书店分别比 2015 年减少 3.2% 和 1.5%。

但同时，一些实体书店似乎也有回暖迹象。2017 年英国新开 24 家独立书店，总数增加到 868 家。其中，英国老牌连锁书店水石经过大刀阔斧的改革实现扭亏为盈，至 2017 年 4 月水石的利润上涨率甚至超过 80%。2017 年水石还新开 5 家书店。在被美国对冲基金巨头艾略特收购之后，水石书店扩张势头十分强劲。2017 年西班牙图书销售的主流渠道仍然是实体书店，其总销售额中占比达到 53%。其中，实体书店销售额为 8.14 亿欧元，同比增加 0.4%；连锁书店销售额为 4.11 亿欧元，同比增加 0.1%。2017 年法国书店 400 强中出现了 28 张新面孔，其中博物馆书店和艺术类书店业绩最为突出，文化空间也新增 12 家连锁书店。

四、出版输出如火如荼，对华版贸未来可期

世界出版强国无一例外地把出版作为文化走出去的重要载体，作为展示国家形象、提高国际传播能力的有效途径。英国凭借语言优势，成为世界上最大的图书出口大国。2017 年英国图书出口额为 15.98 亿英镑（约合 18.80 亿欧元），占据世界出口市场份额的 17%，领先于美国的 15% 和德国的 10%，相比 2015 年和 2016 年分别增长 12.5% 和 6.9%。欧洲是英国图书最大的出口地，2017 年出口额为 4.89 亿英镑，同比增长 12.7%，占图书出口总额的 36%；其次是东亚和南亚地区，出口额是 2.48 亿英镑，同比增长 8%，占图书出口总额的 18%；第三是中东、北非地区，出口额是 1.87 亿英镑，同比增长 1.2%，占图书出口总额 14%。

美国无疑是世界上另一个图书出口大国，2017 年美国图书及印刷品出口额达到 43.48 亿美元，尽管较 2016 年减少约 3%，但其国际出版界龙头老大的地位无人能及。近 10 年来，全球出版企业前 10 强中，总会有四五家美国企业入选。

德国政府十分重视文化建设，图书在印刷品出口业务中扮演着重要的角色。2016 年图书出口额为 13.31 亿欧元，同比下降 0.5%；图画书出口额为 4.10 亿欧元，同比增长 6.2%。从 2015 年起，波兰成为德国第一大出口对象国，2016 年对波兰图书出口额达到 2.92 亿欧元，同比增长 2.8%。

法语也是世界上使用比较广泛的语言，除法国本土外，比利时、瑞士、加拿大以及北非等地区都讲法语。2017 年法国图书出口额为 6.67 亿欧元，同比增长 0.5%。其中，出口到欧盟图书最多，占到总出口额的 46.4%，同比增长 1.3 个百分点；其次，出口到西欧非欧盟地区占到总出口额的 15.7%，同比下降 0.3 个百分点；第三，出口到北美地区出口额占到总出口额的 13.6%。

目前，世界上有 19 个国家、近 4 亿人讲西班牙语，西班牙图书在欧洲和拉美地区具有较大的市场。2017 年，西班牙图书出口额为 5.89 亿欧元，比 2016 年增长 2.99%。

西班牙图书第一出口地是欧盟，2017 年出口额为 3.53 亿欧元，占 2017 年出口总量的 59.87%，比 2016 年下降 3.43 个百分点；西班牙第二大出口地无疑是拉丁美洲讲西班牙语和葡萄牙语的伊比利亚美洲地区，2017 年出口额为 2 亿欧元，占 2017 年出口总量的 33.97%，较 2016 年的 1.74 亿欧元增幅明显；北美洲地区出口额为 0.14 亿欧元，占出口总量的 2.44%，较 2016 年的 0.17 亿欧元略有下降；而对欧洲其他地区、非洲、亚洲及大洋洲出口较少。

2017 年俄罗斯印刷品图书小册子出口对象国位列前十名的是印度、孟加拉国、越南、伊朗、美国、哈萨克斯坦、中国、白俄罗斯、阿尔及利亚和埃及，出口到这 10 个国家的出口额约为 2.63 亿美元（约合 2.21 亿欧元），同比增长 54.7%。印度一直是俄罗斯的图书出口大户，2017 年出口额达到 1.14 亿美元，同比增长 62.8%；伊朗和美国也是俄罗斯图书出口的主要国家，2017 年出口到这两个国家的图书出口额分别为 0.18 亿美元和 0.17 亿美元，同比分别增长 5.9% 和 19.8%。

亚洲的日本和韩国也十分重视本国图书的对外传播。2017 年日本图书出口总额为 905 431 万日元（约合 0.74 亿欧元），同比减少 5.6%，其对象包括美国、中国、韩国、泰国等。其中，美国仍是 2017 年日本图书最大的出口对象国，出口总额为 201 881 万日元，约占图书出口总额的 22%；其次为中国台湾地区，出口总额为 114 467 万日元。2016 年韩国出版业出口额约为 1.8 亿美元，与 2015 年同期相比下降 12.9%。其中，对北美、日本、中国的出口额占很大比例，分别为 26.9%、24.9% 以及 15.1%，相比 2015 年，没有大幅变化。

近年来，随着中国综合国力不断增强，国际影响力愈来愈大，日益为国际社会所关注。这在一定程度上决定了中国成为世界上许多国家图书贸易的伙伴。2015 年世界各国进入中国出版物金额为 3.3 亿美元，其中图书进口额为 1.4 亿美元，同比增长 15.18%。

2015 年至 2017 年间，英国对华纸质图书出口额分别为 0.28 亿英镑、0.24 亿英镑和 0.29 亿英镑，2017 年对华纸质图书出口额只占英国纸质图书出口额的 2.1%，相比出口到欧洲、东亚和南亚地区、中东、北非地区的出口额显然不高。2015 年至 2017 年，美国对华图书出口额年均约为 0.45 亿美元。2015 年至 2017 年德国对华图书出口额分别为 0.05 亿美元、0.5 亿美元和 0.6 亿美元，2016 年对华图书出口额占到德国图书出口总额的 3.4%。2015 年至 2017 年法国对华图书出口额分别为 84.9 万美元、60.29 万美元和 70.14 万美元，2017 年对华图书出口额只占法国图书出口总额的 0.1%。而 2017 年对华图书金额仅为 0.11 亿美元，同比下降 108.1%，名次也从 2016 年的第二名降至 2017 年的第七名。2015 年至 2017 年韩国对华图书出口额分别为 40.85 万美元、30.88 万美元和 35.11 万美元，2017 年对华图书出口额只占韩国图书出口额的 0.20%。

（作者单位：中国新闻出版研究院）

第二篇
研究成果

2017年美国出版业发展报告

张　晴

一、出版业发展背景

（一）政治经济环境

较2016年，美国经济形势在2017年有所复苏，但和历史数据相比，复苏的“强度”并不突出。2017年，美国个人收入总额为164 291亿美元，与2016年相比上涨3.1%；个人净储蓄率2017年达到2.6%；但是美国贫富差距问题不容小觑，2016年的基尼系数为0.45，超过警戒水平；2017年美国失业率降至4.1%，但在特朗普执政前失业率已有了大幅下降，从经济衰退时最高点9.6%降至4.8%；2017年美国新增了210万个就业岗位，但与2016年的220万和2014年的300万相比，增长并不显著。2017年全年，美国货物贸易总额为38 896.4亿美元，同比增长6.8%。其中，出口总额为15 534亿美元，同比增长6.6%；进口总额为23 609亿美元，同比增长6.9%；货物贸易逆差8 075亿美元，与2016年相比增长约7.5%。

2017年是特朗普执政的第一年，削弱金融监管和大规模基础设施投资的政策并未取得重大进展。但值得一提的是特朗普在2017年12月所通过的近三十年来的最大规模的减税法案。由于企业税和家庭税的降低，减税法案的颁布将会对经济发展有一定的推动作用，但从长远来看，这种刺激难以延续，作用也微乎其微。同时，减税对于企业和富裕阶层的明显偏向性也可能会进一步加剧美国的贫富差距。特朗普打着“美国优先”的口号，退出了跨太平洋伙伴关系协议（TPP），重谈北美自由贸易协定（NAFTA），使用301调查和调查232作为贸易保护政策工具。这种破坏多边贸易体制，施行贸易保护主义的政策将影响企业的中长期投资决策。

特朗普的执政在美国出版业也形成了“特朗普效应”，与之前受欢迎的小说类图书相比，非虚拟类图书颇有赶超之势，极大地助力了美国出版业的蓬勃发展。根据巴诺公布的数据，2017 年 1 月至 8 月，政治类图书的销量与去年同期相比均增长了 57%，畅销书目中十之有九与执政当局有关。与特朗普相关的图书层出不穷，花样百出：有政见表达类，如支持或批判特朗普及其政策的图书，特朗普赢得大选的学术探讨，以及以政治讽刺为主题的图书等。大众对于特朗普的好奇，美国民众的政治分歧和执政当局的新闻爆料都为作家们提供了源源不断的写作素材，这也为传统产业——出版业带来新的活力，特别是刺激了政治类图书的销售。因此，2017 年也被美国出版业称为“特朗普之年”。

（二）政策法规环境

1. 图书馆相关的政策法律

2017 财年的拨款预算随着新总统唐纳德·特朗普的当选而变得不甚乐观，图书馆的资助受到政府、国会和其他机构的综合影响。

由于竞选时做出对政府开支进行减税的承诺，特朗普政府威胁要严重削减 2018 财年联邦图书馆的资金计划，如取消国家艺术基金、国家人文基金以及博物馆和图书馆服务研究所（IMLS），而对《图书馆服务和技术法》（LSTA）的拨款为 1.836 亿美元，其中大部分来源于联邦政府对各州的赠款。其他机构也有大幅削减图书馆重要项目的提议，可以说美国政府对于非军事自由分配开支呈现出保守态度。

联邦图书馆的支持者则持反对意见，通过签署致众议院和参议院拨款委员会成员信函（如 LSTA 和 IAL）表示抗议。图书馆投资公司委员会应运而生，他们向国会及其他决策者宣传图书馆的价值和作用。这些支持者的活动为赢得国会决策者的支持做出贡献，成功影响了 2017 财年联邦图书馆项目资金拨款，同时也使得 2018 财年预算倾向于图书馆的迹象。

2. 版权相关的政策法律

图书馆版权联盟（Library Copyright Alliance，简称 LCA）积极促进国际信息的公平获取。LCA 要求，有关平衡版权、合理使用、版权限制和美国版权法中承认的例外情况的语言应包括在《北美自由树协议》的知识产权章节中。在世界知识产权组织（WIPO）版权会议上，针对图书馆和档案馆版权例外的国际版权条约继续受到检测；同时，关于博物馆、教育机构和残疾人例外的条约引起广泛讨论，但是由于许多国家都赞成全球许可制度而非版权例外制度，这些条约仍缺乏吸引力。美国虽已签署《马拉喀什条约》，但因利益攸关方之间的分歧而未能通过。在参议院外交关系委员会的敦促下，出版商、图书馆和阅读障碍人士团体就法定和立法报告语言达成共识。

2017 年，新的联邦通信委员会撤销了先前的 12 项政策，包括网络中立、所有宽带提供商的指定、撤回电子汇率报告等。这些决定饱受争议，亚拉巴马州公开声明："减少宽带服务的选择是努力缩小家庭作业差距和数字鸿沟的一个倒退。"9 月底，联邦通信委员会发布公告，目的是确认图书馆预算分配使用和项目情况。140 多个图书馆，包括国家图书馆机构、州分会和地方图书馆，积极做出回应。

2017 年 4 月，众议院通过了《2017 年版权选择和责任登记法》（H. R.1695），此举有助于实现美国版权局"现代化"。《小额索赔强制执行（案例）法》（H. R. 3945）中的版权替代法也是进步之一。根据该法案，美国版权局将设立一个小额索赔法院，为资金有限的个人艺术家提出侵权索赔铺平道路。随着这些立法法案的推动，人们开始承认版权局属于国会图书馆。

（三）国民阅读状况

1. 娱乐活动的支出情况

根据美国劳动部统计局（Bureau of Labor Statistics，简称 BIS）《2017 年消费支出报告》（*Consumer Expenditures in 2017*），2017 年全美每户平均消费为 60 060 美元，较 2016 年有 4.8% 的小幅上扬。每户税前收入达 73 573 美元，平均税前收入略微下降 1.5%，其消费物价指数（CPI-U）同比增长 2.1%。

在给予统计的饮食、住宿、服饰与服务、交通、医疗、娱乐、个人保障等各项支出中，除个人保障一项有 0.9% 的小幅下降之外，其他各项均实现了增长。其中，增幅最大的是在教育方面，增幅达 12.2%；随后是娱乐，增长 10.0%；饮食增长 7.3%；医疗增长了 6.9%。（见表 1）

表 1　2015—2017 年美国国民消费情况表

单位：美元

类别＼年份	2015	2016	2017	2016 年较 2015 年变化（%）	2017 年较 2016 年变化（%）
税前收入	69 627	74 664	73 573	7.2	-1.5
平均支出	55 978	57 311	60 060	2.4	4.8
饮食	7 023	7 203	7 729	2.6	7.3
住房	18 409	18 886	19 884	2.6	5.3
服饰与服务	1 846	1 803	1 833	-2.3	1.7
交通	9 503	9 049	9 576	-4.8	5.8
医疗	4 342	4 612	4 928	6.2	6.9
娱乐	2 842	2 913	3 203	2.5	10.0
教育	1 315	1 329	1 491	1.1	12.2
个人保障	6 349	6 831	6 771	7.6	-0.9
其他	1 847	1 897	2 010	2.7	6.0

资料来源：美国劳动部劳动统计局

2. 阅读时间调查

根据美国劳动部劳动统计局发布的 2017 年度《美国国民时间使用调查》（*American Time Use Survey*，简称 ATUS）调查结果显示，在体育、社交、看电视、阅读、玩游戏和使用电脑等休闲活动中，人们在看电视上花费的时间最多，其次为社交、玩游戏、使用电脑，体育、娱乐，阅读最少。在信息获取的媒介选择方面，民众还是更倾向于选择较容易理解和接受的电视、电脑等“热媒介”。随着数字媒体技术的日渐成熟，近年来图书也慢慢地归入了“冷媒介”的序列中，需要读者联想和思考的阅读活动也不再是民众，特别是年轻人的娱乐首选。

单就阅读活动一项来看，影响民众阅读时长的因素来自多方面。如性别、年龄、就业情况、薪酬状况以及受教育程度等。据统计显示，女性阅读时间普遍比男性要长；阅读时长也随着年龄的增长递增，75 岁及以上人群阅读时间最长，15~19 岁年龄段的人群阅读时间最短；就职业情况而言，无业人员阅读时长要大于在职人员，兼职人员阅读时长要大于全职人员，全职人员的阅读时长最短；从薪酬方面来看，随着薪酬水平的提高，阅读时长也大致呈现递增状态；与此同时，阅读时间受教育程度的影响也较为明显，随着教育程度的提高，其相应的阅读时间也随之增加。本科及以上学历的人群阅读时间最长，高中以下学历的人群阅读时间最短。（见表 2）

表 2　2017 年美国国民每日主要休闲体育活动时间分配情况 ①

单位：小时

类别		体育、娱乐		社交		看电视		阅读		玩游戏、使用电脑	
		工作日	周末 / 假期	工作日	周末 / 假期	工作日	周末 / 假期	工作日	周末 / 假期	工作日	周末 / 假期
性别	男	0.31	0.44	0.46	0.92	2.59	3.79	0.22	0.23	0.51	0.60
	女	0.21	0.27	0.57	1.01	2.41	3.01	0.32	0.35	0.40	0.37
年龄（单位：岁）	≥ 15	0.26	0.35	0.52	0.97	2.50	3.39	0.27	0.29	0.46	0.48
	15~19	0.65	0.73	0.62	0.96	1.81	2.60	0.13	0.15	1.01	1.13
	20~24	0.21	0.30	0.87	1.18	1.32	3.28	0.12	0.08	1.10	0.85
	25~34	0.26	0.45	0.45	1.30	1.74	2.63	0.10	0.13	0.43	0.56
	35~44	0.22	0.35	0.45	1.11	1.80	2.79	0.16	0.16	0.19	0.28
	45~54	0.17	0.33	0.42	0.98	2.40	3.20	0.19	0.27	0.30	0.30
	55~64	0.20	0.27	0.47	0.82	2.92	3.96	0.27	0.36	0.30	0.27
	65~74	0.34	0.30	0.57	0.90	4.05	4.51	0.51	0.67	0.48	0.47
	≥ 75	0.17	0.11	0.59	0.72	4.54	4.81	0.86	0.86	0.42	0.44
职业情况	在职	0.22	0.37	0.46	0.98	1.80	2.86	0.17	0.22	0.31	0.39
	全职	0.19	0.38	0.42	0.92	1.70	2.85	0.14	0.21	0.25	0.34
	兼职	0.32	0.33	0.62	1.20	2.18	2.89	0.27	0.26	0.53	0.57
	无业	0.32	0.33	0.62	0.94	3.65	4.28	0.44	0.41	0.70	0.63
薪酬状况（周薪）	0~590 美元	0.12	0.20	0.51	0.77	1.92	3.38	0.09	0.11	0.33	0.42
	591~920 美元	0.15	0.32	0.38	0.96	1.88	3.29	0.09	0.14	0.30	0.31
	921~1440 美元	0.21	0.42	0.42	0.94	1.71	2.67	0.17	0.24	0.18	0.46
	≥ 1441 美元	0.27	0.55	0.37	1.03	1.42	2.65	0.22	0.32	0.23	0.28

① 本表根据《美国国民时间使用调查》报告表格整理。除表中所列活动外，原表还包括全部休闲娱乐活动时间、放松或思考时间和包括旅游在内的其他休闲体育活动时间统计。此外，原表还按种族类别、就业情况、工资水平、子女年龄、婚姻状态几类进行了统计。本表将以上数据予以略去，除特殊说明外，本表数据均指 15 岁及以上人群。

续表

类别		体育、娱乐		社交		看电视		阅读		玩游戏、使用电脑	
		工作日	周末 / 假期	工作日	周末 / 假期	工作日	周末 / 假期	工作日	周末 / 假期	工作日	周末 / 假期
教育程度（年龄≥25岁）	高中以下	0.17	0.21	0.62	0.91	3.52	4.13	0.13	0.16	0.20	—
	高中	0.14	0.26	0.45	0.88	3.38	4.26	0.23	0.28	0.29	0.33
	本科及大专	0.20	0.27	0.46	0.98	2.68	3.31	0.27	0.33	0.45	0.45
	本科以上	0.40	0.42	0.49	1.15	1.80	2.46	0.44	0.49	0.34	0.36

资料来源：《美国国民时间使用调查》（2017 版）

（四）图书馆采购情况

1. 图书馆数量

《美国图书馆指南 2018—2019》的最新统计结果显示，2017 年，美国本土除中小学图书馆外，共有 26 417 家图书馆，其中包括 16 862 家公共图书馆、3 577 家学术图书馆、228 家军队图书馆、832 家政府图书馆以及 4 918 家专业图书馆。与前两年相比，美国所有类别的图书馆数量均在不同程度地减少。（见表 3）

表 3　2015—2017 年美国本土图书馆数量统计

单位：家

图书馆类别 \ 年份	2015	2016	2017
公共图书馆	**16 878**	**16 874**	**16 862**
学术图书馆	**3 635**	**3 606**	**3 577**
社区大学图书馆	1 115	1 098	1 085
大学图书馆	2 520	2 508	2 492
军队图书馆	**242**	**237**	**228**
政府图书馆	**900**	**864**	**832**
法律图书馆	360	351	346
医学图书馆	132	125	117
专业图书馆	**5 475**	**5 145**	**4 918**
法律图书馆	739	710	695
医学图书馆	1 082	989	934
宗教图书馆	435	404	388
总计	27 130	26 726	26 417

资料来源：《鲍克图书馆与图书业年鉴》（2016 版、2017 版、2018 版）

图 1　美国国会图书馆

2. 图书馆采购情况

《鲍克图书馆与图书业年鉴》（2018 版）中收集了大量的美国图书馆出版物采购支出数据。2017 年共收集到 1 442 家公共图书馆、598 家学术图书馆、79 家专业图书馆和 28 家政府图书馆的数据。《鲍克图书馆与图书业年鉴》对 2016、2017 两年度收集到的图书馆的图书、印刷材料、期刊、手稿和档案、试听设备、试听材料、微缩资料、电子参考资料珍藏品等 9 大类的采购支出进行了详尽的统计。本报告着重选取图书、期刊、试听材料、电子参考资料 4 类的采购支出予以列举。（见表 4、表 5）2017 年公共图书馆、学术图书馆无论是采购总支出，还是图书、期刊、试听材料等方面的相关支出相较于 2016 年都有大幅的减少。尤其是公共图书馆，采购总支出较 2016 年采购支出减少约 6.99 亿美元，图书采购支出减少 2.98 亿美元。相对而言，专业图书馆、政府图书馆在采购支出方面较 2016 年均有小幅的增长。

表4 部分图书馆2017年出版物采购支出统计

图书馆类别	数据类别	采购总支出	图书支出	期刊支出	视听材料支出	电子参考资料支出
公共图书馆	金额（美元）	823 637 572	230 675 580	18 792 556	73 339 208	86 794 136
	比例（%）	100	28.01	2.28	8.90	10.54
学术图书馆	金额（美元）	942 878 213	71 687 817	211 216 942	4 529 228	121 224 881
	比例（%）	100	7.60	22.40	0.48	12.86
专业图书馆	金额（美元）	8 026 327	923 988	685 451	40 059	1 291 081
	比例（%）	100	11.51	8.54	0.50	16.09
政府图书馆	金额（美元）	7 909 373	2 279 704	999 141	9 255	1 350 718
	比例（%）	100	28.82	12.63	0.12	17.08

资料来源：《鲍克图书馆与图书业年鉴》（2018版）

表5 部分图书馆2016年出版物采购支出统计

图书馆类别	数据类别	采购总支出	图书支出	期刊支出	视听材料支出	电子参考资料支出
公共图书馆	金额（美元）	1 522 966 524	528 740 230	40 193 563	253 591 708	182 262 172
	比例（%）	100	34.72	2.64	16.65	11.97
学术图书馆	金额（美元）	943 218 354	71 704 835	217 379 432	4 723 873	122 226 968
	比例（%）	100	7.6	23.05	0.50	12.96
专业图书馆	金额（美元）	7 863 616	822 964	677 863	15 046	1 340 104
	比例（%）	100	10.47	8.62	0.19	17.04
政府图书馆	金额（美元）	7 249 123	2 279 704	999 141	9 225	1 350 718
	比例（%）	100	31.45	13.78	0.13	18.63

资料来源：《鲍克图书馆与图书业年鉴》（2017版）

3. 图书馆使用情况

据美国图书馆协会发布的《2018年美国图书馆状况报告》的数据显示，图书馆已然成为受美国国民所信赖的公益机构，因为它不仅能帮助人们寻求可靠的信息资源，并且还给他们提供一个安全的工作和休息场所。图书馆以及图书馆工作人员还担任起了“意见领袖”的角色，引领人们走在终身学习的道路上，并且督促他们保持对社会问题的积极性和敏感度。

首先，学术图书馆向民众提供权威的纸质馆藏图书以及数字化服务；其次，学校图书馆已成为学生学习生活中的重要组成部分，通过学校图书馆，学生可以更方便、快捷地获取到所需的知识内容；最后，公共图书馆使低收入家庭也可以享受同等的资源和服务，而且增加他们获取健康卫生知识的机会。

近年来，许多图书馆都在资源扩充和人员培训方面加大支出成本，这在一定程度上解决了青少年所面临的严重社会问题以及满足了不同阶层对知识获取方面的需求。

2017 年各类图书馆都在各自领域做出了不同程度的努力。在公共图书馆方面，2017 年 2 月，美国公共图书馆协会（Public Library Association，简称 PLA）与考克斯通信公司宣布了一项合作计划，旨在帮助低收入群体学生及其家庭利用本地图书馆和专门的学习网站（DigitalLearn.org），从而提升他们的信息素养。

同年夏天，公共图书馆协会还与美国医学图书馆联盟（National Network of Libraries of Medicine，简称 NNLM）在全国范围内发起倡议，意在培养公共图书馆工作人员的民众健康服务的知识和技能。

在学校图书馆方面，美国学校图书馆员协会（American Association of School Librarians，简称 AASL）仍密切关注上任总统奥巴马所签署的《每个学生成功法案》（ESSA），跟进各州的进展情况，并与美国图书馆协会举办了研讨会以讨论相关问题。美国学校图书馆员协会出版了《国家学校图书馆标准——适用于学习者、学校图书馆员和学校图书馆》，此出版物为图书馆管理员提供了一个服务框架，帮助他们开展相应的课程体系，并通过个性化体验以促进不同学习者的成长。

在高校图书馆方面，高校图书馆在高校学生的学习生活中扮演着十分重要的角色，因为它能第一时间让学生接触到权威的信息资源和教学课程，无论是纸质版还是电子版都能被轻松获取。相关研究表明，目前有将近 620 万名高校学生参与在线教学课程。授予博士学位的高校图书馆每周平均开放 109 个小时，综合性大学图书馆每周平均开放 88 个小时，而授予学士学位的高校图书馆每周平均开放 87 个小时，社区大学图书馆每周平均开放 63 个小时。高校图书馆也不断紧跟时代步伐，提供与时俱进的服务，如最近五项热门服务分别是网站开发、开放获取机构知识库、学习系统、数字人文学科和数字媒体制作。

在未来一段时间内，老龄化、贫富差距以及互联学习三大问题将成为影响美国图书馆工作方向的重要因素。随着美国老龄化问题的加剧，老年人退休后的休闲活动安排以及为老年人提供服务的志愿者的需求也逐步攀升。同时，大量老年用户可能会影响图书馆馆藏，如大字版的休闲阅读，还会影响图书馆设施投入，如医疗设施等，以及图书借还模式等相关服务。再者，为了缩短美国民众的收入差距，技能培养相关的图书馆服务可能会变得更加重要。图书馆提供了将高收入和低收入人群聚集在一起的机会，这有助于改善不平等的对话，打破收入不平等现象。与此同时，作为除学习、家庭和社区中心外互联学习的重要一环，图书馆如何为民众提供数字化服务以及互联学习的环境就显得尤为重要。

二、图书业发展状况

（一）概况

1. 出版情况

近年来，美国图书出版种数（包含新书及再版图书）起起伏伏，先是经历了经济危机后的激增，从 2009 年的 178 841 种增加至 2012 年的 210 772 种，随后几年图书出版种数都在 20 万种左右浮动。2017 年美国图书出版种数并未冲破 20 万大关，为 197 615 种，较 2016 年减少 3.67%。根据《鲍克图书馆与图书业年鉴》公布的数据显示，在美国图书产业研究会（Book Industry Study Group，简称 BISG）细分的 51 个图书类别中，仅有 19 个类别的图书出版种数在 2017 年实现了增长，其中增长数量最多的为教育类，较上年增加 1 098 种。社会科学、政治及外语学习等类别图书的出版种数也有不同程度的增长。同时，还有 32 个类别图书的出版种数有所减少，其中减少数量最多的为科学类，减少 1 512 种，其次为计算机和医学类，分别为 1 354 种和 1 353 种。（见表 6）

表 6　2015—2017 年图书出版种数统计

单位：种

类别 \ 年份	2015	2016	2017
古旧书	252	284	231
建筑	1 680	1 667	1 756
艺术	3 803	3 783	3 666
圣经	1 138	849	968
传记	4 316	4 403	4 060

续表

年份 类别	2015	2016	2017
身体、思想、心灵	814	849	859
商业、经济	13 430	12 092	12 103
儿童	24 475	27 309	26 377
漫画、绘本小说	2 694	2 883	2 832
计算机	3 765	5 294	3 940
烹饪	2 328	2 193	2 098
工艺	1 292	1 008	963
设计	711	682	660
戏剧	598	627	726
教育	6 160	7 148	8 246
家庭	862	828	700
小说	17 921	18 195	17 674
外语学习	1 145	981	1 277
游戏	562	2 014	1 399
园艺	278	223	246
健康	1 431	1 401	1 434
历史	12 629	12 505	12 304
家政	222	177	195
幽默	617	573	581
语言	3 418	3 839	3 198
法律	5 891	6 204	5 786
文学选集	537	637	653
文学批评	4 023	4 721	4 466
数学	2 140	2 587	2 615
医学	7 771	8 291	6 938
音乐	3 119	2 946	2 592
自然	969	1 044	1 084

续表

类别\年份	2015	2016	2017
表演艺术	1 697	1 674	1 812
宠物	239	268	204
哲学	3 063	3 304	3 183
摄影	1 310	1 255	1 314
诗歌	2 177	2 435	2 221
政治	6 727	7 189	7 623
心理	3 718	3 905	3 970
参考书	1 030	918	862
宗教	9 330	9 706	9 474
科学	6 877	8 291	6 779
自学	1 278	1 307	1 261
社会科学	8 364	9 561	10 460
运动、娱乐	1 682	1 658	1 622
学习辅助	816	716	565
科技、工程	5 288	7 013	6 006
交通	654	765	777
旅游	1 755	1 809	1 676
犯罪	242	246	234
青少年	4 338	4 882	4 945
总计	191 576	205 139	197 615

资料来源：《鲍克图书馆与图书业年鉴》（2018 版）

据《鲍克图书馆与图书业年鉴》（2018 版）中的统计数据显示，2017 年美国电子书出版种数不容乐观，为 158 781 种，较 2016 年减少 27.54%，降幅十分明显。再观各图书类别，较 2017 年变化幅度较大。其中，降幅前三位的为学习辅助类，参考书类及漫画、绘本小说类图书。学习辅助类的降幅则高达 87.41%。当然，也有增长明显的图书类别，文学批评类图书增幅则高达 167.87%。虽然决定统计数据的因素诸多，如统计口径的变化，某一决定单一领域的出版企业的经营调整等。但单就电子书出版种数而言，美国电子书市场的热度正在衰减。（见表 7）

表 7 2015—2017 年电子书出版种数统计

单位：种

类别 \ 年份	2015	2016	2017
古旧书	136	89	100
建筑	501	333	318
艺术	4 914	1 989	1 279
圣经	191	115	100
传记	7 295	5 421	4 107
身体、思想、心灵	1 361	1 492	1 194
商业、经济	21 266	7 108	6 463
儿童	17 454	18 972	14 629
漫画、绘本小说	3 605	3 625	769
计算机	4 027	4 011	2 756
烹饪	3 023	2 113	2 037
工艺	1 202	1 030	645
设计	137	108	102
戏剧	1 730	832	628
教育	4 178	6 720	6 193
家庭	1 756	1 826	1 312
小说	90 988	72 487	53 026
外语	1 611	1 005	837
游戏	652	747	601
园艺	303	270	189
健康	2 991	2 758	2 034
历史	9 738	7 665	6 196
家政	302	230	180
幽默	893	852	645
语言	1 738	1 197	1 197
法律	1 584	1 185	1 067

续表

年份 类别	2015	2016	2017
文学选集	6 311	885	466
文学批评	2 423	1 612	4 318
数学	1 136	1 310	859
医学	2 625	2 982	2 740
音乐	1 602	1 167	1 337
自然	700	674	567
表演	1 262	1 421	922
宠物	298	417	322
哲学	1 943	1 597	1 370
摄影	462	369	336
诗歌	3 575	2 266	2 323
政治	3 589	2 900	3 275
心理	2 091	1 440	1 722
参考书	3 407	4 156	638
宗教	9 217	7 877	6 525
科学	3 680	3 948	3 408
自学	4 005	3 888	2 945
社会	3 865	2 776	3 515
运动、娱乐	1 815	1 758	1 313
学习辅助	813	20 192	2 542
科技、工程	2 914	3 388	2 731
交通	331	294	282
旅游	3 163	2 202	1 775
犯罪	458	446	342
青少年	5 424	4 970	3 604
总计	250 685	219 115	158 781

资料来源：《鲍克图书馆与图书业年鉴》（2018 版）

2. 销售情况

在过去的五年里，美国图书出版业的销售收入在 260 亿 ~280 亿美元之间波动。2017 年，美国图书出版业销售收入较 2016 年持平，约为 262.3 亿美元。（见表 8）

表 8　2013—2017 年美国出版业图书销售收入情况

年份 类别	2013	2014	2015	2016	2017
收入（亿美元）	270.7	279.6	278.0	262.7	262.3
变化（%）	—	3.3	-0.5	-5.5	-0.1

资料来源：《美国出版商协会年度报告》（Statshot）（2018 版）

美国图书出版业由多个细分市场组成，主要分为大众图书、高等教育、基础教育、专业教育以及高校出版五大类。2017 年，大众图书占出版商总收入的 60.8%，为 159.5 亿美元，与 2016 年基本持平，涨幅约为 0.3%。对大众图书出版商来说，成人类图书销售收入的升幅抵消了儿童小说和宗教类图书的销售收入降幅，其中成人非小说类图书的收入增长较为显著，为 5.4%。2017 年，高等教育类图书销售收入涨幅甚微，约为 39.8 亿美元。同样，基础教育类图书和专业类图书变化幅度也不大，基础教育类图书销售收入为 36.2 亿美元，同比减少 2.9%；专业类图书收入则为 23.5 亿美元，同比下滑 0.7%。尽管高校出版仅占图书出版业的一小部分，但其年销售收入增长幅度在所有图书类别中称得上榜首，为 2.9 亿美元，同比增长了 5.1%。（见表 9）

表 9　2013—2017 年美国各类别图书销售收入情况

年份	收入及变化	大众图书	高等教育	基础教育	专业教育	高校出版	总收入
2013	收入（亿美元）	151.3	48.1	38.4	29.7	3	270.7
	变化（%）	—	—	—	—	—	—
2014	收入（亿美元）	154.3	48.5	42.7	30.9	3	279.6
	变化（%）	2.0	0.9	11.3	3.9	1.4	3.3
2015	收入（亿美元）	158.2	45.3	41.1	30.5	2.9	278
	变化（%）	2.5	-6.7	-3.9	-1.1	-4.0	-0.5
2016	收入（亿美元）	159	39.6	37.3	23.7	2.8	262.7
	变化（%）	0.5	-12.6	-9.2	-22.5	-5.5	-5.5
2017	收入（亿美元）	159.5	39.8	36.2	23.5	2.9	262.3
	变化（%）	0.3	0.5	-2.9	-0.7	5.1	-0.1

资料来源：《美国出版商协会年度报告》（Statshot）（2018 版）

在销量方面，2017 年美国图书市场的销量维持了前些年的稳定态势，为 27.18 亿册，与上年基本持平，涨幅约为 0.1%。2013—2017 年 5 年间，美国图书销量基本稳定在 27 亿册左右。单就 2017 年而言，涨幅最大的图书类别为高校出版，较上年增长 4.5%，为 0.16 亿册。大众图书的销量与上年基本持平，为 24.85 亿册，占全年图书销售总量的 91.4%，大众图书的中流砥柱地位无法撼动，可见美国图书的销量是否稳定也取决于大众图书当年的表现。基础教育类和专业图书类销量稳中有增，均实现了小幅增长。高等教育类图书销量自 2013 年就逐年下降，但在 2017 年有所缓解，较上年仅下降 1%，为近五年来最低跌幅。（见表 10）

表 10　2013—2017 年美国各类别图书销售情况

年份	销量及变化	大众图书	基础教育	高等教育	专业图书	高校出版	其他	总计
2013	销量（亿册）	24.37	0.72	0.64	1.24	0.16	0.03	27.16
	变化（%）	—	—	—	—	—	—	—
2014	销量（亿册）	24.32	0.79	0.61	1.13	0.17	0.01	27.02
	变化（%）	−0.2	9.9	−3.8	−9.1	2.2	−64.0	−0.5
2015	销量（亿册）	24.52	0.75	0.57	1.11	0.15	0.74	27.10
	变化（%）	0.8	−4.1	−7.5	−1.9	10.0	−33.0	0.3
2016	销量（亿册）	24.84	0.68	0.50	0.87	0.15	0.10	27.15
	变化（%）	1.3	9.3	−11.0	−21.8	1.2	1 257.6	0.2
2017	销量（亿册）	24.85	0.69	0.49	0.88	0.16	0.09	27.18
	变化（%）	0.1	1.4	−1.0	2.0	4.5	−8.0	0.1

资料来源：《美国出版商协会年度报告》（Statshot）（2018 版）

综观 2013 年至 2017 年这 5 年来美国各类格式图书的销售情况不难发现，美国纸质书发展步履坚实。与此同时，电子书销售收入却在逐年缩水。此番情景与前些年行业里对电子书将取代纸质书的大胆预言大相径庭。2013 年初普华永道公司所出的最新调查报告声称，美国电子书的销售额将在 2017 年超过纸质书，达到 82 亿美元，而纸质书的销售额至少会在未来几年中减少一半以上。显然，美国图书市场并未向业内所预想的方向发展。2017 年，近乎一半（47.6%）的图书销售收入来源于精装书、纸板书、平装书及大众市场平装书四种纸质图书。而电子书销售收入只占总收入的 7.9%。

2017 年，精装书销售收入增长到 59.2 亿美元，较 2016 年增长 2.4%，2013—2017 年的收入总涨幅为 10.7%。虽然，备受少年儿童青睐的纸板书当年销售收入仅有 3.4 亿美元，仅占行业总收入的一小部分，但在 2013 年至 2017 年期间增幅达 37.6%。相较于精装书和纸板书的稳步增长，平装书和大众市场平装书 2017 年销售收入有所下滑，分别为 2.4% 和 10.9%。

在有声书方面，可下载有声书（Downloaded Audio）可谓是业界黑马，其销售收入在 2017 年达到 8.2 亿美元，与 2016 年相比涨幅为 28.8%，并且在 2013—2017 年的 5 年间，可下载有声书销售收入涨幅高达 146.2%。当然，可下载有声书收入的增长也以实体有声书（Physical Audio）的收入减少为代价，2017 年实体有声书的收入仅为 1.47 亿美元，较去年下降了 10%。即便如此，有声书（包括实体有声书和可下载有声书）在 2017 年销售收入达 9.7 亿美元，远高于 2013 年的 5.4 亿美元。

如上文所述，近年来电子书表现并不容乐观。2017 年，电子书销售收入下降至 20.8 亿美元，较 2016 年下滑 5.1%。在 2013—2017 年的 5 年间，电子书销售收入降幅为 36%。这在所有类别图书中也属于最大降幅。究其原因，除纸质书的逐步回暖、民众对电子书的热度降低外，还有一部分原因与美国出版商协会（Association of American Publisher，简称 AAP）的统计口径有关。众所周知，近年来以电子书模式示人的自助出版图书成为电子书中的一大板块。而美国出版商协会仅将具备 ISBN 号的自助出版电子书纳入了统计范围，而持有其他相关标识的自助出版电子书却被排除在外。如亚马逊自助出版平台出版的持有亚马逊标准标识号（Amazon Standard Identification Number，简称 ASIN）的自助出版电子书。该类图书体量并不小，据亚马逊官方发言人所言：2017 年亚马逊电子书销量有所增加，且在今后一段时间会持续走高。然而，这些数据并未在 AAP 的销售收入数据统计中有所体现。

在美国，教材包括基础教育和高等教育相关的纸质或电子版的课程材料，以及专业类图书中未包含的专业继续教育类图书。2017 年，教材销售收入占到总收入 37.9%，较 2016 年稍有下降，为 99.5 亿美元。（见表 11）

表 11 2013—2017 年美国各类格式图书销售情况

年份	美国各类格式图书销售收入及变化	精装书	纸板书	平装书	大众市场平装书	实体有声书	可下载有声书	电子书	教材	其他①	总计
2013	收入（亿美元）	53.5	2.5	46.9	8.5	2.1	3.3	32.5	116.1	5.2	270.7
	变化（%）	—	—	—	—	—	—	—	—	—	—
2014	收入（亿美元）	51.2	2.7	52.3	8.8	1.9	4.0	32.3	122	4.2	279.6
	变化（%）	-4.3	8.3	11.7	3.4	-10.1	20.4	-0.5	5.1	-19.7	3.3
2015	收入（亿美元）	55.6	3.1	54.3	8.0	1.8	5.4	28.0	116.9	5.1	278
	变化（%）	8.6	13.7	3.7	-9.7	-6.8	33.9	-13.4	-4.3	21.9	-0.5
2016	收入（亿美元）	57.8	3.1	56.2	8.2	1.6	6.4	22.0	101	6.8	262.7
	变化（%）	4.0	2.7	3.5	3.3	-9.0	18.6	-21.6	-14.0	33.7	-5.5
2017	收入（亿美元）	59.2	3.4	54.8	7.4	1.5	8.2	20.8	99.5	7.5	262.3
	变化（%）	2.4	8.9	-2.4	-10.9	-10	28.8	-5.1	-1.0	10.1	-0.1
2013—2017 年变化		10.7	37.6	17.0	-14.0	31.3	146.2	-36.0	-14.3	44.2	-3.1

资料来源：《美国出版商协会年度报告》（Statshot）（2018 版）

3. 销售渠道

2017 年美国各销售渠道状况延续了前几年的发展态势，即实体零售市场逐步压缩、网络零售市场步步高升、中间商和直销渠道也呈减缩之势，不过降幅不大。出口方面倒是稳定，近 5 年来一直维持在 11 亿至 13 亿元之间。（见表 12）

随着近年来实体书店的逐步衰落，实体零售市场的销售收入也在逐年下滑。2017 年，美国实体零售市场销售收入较去年下跌 4.5% 至 76 亿美元，占全渠道销售总收入的 28.9%。美国图书实体零售巨头巴诺书店 2017 年营业额同样也面临着下降的窘状，巴诺把零售额下降的原因归结为“客流量下降以及零售环境严峻”。事实上，以巴诺为代表的实体书店营业额持续下降的原因远不止于此，还有线上零售平台的蚕食、实体书店运营成本加大等复杂原因。有数据显示，现今在美国卖出的书里每两本就有一本是在亚马逊销售的。为此，巴诺积极实施自救，不但频换 CEO，以此来注入新鲜血

① 其他类包括图书和玩具套装、礼品套装以及捆绑销售等。

液。还不断通过开设咖啡馆、餐厅，延长营业时间以及举办相关活动等措施以整合店面服务，丰富顾客的体验，从而提供亚马逊无法提供的服务。再者，巴诺也一直在削减店面数量，从而试水小而精的示范店。

2017 年，直销和中间商渠道的收入较去年略有下降，降幅分别为 1.5% 和 2.2%。出口渠道同比增长 4.7%，在 2013—2017 年 5 年期间收入持平，涨幅为 0.5%。

表 12　2013—2017 年各渠道销售收入情况

单位：亿美元

年份	实体零售	网络零售	中间商	直销	出口	其他
2013	88.4	66.5	49.5	49.0	11.9	5.5
2014	91.5	68.4	46.6	54.9	12.7	5.6
2015	91.5	69.0	47.7	52.1	12.2	5.6
2016	79.5	71.3	44.9	48.6	11.5	6.9
2017	76.0	75.1	43.9	47.8	12.0	7.5
2013—2017 年变化	-14.0%	12.9%	-11.3%	-2.3%	0.5%	37.7%

资料来源：《美国出版商协会年度报告》（Statshot）（2018 版）

近年来，以亚马逊为代表的网络零售平台对实体零售渠道带来了巨大冲击，诱人的折扣、方便快捷的购买方式、不受区域局限等优点使得网络零售渠道备受消费者青睐。2017 年，网络零售渠道销售收入继续实现增长，涨幅达 5.3%，至 75.1 亿美元。5 年来，该渠道销售收入增长了 12.9%，这也在一定程度上抵消了实体零售渠道在同一时期的跌幅。

网络零售渠道涵盖了所有图书格式。2017 年，在网络零售渠道上所售卖的图书格式中，占比最大的为电子书，约 27%；其次为精装书和平装书，分别占比 21.4% 和 20.1%；其中占比最少的为实体有声书。（见表 13）可以说，网络零售平台差不多是电子书的最大销售渠道，像亚马逊的自有电子书阅读终端 Kindle，以及巴诺书店自有的电子书阅读终端 NOOK 都极大地推动了该平台电子书的销量。

表 13　2013—2017 年网络零售渠道各类格式图书销售收入

年份	网络零售渠道收入及占比	精装书	纸板书	平装书	大众市场平装书	实体有声书	可下载有声书	电子书	教材	其他	总计
2013	收入（亿美元）	10.55	0.22	8.42	0.66	0.41	2.79	31.34	12.11	0.92	66.5
	占比（%）	15.9	0.3	12.7	1.0	0.6	4.2	47.1	16.9	1.4	100.0
2014	收入（亿美元）	10.21	0.39	10.47	0.63	0.31	3.92	31.20	10.21	1.02	68.36
	占比（%）	14.9	0.6	15.3	0.9	0.5	5.7	45.6	14.9	1.5	100.0
2015	收入（亿美元）	12.28	0.46	12.19	0.64	0.30	5.21	26.62	10.16	1.10	68.97
	占比（%）	17.8	0.7	17.7	0.9	0.4	7.6	38.6	14.7	1.6	100.0
2016	收入（亿美元）	14.50	0.48	14.19	0.66	0.25	6.21	21.05	12.16	1.79	71.31
	占比（%）	20.3	0.7	19.9	0.9	0.4	8.7	29.5	17.1	2.5	100.0
2017	收入（亿美元）	16.05	0.57	15.07	0.67	0.23	7.91	20.25	12.21	2.12	75.08
	占比（%）	21.4	0.8	20.1	0.9	0.3	10.5	27.0	16.3	2.8	100.0

资料来源：《美国出版商协会年度报告》（Statshot）（2018 版）

4. 企业情况

在企业方面，此次报告并未选取美国五大出版集团来予以呈现，一是五大集团基本都集中在大众出版领域，不能较为全面地呈现美国出版情况；再一个就是五大集团虽然在美国影响力深远，但有一部分并不是土生土长的美国本土企业，如阿歇特。在此，基于《2018 年全球出版 50 强》排名榜单，在排名前 25 名企业中，选取了 5 家美国本土企业，涵盖了专业出版、少儿出版、教育出版和大众出版等领域。（见表 14）

表 14　2017 年美国整体出版实力排名前 5 位企业

企业名称	出版类型	排名
励德・爱思唯尔	专业出版	2
学乐	少儿出版	9
麦格劳 - 希尔	教育出版	10
哈珀・柯林斯	大众出版	12
西蒙与舒斯特	大众出版	22

资料来源：《2018 年全球出版 50 强》

（1）励德・爱思维尔

根据公开数据，励德・爱思维尔 2017 财政收入为 73.55 亿欧元，较 2016 年的 68.95 亿欧元增长 4%。2017 年度利润为 22.84 亿欧元，相比于 2016 年的 21.14 亿欧元增长 6%。在所有财政收入中，有 55% 来自北美，23% 来自欧洲，剩下的 22% 来自世界其他地区。

爱思唯尔公司推出了一系列分析工具，如摘要及引文数据库 Scopus，帮助前沿化学家检索相关化学文献、专利信息、有效化合物特性和实验流程的新型化学研究工具 Reaxys，为工程决策提供支持解决方案的 Knovel，科研管理工具 SciVal，企业研究管理工具 Pure，为资助机构发现最佳同行评议人从而进行项目申请评估的在线工具 Expert LookUp，医学参考平台 ClinicalKey，为医学、护理专业的学生提供的交互式教学工具 Sherpath，以及医疗决策支持工具 Arezzo 等，这些工具的推出为爱思唯尔在各专业里赢得了更广阔的市场。

在平台建设方面，为全方位地满足用户需求，爱思唯尔相继推出了面向社科及人类学研究人员的预印本存储及在线社区 SSRN 和学术社交平台 Mendeley，在 2017 年又收购了机构知识库搜索平台 Bepress。

（2）学乐

据年报数据，学乐的 2017 年的销售额为 17.42 亿美元，营业收入为 1.42 亿美元，利润为 1.09 亿美元。除外汇影响外，收入较去年增长了 5%。国内贸易出版收入同比增长 45%。

2017 年学乐出版了不少畅销书，如《哈利・波特与被诅咒的孩子》以及《神奇动物在哪里》，由罗琳担任编剧的同名电影在 2016 年底上映，掀起了图书的销售热潮。此外，还有《犬人》（*Dog Man*）、《火之翼》（*Wings of Fire*）、《星球大战之绝地学院》（*Star Wars: Jedi Academy*）等新的童书系列在市场热销。学乐联合非公益机构 LitWorld 开展的夏季阅读活动“LitCamp”也带动家庭亲子阅读，进而拉升其课堂配套童书和阅读书目的图书销售。

儿童图书出版及发行业务占了学乐社营收比例的 60.4%。除了以出版儿童图书为主业外，该社还开发了多元化业务，如成立 Weston Woods 工作室、学乐音频部、学乐娱乐公司，分别开发经典绘本的音视频、畅销童书的有声版以及影视产品，学乐社还配合“视觉大发现”“39 条线索”和“大红狗”等经典童书品牌开发了适合 iOS、安卓和 Windows 系统的游戏应用。在之前开发《39 条线索》系列图书配游戏和“灵兽”交互式粉丝小说等跨媒介产品后，2017 年学乐社又推出了《地平线》（*Horizon*）图书配游戏产品，借助跨媒介的力量打造新的畅销品牌。

（3）麦格劳 - 希尔

2017 年，麦格劳 - 希尔集团进行了艰难的转型，通过提供教材租赁和费用全包访问模式，优化了面向师生的教材解决方案。麦格劳 - 希尔共与 275 家教育机构开展了费用全包访问模式的合作。使用此项业务的用户数量增长了 1 倍。2017 年，麦格劳 - 希尔集团还将与非营利性数字教育联盟 Unizin 合作，面向 25 所大学和近 100 万学生，提供费用全包访问模式的数字学习内容。其教学内容可通过 Unizin 的 Engage eBook 平台或麦格劳 - 希尔的在线学习平台 Connect 访问。2017 年秋季，麦格劳 - 希尔集团还将扩大租赁教材的品种数量，250 种已出版的电子教材及未来所有新书都将推行租赁模式，通过千余家巴诺大学书店、3 700 家 MBS 二手书店和 Chegg 平台提供教材租赁。圣智学习出版集团去年 10 月开始与数百家高校合作推出费用全包访问模式，使超过 14 万学生受益。今年 8 月，还将推出涵盖圣智出版的 70 多个学科、675 个课程的 2 万多种数字教材的无限订阅服务（Cengage Unlimited）。学生登录学习平台 MindTap 和 WebAssign 即可访问平台内容。

麦格劳 - 希尔集团的高教业务（在该集团的收入占比 42%，数字化收入在高教业务收入的占比为 62%）在连续三年市场份额下滑之后，2017 年数字化产品在美国高校的使用率获得提升。这源于麦格劳 - 希尔集团推出了多个适应性数字学习工具，如 Connect/LearnSmart、SmartBook 和 ALEKS 等，在为学生提供个性化学习解决方案、提高学生学业成绩方面效果显著。其次，扩大采用费用全包访问模式和租赁教材的品种数量，进一步拓展其在高教市场的份额。

（4）哈珀 · 柯林斯

2017 年，哈珀 · 柯林斯经营收益已连续两年出现小幅下跌，幅度为 0.3%。2015 年，哈珀 · 柯林斯经营收益为 16.47 亿美元（约合 103.95 亿元人民币），仅比 2017 年高出不到 0.4%。2016 年，哈珀 · 柯林斯利润同比提升 11.2%，但由于在 2014 年收购了 Harlequin 品牌，其 2017 年利润与 2016 年相比下降了 1.9%。

哈珀·柯林斯2017年利润率为12.5%，高于2015年的11.4%。尽管哈珀·柯林斯的电子书销量在2017年有所下降，但可下载有声书销量依然稳健上涨。

（5）西蒙与舒斯特

西蒙与舒斯特2017年总销售额为8.3亿美元，营业收入为1.36亿美元，利润率达到16.4%。该公司CEO卡罗林·里迪曾表示，这一数字得益于西蒙与舒斯特四大主营板块的增长。在可下载有声书的拉动下，有声书部门收益领先，其次为国际图书部门、成人图书部门和童书部门。西蒙与舒斯特母公司哥伦比亚广播公司在报告中表示，可下载有声书销量上升39%，抵消了电子书销量下滑造成的损失。整体而言，2017年，西蒙与舒斯特数字出版物销量上升3.6%，纸质书销量同样有所上涨。与霍顿·米夫林·哈考特集团一样，西蒙与舒斯特净利润上涨主要依靠提高销量和削减成本，据哥伦比亚广播公司透露，西蒙与舒斯特共花费500万美元（约合3 155万元人民币）重整费用，主要用于支付解雇金。

5. 畅销书

2017年的畅销书排行较去年变化甚微，但涂色书的风潮确实消减不少，畅销书市场总体仍是五大集团占主导，但其他集团“后来者居上”的势头为企鹅兰登书屋增添几分竞争压力。

（1）涂色书风潮不再

前两年，涂色书在市场上风靡一时，在榜单位数上占比表现相当突出，均超过10%。2016年，上榜的31本涂色书共占据了256个席位，占总位数的19.6%。但是在2017年，涂色书的销量与前两年相比出现大幅下滑，8部涂色书作品仅占据周榜单的16个位置，总位数占比仅为1%。榜单前25名，几乎没有涂色书作品的身影。少数上榜者中，只有克尔比·罗萨内斯的《神兽之国》（*Mythomorphia*）上榜了两周。

（2）五大集团仍占主导

2017年，五大企业集团继续拓宽畅销书市场。五大出版集团在精装畅销榜和平装畅销榜中，占比分别为86.8%和84.6%，与2016年的87.8%和79.2%相比，总体而言有所进步。在上榜的279本精装小说中，仅有6本不属于五大出版集团，包括笔与剑出版公司（Pen & Sword Books）、廷代尔公司（Tyndale）、肯辛顿公司（Kensington）等。

尽管企鹅兰登书屋在榜单上仍旧占据领先地位，它在精装书和平装书排行榜上的占比较去年分别下降了超过 3 个和 2.4 个百分点。其他公司已有赶超趋势，例如哈珀·柯林斯公司在精装书畅销排行榜份额上升了 3.4%，平装书也表现不俗，上升了 1.7%。阿歇特保持了第三的位置，拥有 13.4% 的精装本和 14% 的平装本畅销书份额。可以说，阿歇特的畅销书业绩有对珀尔修斯（Perseus）收购的功劳，该公司增加了 3 本精装畅销书。排名上升幅度最大的应数麦克米伦，与 2016 年相比平装书排行榜占比增长逾 4%。（见表 15）

表 15　2017 年五大集团畅销书情况

	精装本				平装本			
集团名称	上榜数	上榜排名	2017 年占比	2016 年占比	上榜数	上榜排名	2017 年占比	2016 年占比
企鹅兰登书屋	214	986	37.9%	41.0%	141	755	29.0%	31.5%
哈珀·柯林斯	89	418	16.0%	12.6%	173	591	22.7%	21.0%
阿歇特美国公司	73	349	13.4%	14.2%	65	364	14.0%	14.8%
西蒙·舒斯特	65	300	11.5%	12.1%	35	295	11.3%	8.4%
麦克米伦	61	229	8.0%	7.9%	29	199	7.6%	3.5%

资料来源：《出版商周刊》

（3）畅销书目

2017 年大众市场平装书反超精装本非小说类，在畅销书排行榜上榜 330 本书，达到近五年来的峰值；平装本增速和精装小说类畅销书数量与去年相比均有所增长，分别为 15% 和 4%。（见表 16）

表 16　2017 年各版畅销书上榜数量

单位：种

类别	2013 年	2014 年	2015 年	2016 年	2017 年
精装本小说类	251	273	268	268	279
精装本非小说类	269	267	283	320	319
大众市场平装书	290	264	291	276	330
平装本	187	226	217	213	246

资料来源：《出版商周刊》

非小说类图书，如宗教类、励志类，颇受读者喜爱，是人们安逸生活中的调味剂。出乎意料的是，科学、政治、社会学等相对严肃类图书也榜上有名，很多都在非小说类精装书排行榜上保持超过10周时间，包括希拉里·黛安·罗德姆·克林顿的《何以致败》（*What Happened*）、比尔·奥雷利与马丁·杜加尔德合著的《干掉太阳旗》（*Killing the Rising Sun*）、阿尔·弗兰肯的回忆录《参议院的巨人》（*Giant of the Senate*）。同时，尼尔·德格拉斯·泰森的《简易天体物理学》（*Astrophysics for People in a Hurry*）成绩斐然，连续32周入榜，并连续四周位居榜首，创下所有非小说类精装书中在榜时间最长纪录。

2017年精装畅销小说排名第一是阿莫尔·托勒斯，他的《莫斯科的绅士》（*A Gentleman in Moscow*）在排行榜上保持了41周，在榜时间之长是其他作品无法匹敌的。位居第二的是连续在榜30周的科尔森·怀特黑德的《地下铁道》（*The Underground Railroad*）。约翰·格里森姆的作品也受到读者青睐，有上榜19周的《吹口哨的人》（*The Whistler*），21周在榜的《卡米诺岛》（*Camino Island*），5周位居榜首的最新作《公鸡酒吧》（*The Rooster Bar*）。值得一提的是榜单上唯一一个未由五大出版社出版的小说——尼尔·盖曼创作的《挪威神话》（*Norse Mythology*），连续20周入榜。2017年，作家的首部作品出版情况并不乐观，在畅销书排行榜上的六部首发作品中，只有两部作品的持续时间超过了一周，他们分别是汤姆·汉克斯的《不寻常故事集》（*Uncommon Type*）和加布里埃尔·特伦特的《我的至爱》（*My Absolute Darling*），但是他们的成绩都源于作者的自身人气或前期宣传。而2016年上榜的九部作品中，有七部连续一周入榜。

在2017年，电影热映对其同名图书销售发挥巨大作用，出版商在好莱坞的帮助下赚得盆满钵满，比如阿加莎·克里斯蒂的《东方快车谋杀案》（*Murder on the Orient Express*）、斯蒂芬·金的《死光》（*It*）、宝拉·霍金斯的《火车上的女孩》（*The Girl on the Train*）和李·查尔德的《永不回头》（*Never Go Back*）。今年奥斯卡获奖影片《隐藏的人物》同样改编自小说——《隐藏的数字》（*Hidden Figures*），这本书在平装书排行榜上时间长达30周。荣登榜首对于非小说类精装书而言并不难，绝大多数只花了一两周的时间，在登上榜首的30部作品中有5部作品连续3周登顶，1部作品连续4周登顶，还有1部作品连续5周荣登榜首。但是其他类别图书则没那么幸运，很少有作品能长期屹立不倒，只有约翰·格里沙姆和丹尼尔·斯蒂尔连续5周蝉联榜首。平装书排行榜时长冠军是露丝·韦尔的《10号舱的女人》（*The Woman in Cabin 10*）和鲁比·考尔的《太阳与花儿》（*The Sun and Her Flowers*）。

6. 自助出版

2017 年，美国自助出版总体而言实现了持续增长，也可以说 2017 年是自助出版具有里程碑意义的一年。根据《2012—2017 年鲍克自助出版报告》的数据显示，2017 年，按 ISBN 号来统计，美国自助出版图书种数（包含纸质书和电子书）约为 100.92 万种，首次突破百万大关，较上年增长 28.24%。2012—2017 年的 6 年间，美国自助出版图书种数共增长了 156.05%。CreateSpace、Smashwords、Lulu 仍稳居前三，且其体量与第四名差距十分巨大，可以说这三家自助出版行业巨头地位无法撼动。2017 年 CreatSpace 图书出版种数更是占到了当年总量的 74.5%，半壁江山这类词语都无法形容它在该领域的强劲态势。作为亚马逊旗下自助出版的中坚力量，目前也正将其用户向 Kindle Direct Publishing 转移，两个平台的兼并指日可待。同时，不得不提的是，在前三强中，CreateSpace 只出版纸质图书，Smashwords 只出版电子图书，而 Lulu 则纸质、电子兼顾。

在纸质书方面，2017 年美国自助出版纸质版图书出版种数达到了 87.96 万种，较上年增长 37.73%，2012—2017 年这 6 年来增长 273.28%。

电子书方面，自助出版近年来呈现逐年减少的趋势。2017 年，自助出版电子版图书出版种数为 12.96 万种，较上年减少 12.62%，2012—2017 年这 6 年来减少 18.23%。（见表 17）分析其原因，主要存在两个方面，一是近年来随着纸质书的回暖，电子书发展在逐渐趋于平缓；另一个原因，也是十分重要的原因就是，目前亚马逊在一定程度上垄断了自助出版电子书的销售渠道，这就需要亚马逊提供的 ASIN 号，而不需要再申领 ISBN 号。也就是说，鲍克所做的这份报告中不包含由亚马逊平台销售的仅具有 ASIN 号的自助出版电子书。据图书行业数据网站 Author Earnings 的数据显示，2017 年亚马逊网站上销售的所有电子书中，54% 没有 ISBN。

表 17 2012—2017 年美国自助出版图书出版种数

单位：种

企业名称	2012 年	2013 年	2014 年	2015 年	2016 年	2017 年	2016—2017 年变化	2012—2017 年变化
排名前 5 位企业出版情况及当年出版种数总体情况								
CreatSpace	131 456	186 926	292 167	423 718	501 043	751 924	50.07%	472.00%
Smashwords	90 252	85 500	112 483	97 198	89 041	74 290	-16.57%	-17.69%
Lulu	57 531	74 787	82 887	85 437	75 243	67 398	-10.43%	17.15%
Blurb	2 091	2 842	17 474	33 188	22 957	20 656	-10.02%	887.85%
Xlibris	14 646	13 990	11 789	7 966	9 887	9 050	-8.47%	-38.21%
当年总计	394 132	460 064	599 721	727 125	786 935	1 009 188	28.24%	156.05%
纸质版排名前 5 位企业出版情况及当年出版种数总体情况								
CreatSpace	131 456	186 926	292 167	423 718	501 043	751 924	50.07%	472.00%
Lulu	27 470	40 895	45 761	46 972	41 907	36 651	-12.54%	33.42%
Blurb	0	752	15 943	31 661	21 365	19 223	-10.03%	—
Xlibris	10 281	9 319	8 703	7 197	6 854	5 649	-17.58%	-45.05%
AuthorHouse	9 135	7 498	6 649	5 016	4 826	3 680	-23.75%	-59.72%
当年总计	235 639	304 006	427 210	573 965	638 624	879 587	37.73%	273.28%
电子版排名前 5 位企业出版情况及当年出版种数总体情况								
Smashwords	90 252	85 500	112 483	97 198	89 041	74 290	-16.57%	-17.69%
Lulu	30 061	33 892	37 126	38 465	33 336	30 747	-7.77%	2.28%
Xlibris	4 365	4 671	3 086	769	3 033	3 401	12.13%	-22.08%
AuthorHouse	5 121	4 337	2 209	2 724	2 739	2 416	-11.79%	-52.82%
Blurb	2 091	2 090	1 531	1 527	1 592	1 433	-9.99%	-31.47
当年总计	158 493	156 058	172 511	153 160	148 311	129 601	-12.62%	-18.23%

资料来源：《鲍克 2012—2017 年美国自助出版报告》

（二）细分市场

在美国，大众图书细分为成人小说类、成人非小说类、儿童和青年小说类、儿童和青年非小说类以及宗教类图书五大类。2017 年，上述五类图书表现各异，其中仅有成人非小说类与儿童和青年非小说类实现了增长，但儿童和青年非小说类涨幅甚微。2017 年，成人非小说类销售收入为 61.8 亿美元，较上年增长 5.4%。此类图书包括了传记、回忆录、政治类图书以及成人图画书。2013—2017 年这五年来，成人非小说销售收入呈直线性增长，共增长了 13.7 亿美元。其中，特朗普、奥巴马及希拉里等政坛名人的传记、回忆录等图书拉动该类图书销售额的力量不容小觑。

与此同时，随着《五十度灰》这一系列超级畅销书的热度消退，近年来成人小说的销售收入连年下跌。2017 年，该类图书销售收入为 43.8 亿美元，较上年下降了 1.2%。儿童和青年小说与宗教类图书销售也均有所下降，好在降幅不大。儿童和青年非小说销售收入与上年基本持平，为 6.5 亿美元。（见表 18）

表 18　2013—2017 年大众图书销售额情况

单位：亿美元

年份	成人小说	成人非小说	儿童和青年小说	儿童和青年非小说	宗教类出版物
2013	52.1	48.2	32.9	6.7	11.4
2014	49.0	49.7	38.9	5.3	11.4
2015	49.5	55.9	35.9	6.4	10.6
2016	44.3	58.7	38.2	6.5	11.3
2017	43.8	61.8	36.7	6.5	10.7
2016—2017 年变化比	-1.2%	5.4%	-4.1%	0.5%	-5.5%

资料来源：《美国出版商协会年度报告》（Statshot）（2018 版）

在销量方面，除儿童和青少年小说外，其他类图书的销量基本与销售额变化趋势保持一致，即销售额增长，销量也增长；销售额减少，销量也减少。但 2017 年儿童和少年小说类图书销量实现了小幅增长，为 1.1%，但销售额减少了 4.1%，这或许是因为此类别图书定价有所调整。（见表 19）

表 19　2013—2017 年大众图书销量情况

单位：亿册

年份	成人小说	成人非小说	儿童和青年小说	儿童和青年非小说	宗教类出版物
2013	7.68	4.94	8.27	1.55	1.93
2014	7.12	5.18	8.81	1.23	1.98
2015	7.06	5.85	8.43	1.37	1.81
2016	6.73	6.16	8.63	1.38	1.94

续表

年份	成人小说	成人非小说	儿童和青年小说	儿童和青年非小说	宗教类出版物
2017	6.45	6.39	8.73	1.44	1.85
2016—2017 年变化比	-4.2%	3.7%	1.1%	4.4%	-4.7%

资料来源：《美国出版商协会年度报告》（Statshot）（2018 版）

2017 年，大众图书的销售情况还是由纸质书所主宰，精装书、纸板书、平装书以及大众市场平装书的销售收入占到大众图书总收入的 76.6%，销量也占到大众图书总销量的 75.3%。于精装书而言，2017 年该格式图书销量占大众图书总销量的 24%，但其却创造了 36.4% 的销售收入。

2017 年可下载有声书发展势头持续迅猛，虽然销售收入仅占全部大众图书收入的 5.1%，但这一比例已超过大众市场平装书的占比。更为值得注意的是，2017 年美国图书实体有声书和大众图书实体有声书的销售收入基本相同，均为 1.5 亿美元。无独有偶，所有图书的可下载有声书版本的销售收入与大众图书可下载有声书的销售收入也基本相同。由此可见，目前有声书的市场基本全部来源于大众类图书。（见表 20、表 21）

表 20　2013—2017 年美国大众图书各类格式销售收入情况

年份	收入及总额占比	精装书	纸板书	平装书	大众市场平装书	实体有声书	可下载有声书	电子书	其他	总计
2013	收入（亿美元）	52.4	2.5	45.5	8.5	2.1	3.3	32.4	4.6	151.3
	占比（%）	34.6	1.6	30.1	5.6	1.4	2.2	21.4	3.0	100.0
2014	收入（亿美元）	49.8	2.7	50.9	8.8	1.9	4.0	32.0	4.0	154.3
	占比（%）	32.3	1.7	33.0	5.7	1.2	2.6	20.8	2.6	100.0
2015	收入（亿美元）	54.5	3.1	52.9	8.0	1.8	5.4	27.7	4.8	158.2
	占比（%）	34.5	1.9	33.5	5.0	1.1	3.4	17.5	3.0	100.0
2016	收入（亿美元）	56.8	3.1	54.8	8.2	1.6	6.4	21.6	6.4	159.0
	占比（%）	35.7	2.0	34.5	5.2	1.0	4.0	13.6	4.0	100.0
2017	收入（亿美元）	58.1	3.4	53.4	7.4	1.5	8.2	20.5	7.0	159.5
	占比（%）	36.4	2.1	33.5	4.6	0.9	5.1	12.8	4.4	100.0
2016—2017	收入年变化比（%）	2.2	8.9	-2.5	-10.9	-10.0	28.8	-5.3	9.9	0.3

资料来源：《美国出版商协会年度报告》（Statshot）（2018 版）

表 21　2013—2017 年美国大众图书各类格式销量情况

年份	单位销售量及总占比	精装书	纸板书	平装书	大众市场平装书	实体有声书	可下载有声书	电子书	其他	总计
2013	销量（亿册）	5.60	0.67	9.60	2.07	0.15	40.66	5.09	0.78	24.37
	占比（%）	23.0	2.8	39.4	8.5	0.6	1.7	20.9	3.2	100.0
2014	销量（亿册）	5.43	0.78	9.88	2.08	0.13	0.48	4.70	0.83	24.32
	占比（%）	22.3	3.2	40.6	8.5	0.6	2.0	19.3	3.4	100.0
2015	销量（亿册）	5.70	0.89	10.02	1.96	0.13	0.66	4.22	0.94	24.52
	占比（%）	23.3	3.7	40.9	8.0	0.5	2.7	17.2	3.8	100.0
2016	销量（亿册）	5.85	0.93	10.36	2.06	0.11	0.81	2.64	1.08	24.84
	占比（%）	23.6	3.8	41.7	8.3	0.5	3.2	14.7	4.4	100.0
2017	销量（亿册）	5.98	1.00	9.95	1.82	0.10	1.06	3.56	1.38	24.85
	占比（%）	24.0	4.0	40.0	7.3	0.4	4.3	14.3	5.5	100.0
2016—2017		2.2%	7.5%	-3.9%	-11.4%	-12.3%	31.3%	-2.1%	27.7%	—

资料来源：《美国出版商协会年度报告》（Statshot）（2018 版）

三、期刊业发展状况

（一）出版发行情况

在美国，期刊（Periodical）包括报纸、杂志（Magazine）和学术期刊（Journals）三部分。因学术期刊的相关市场情况难以掌握，故本报告将杂志作为分析重点。

近年来，美国期刊出版商总收入在持续减少，从 2007 年的 460 亿美元，减至 2017 年的 276.2 亿美元。杂志方面，2017 年报刊亭杂志销售额约为 20 亿美元，而十年前这一数据则为 49 亿美元。

近十年来，虽然整个期刊产业不够景气，但还算相对稳定。以消费类杂志为例，每年出版的杂志种数都能在 7 000 种以上。据美国杂志出版商协会发布的《媒体实录》（*Media Factbook*），2017 年美国共有 7 176 种消费类期刊在市面上流通，较上年略有减少。（见图 2）同年，共新增 766 种新刊（包含特刊等）问世，其中有 134 种为纸质刊。在新增的纸质消费类杂志中数量最多的为特别兴趣类（Special Interst），为 27 种。

单位：种

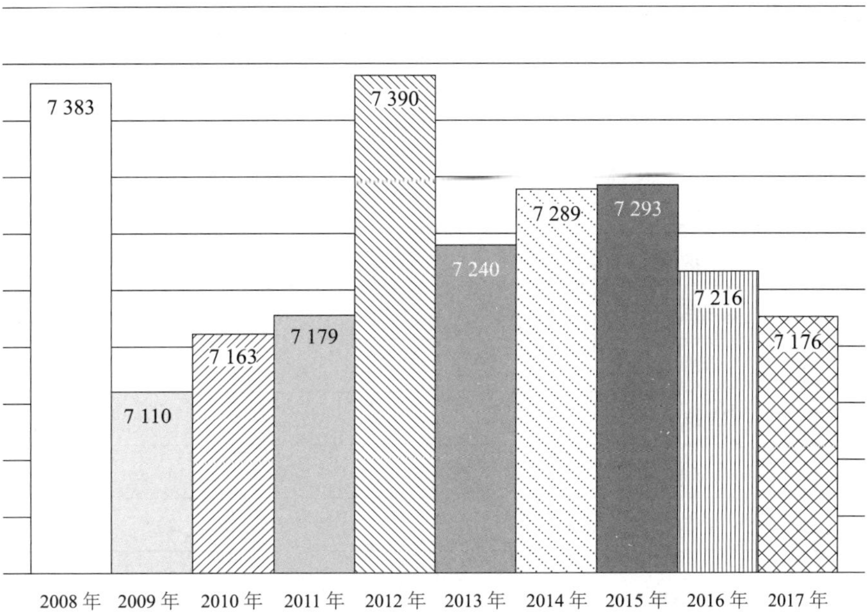

图 2 2008—2017 年美国消费类杂志出版种数

资料来源：《2018 年媒体实录》（*Media Factbook 2018*）

表 22 2017 年美国新出版纸质消费类杂志类别及数量

单位：种

类别	数量
特别兴趣	27
区域	12
工艺品 / 游戏 / 爱好	8
汽车	6
健康	6
烟草	5
漫画	5
艺术	4
种族	4
时尚	4
文学	4

续表

类别	数量
旅行	4
食品	3
家庭	3
音乐	3
自然生态	3
政治	3
科学技术	3
青少年	3
新娘	2
商业 / 金融	2
亲子	2
娱乐	2
奢侈品	2
宠物	2
运动	2
女士	2
建筑	1
户外活动	1
游戏	1
枪支	1
狩猎 / 钓鱼	1
非异性恋（LGBTQ）	1
医疗	1
男士	1
合计	134

资料来源：《2018 年媒体实录》（*Media Factbook 2018*）

在杂志业举步维艰的今天，仍然有一些杂志突出重围，成绩不凡。2017年，发展最为迅速的杂志品牌非《创业者》（*Entrepreneur*）莫属。正如这本杂志的主题一样，该杂志一经问世就立马占据了市场。由美国娱乐与体育节目电视网（ESPN）出版的同名杂志《ESPN杂志》在美国受众面最为广泛。其次，是《人物》（*People*）。《ESPN杂志》同样是数字线上受众最多的杂志，紧跟其后的是《网医生》（*WebMD*）。

数据统计公司Statista对2017年上半年美国消费类杂志的发行量进行了统计。其中，发行量最大的当属由美国退休人员协会（American Association of Retired People）出版的双月刊《AARP》。仅2017年上半年，该杂志发行量达到2 314万份。

该期刊因为主要面向的是美国退休人员，而且也是该领域的最核心的期刊，所以其发行量一直是消费类杂志中的翘楚。排名第5位的《游戏指南》（*Game Informer*）十分吸引眼球，该杂志由世界著名游戏销售商游戏之家（GameStop）出版发行。2017年上半年发行量也取得了635万份的好成绩。Statistic在2017年10月，对儿童杂志的发行情况也做了统计，其中最受欢迎的儿童杂志的桂冠被学乐出版集团出版发行的《学乐学报》（*Scholastic News*）摘得，其2017年前10个月的发行量达到350万份。

在广告收入方面，研究公司凯度媒介（Kantar Media）的数据显示，2017年，美国媒体巨头康泰纳仕集团（Condé Nast）的杂志广告页数同比下滑20%。根据美国杂志协会的最新数据显示，去年美国杂志业的收入下降，损失至少4.175亿美元。根据智研咨询的公开数据，在数字媒体上广告支出增幅明显，而报纸与杂志的广告支出呈下降趋势，2017年，分别下降了9%和7.2%。

美国杂志协会对前50家广告投放客户的广告支出做了统计，这50家企业的广告支出总和约为61亿美元，较上年减少4.175亿美元。法国化妆品品牌欧莱雅继续登顶，2017年广告支出6.99亿美元。紧跟其后的是，美国本土品牌宝洁公司，其广告支出较上年大幅增加了4.42亿美元，达到5.6亿美元。在排名前五位的广告客户中，辉瑞公司（Pfizer）的下降幅度最为显著。这家制药公司将印刷杂志的广告支出削减了约8 500万美元，降至3.69亿美元。强生的杂志广告支出降至2.409亿美元，较上年约削减了5 500万美元。除此之外，奢侈品巨头酩悦·轩尼诗—路易·威登集团（Louis Vuitton Moët Hennessy）、雅诗兰黛公司、开云、香奈儿以及亚马逊杂志广告的支出均有不同程度的减少。（见表 23）这其中，广告支出大部分被转移到其他渠道，如脸书（Facebook）、谷歌（Google），或投在有影响力的人物身上。

表 23　2017 年美国纸质杂志广告投放前 25 强企业

单位：万美元

排名	企业名称	金额
1	巴黎欧莱雅集团	69 946.0
2	宝洁公司	56 104.1
3	瑞辉制药有限公司	36 905.8
4	卡夫亨氏公司	37 744.4
5	强生公司	24 090.0
6	酩悦・轩尼诗—路易・威登集团	21 631.3
7	伯克希尔・哈撒韦公司	18 708.9
8	艾尔建公司	17 457.6
9	玛氏公司	17 230.0
10	联合利华公司	15 849.8
11	家乐氏公司	15 353.1
12	通用汽车公司	15 301.7
13	雀巢公司	15 249.6
14	JAB 公司	14 219.5
15	Bradford Exchange 公司	12 836.4
16	百事公司	10 493.9
17	默克公司	10 216.8
18	诺华公司	10 001.6
19	礼来公司	9 847.8
20	丰田汽车公司	9 826.4
21	开云集团	9 718.9
22	雅诗兰黛集团	9 527.4
23	奥驰亚集团	8 701.1
24	Synergistic 市场营销公司	6 918.6
25	康卡斯特公司	6 903.3

资料来源：《2018 年媒体实录》（*Media Factbook 2018*）

在品牌方面，美国杂志出版商协会（Magazine Publishers of America，简称 MPA）对 2017 年的杂志月访问量做了相关统计。排名前十位的杂志品牌主要涵盖生活、娱乐、体育、美容等相关内容。排名第一位的为《人物》（*People*），平均月访问量约为 4 160 万人次。排名第二位的则是美国退休人员协会专门针对老年人的《AARP》，约为 3 829 万人次。其中，体育类期刊《ESPN 杂志》受众量跌幅较大。（见表 24）

表 24 2017 年月平均访问量排名前十杂志品牌

单位：千人次

排名	品牌	受众数
1	《人物》（*People*）	41 604
2	《AARP》	38 285
3	《美好家园》（*Better Homes and Gardens*）	37 303
4	《国家地理》（*National Geographic*）	31 782
5	《好管家》（*Good Housekeeping*）	19 666
6	《读者文摘》（*Reader's Digest*）	19 037
7	《时代周刊》（*Time*）	18 601
8	《体育画报》（*Sports Illustrated*）	18 121
9	《ESPN 杂志》	17 371
10	《时尚》（*Cosmopolitan*）	16 720

资料来源：《2018 年媒体实录》（*Media Factbook 2018*）

（二）阅读情况

根据美国杂志出版商协会发布的数据显示，从 2012—2017 年这 6 年间，美国杂志的阅读人次在逐年攀升，形势较为乐观。2017 年，这一数据达到了 2.252 亿人次。（见图 3）

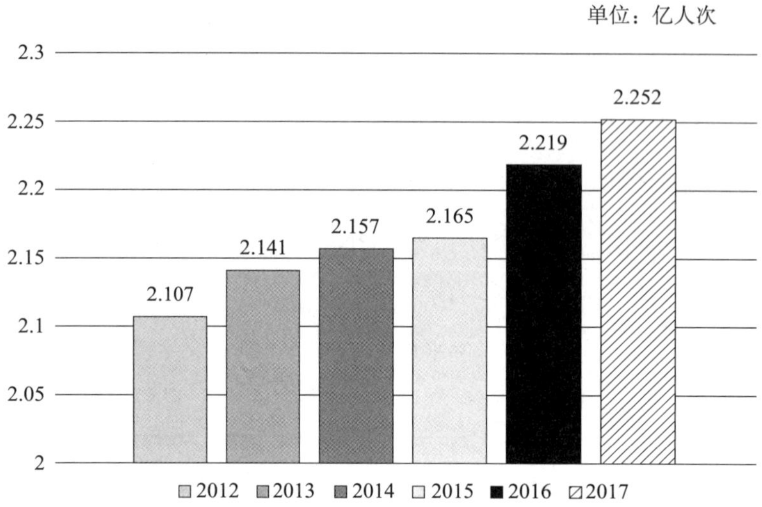

图 3　2012—2017 年杂志成年人阅读情况

资料来源：《2018 年媒体实录》（*Media Factbook 2018*）

该报告还对 2017 年 18 岁以上的成年人做了杂志阅读的统计。数据显示，在过去的一年间，有 91% 的成年人阅读过纸质或电子期刊；94% 的年龄在 35 岁以下的成年人阅读过纸质或电子期刊；95% 的年龄在 25 岁以下的成年人阅读过纸质或电子期刊，这一数据较上一年有所增加。（见表 25）

表 25　2017 年美国阅读期刊人数比例

年龄	成年人	低于 35 岁	低于 25 岁
比例	91%	94%	95%

资料来源：《2018 年媒体实录》（*Media Factbook 2018*）

该报告对杂志读者的种族分布也做了统计，非洲裔美国成年人月平均阅读 10.8 份纸质杂志，高于美国成年人月平均阅读 8.2 份纸质杂志的量；亚裔美国成年人月平均阅读 8.0 份，与全美平均值接近；西班牙裔美国成年人月平均阅读 8.7 份，LGBT（非异性恋）成年人月平均阅读 8.1 份。（见表 26）

表 26　期刊读者种族分布

类别	非裔美国成年人	亚裔美国成年人	拉丁裔美国成年人	LGBT（非异性恋）成年人
占比	91%	92%	87%	96%

资料来源：《2018 年媒体实录》（*Media Factbook 2018*）

在阅读频率方面，据数据统计公司 Statista 2017 年 5 月份发布的调查数据显示，有 19% 的受访者表示一个月阅读纸质杂志还不足一次；有 16% 的受访者表示一个月阅读电子版杂志不足一次。

参考文献

1. *Statshot Anuual.* Association of American Publishers，2018.

2. *Bowker Library and Book Trade Almanac.* Information Today Inc.2016, 2017, 2018.

3. 美国商务部 U.S. Department of Commerce. www.commerce.gov.

4. 美国劳工部劳动统计局 U.S. Bureau of Labor Statistics. www.bls.gov.

5. 美国图书馆协会 American Library Association. www.ala.org.

6.《出版商周刊》.

7. 美国期刊出版商协会 The Association of Magazine Publishers. www. magazine.org.

8. 数据统计公司 Statista. www.statista.com.

（作者单位：中国新闻出版研究院）

2017 年英国出版业发展报告

张岩　石悦　叶颖　刘铮

一、出版业发展背景

2017 年对于英国出版商来说是一个收益之年，脱欧影响虽然导致英国经济增长缓慢，但增加了出口图书销售额的收益。2017 年初，英国政府在脱欧进程开始时，就英国未来问题与欧盟进行了谈判，并成立专题小组帮助英国图书出版业定位未来的发展方向。与出版业有关的建议主要有三点：一是促进建设强有力的国际版权制度；二是实施国家版权用尽制度；三是保持对全球人才和思想的获取。英国政府强调了出版产业的重要性，成立创意出版小组就英国出版业在脱欧进程中面临的主要挑战进行讨论，如何继续维持英国出版行业在世界出版界中的领先位置，这将成为英国出版界未来的发展目标。

英国是世界上最大的图书出口国，占据了 17% 的市场份额，领先于美国（15%）和德国（10%），而欧洲是英国图书在全球最大的出口地区，占英国印刷品年销售额的三分之一以上。脱欧对于英国的出口贸易必将带来巨大的冲击。此前，英国与欧洲的密切关系意味着英国出版商在欧洲拥有专有权，他们可以利用独家英语版权享有巨大的经济利益。脱欧则意味着英国出版商不得不打开竞争之门，重新进入一个“开放的市场”，与其他英语出版商，尤其是美国出版商开展残酷的争夺。《卫报》用“真正野蛮的争斗”来形容英国与美国即将到来的图书贸易竞争。

2017 年，英国图书出口销售额明显增长，这与英镑贬值有着必然的联系，但并不是出口额增长的唯一解释。英国出版商在全世界范围内持续得到极大的关注，这一点可以通过国际消费者的消费表现来证明。2017 年英国图书出口总额为 16 亿英镑，比上一年增长 7%。其中，欧洲、澳大利亚和其他美洲地区的销售收入实现两位数增长；东亚、南亚、非洲撒哈拉以及中东、北非的销售额也有所增长。以上这些数字再次凸显了国际贸易对英国出版界经营的重要性，也说明脱欧也在一定程度上激发了英国出版商必须以一个“前所未有的方式”积极主动地争取进入欧洲的机会。

根据英国出版商协会（PA）在 2016 年底所做的第一次关于脱欧对出版业影响的调研显示，57% 的出版商更倾向于保留英国完整的单一市场会员资格。英国出版商协会也敦促政府与欧盟达成协议，确保英国继续尽可能充分地利用他们最大的单一市场，以便英国的创意产业能够继续蓬勃发展。出版业作为英国创意产业的一大重要分支，为经济增长增加了机会。

2017 年，图书贸易持续推广，提倡全民阅读，在有声读物方面加强经济与技术投入。英国实体与电子出版物销售收入相比 2016 年增长了 5%，共计 57 亿英镑。其中值得注意的是，在数字媒介快速发展的生态环境下，出版业实体图书销售收入仍有大幅增长。根据 2017 年英国出版业数据年报，英国实体图书销售额增长 5%，达到 31.18 亿英镑。虽然相比上一年的 6% 而言涨幅有小幅回落，但发展趋势是良好的。可以看出公众对印刷品还保持着持续的热爱。自 2015 年打破了英国纸质书出版不断下降的困局后，英国实体书销售额一直保持着一定的增幅。

另外，2017 年电子书销售额下降 2%，总计 5.43 亿英镑。从 2015 年开始，英国电子书销售额逐年下降，而实体书的销售额开始大幅上升。这与大部分人推测的电子书将代替纸质书的情况有所不同，数据显示电子书并没有像想象中一样挤压纸质书的市场空间，而实体书也没有在数字时代中消失。在实体书和电子书出版的平衡中，英国出版业的数字化正面临着挑战。在被社交媒体和电子设备不断包围的生活中，纸的质感给读者带来的体验依然是难以取代的。正如英国出版商协会会长史蒂芬·罗廷加（Stephen Lotinga）所言：“电子书的时代并未终结，但人们的确开始认真思考该如何和诸多屏幕共处的问题了。一般而言，人们每周过多使用及阅读各种电子设备，因而对屏幕深感疲倦，纸质书则为大家提供了一个逃离屏幕的机会。”

图 1　2017 年英国数字创新峰会

总之，2017 年实体书的良好发展趋势给了实体书出版商更多的信心，是未来实体书保持增长态势的助力。电子书销售额虽然有所下降，但其销售额仍占到总销售额的 15%，且书籍和期刊的总数字收入相比 2016 年增长了 3%，达到 18 亿英镑。英国出版业仍要考虑实体阅读和数字阅读中的平衡问题，并在数字浪潮中选择最佳的生存方式。但正如史蒂芬·罗廷加（Stephen Lotinga）所认为的，出版业仍然是英国创意产业的强力支柱。

二、图书业发展状况

（一）概况

1. 图书整体销售情况

根据英国出版商协会（PA）提供的数据，英国图书销售市场是面向国际的，包括文化、艺术和教育等多个领域。2017 年是英国出版业破纪录的一年，总体数据显示，2017 年图书销售总收入增长 4%，总产值 36.61 亿英镑，其中纸质图书销售收入总额增长 5%，达到 31.18 亿英镑，而电子版图书销售额下降 2%，总计 5.43 亿英镑。纸质版图书销售继续超过电子版图书，占据了主要市场份额。由此可见，纸质版图书的波动对整个图书市场的销售影响更大。（见表 1）

表 1　2013—2017 年出版商图书销售情况

单位：亿英镑

年份	2013	2014	2015	2016	2017	2013—2014 增长幅度（%）	2014—2015 增长幅度（%）	2015—2016 增长幅度（%）	2016—2017 增长幅度（%）	2013—2017 增长幅度（%）
总销售额	33.85	33.09	33.25	35.29	36.61	-2.2	0.5	6.1	37	8.2
纸质书销售额	28.70	27.36	27.56	29.76	31.18	-4.7	0.7	8.0	4.8	8.7
电子书销售额	5.15	5.73	5.68	5.53	5.43	11.3	-0.8	-2.7	-1.9	5.4

资料来源：英国出版商协会《2017 年英国出版业数据年报》

通过比较纸质版图书和电子版图书的销售额，可以看出纸质版图书销售额几乎是电子版图书的 6 倍。纸质版图书之所以能够突破困境、实现持续增长的重要原因是 2016 年英国大批独立书店的重新开张，纸质书市场开始回暖。另外，一些小型书店探寻新发展思路也初见成效，为使消费者在书店可以获得更多消费体验，这些书店将影视作品与实体图书相捆绑，激发消费者购买热情。通过数据可以看出，创新改革初见成效，消费者重新点燃了对纸质版图书的阅读热情。在数字化时代，纸质图书也被消费者赋予了更多的新内涵，阅读纸质图书不仅是在浏览其中的内容，在更深层面上的意义是承载了一种情怀。纸张成为电子信息时代的奢侈品，扭转了之前电子版图书将主导未来图书市场的趋势。

相比纸质图书销售的增长势头，电子图书销售额在 2017 年则下降 2%，销售额总计 5.43 亿英镑。电子图书市场的萎缩，一方面的原因是纸质图书市场份额比例逐渐上升，导致电子版图书销量不如从前；另一方面原因是电子版图书的来源有限。换句话来说，并不是所有纸质版图书都拥有相配套的电子版，只有销量较好的图书以及知名作家的作品才被开发电子版权继续出售，所以，电子书的发展还有一段路要走。从对消费者的图书购买记录调查情况来看，半数读者愿意在纸质版图书上花费更多的时间和精力。实体书店也更能促进纸质书购买，特别是在畅销书上市之时，消费者更愿意优先购买纸质版图书来阅读。

从阅读体验的层面上看，阅读纸质版图书的仪式感是无可替代的。指尖触及粗糙纸面的摩挲感、精美装帧带给读者的愉悦感以及阅读时与外在环境产生的和谐共鸣，这些与英国文艺复兴时期的图书沙龙活动一脉相承，是英国人内在的文化精神的沉淀。

从某种程度上来说，阅读纸质图书的行为已经成为一种特殊的文化。根据对英国图书消费者的采访与调查资料显示，多数人在自己热衷的图书面前，都会优先选择纸质版来阅读。

从电子书的内容生产资源来看，超过 70% 的电子书来自传统出版，20% 左右来自自出版或亚马逊出版。随着智能手机的普及，手机阅读已经有赶超平板电脑阅读的趋势。从伦敦图书馆借阅情况来看，在有声读物方面，CD 形式的音像出版物逐年减少。在 2017 年英国出版物的总销售额中，纸质版的出版物占到了总额的 85%，与 2016 年相比下降了 1%。但在 2015 年，纸质出版物所占比重为 83%，在两年内的时间增加了 2%，能够看出纸质出版物在英国的消费市场的受欢迎度有增无减，也显示出纸质出版的长期可依赖性。（见图 2）

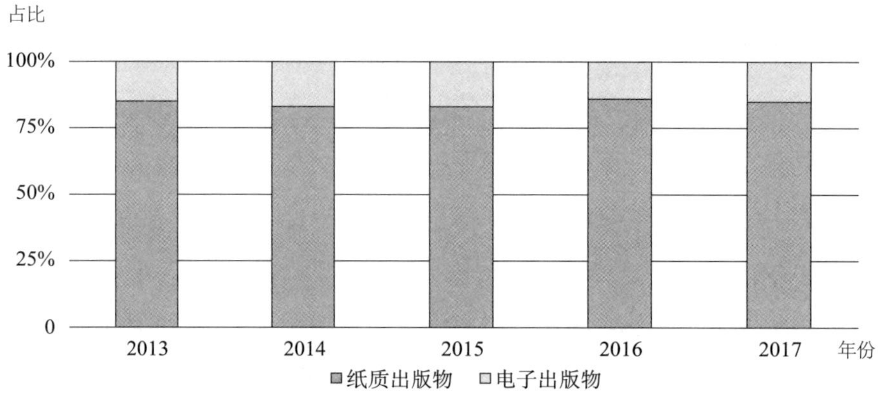

图 2　纸质出版物和电子出版物在整体出版物销售额中所占比例

资料来源：英国出版商协会《2017 年英国出版业数据年报》

2017 年，英国出版商的总体平均发货价格为 4.82 英镑，相比 2016 年增长了 4%，较 2013 年增长了近 10%。出版市场中的纸质图书在国内的平均发货价格为 4.61 英镑，较 2016 增长了 0.8%。而电子图书平均发货价格实现了 8.4% 的较大幅度增长，达到了 5.12 英镑。在 2013 年至 2017 年这五年的时间内，英国出版市场中的纸质图书在国内平均发货价格增长了 6.6%，而出口市场的平均发货价格的增长幅度更大，五年内增长了 14%。（见表 2）

表 2　2013—2017 年图书出版商平均发货价格

单位：英镑

年份	总体平均发货价格	纸质图书平均发货价格	电子图书平均发货价格
2013	4.40	4.32	4.49
2014	4.50	4.45	4.56
2015	4.53	4.42	4.69
2016	4.63	4.57	4.72
2017	4.82	4.61	5.12
平均发货价格增长百分点			
2014/2013	2.4	2.9	1.7
2015/2014	0.8	-0.6	2.7
2016/2015	2.2	3.3	0.7
2017/2016	4.0	0.8	8.4
2017/2013	9.6	6.6	14.0

资料来源：英国出版商协会《2017 年英国出版业数据年报》

按销售统计的退货率来看，2017 年纸质图书的退货率达到 7.8%，而 2016 年的退货率为 8.8%，这表明英国图书的质量在这一年内得到了更多的认可。而在 2013 年至 2017 年的五年间，英国纸质书的退货率大幅度下降了 31.9%，这充分表明了英国图书市场整体质量的逐步提升。从海外市场来看，虽然纸质书在 2016 年出口市场中的退货率为 7.4%，比上一年增加了 2.6%，但在 2017 年纸质书的退货率为 5.8%，比 2016 年大幅度降低了 21.4%，短短一年时间内出现这样的降幅足以证明英国纸质图书依旧受到越来越多国外消费者的欢迎。（见表 3）

表 3　2013—2017 年出版商按销售统计的退货率

年份	总体退货率（%）	国内退货率（%）	出口退货率（%）
2013	11.5	13.5	8.8
2014	10.11	2.3	7.3
2015	9.5	11.3	7.2
2016	8.8	9.8	7.4
2017	7.8	9.3	5.8
2014/2013	-11.9	8.6	-17.4

续表

年份	总体退货率（%）	国内退货率（%）	出口退货率（%）
2015/2014	−5.4	−8.2	−1.0
2016/2015	−7.8	−12.9	2.6
2017/2016	−11.4	−5.4	−21.4
2017/2013	−31.9	−30.8	34.1

资料来源：英国出版商协会《2017 年英国出版业数据年报》

2. 国内市场销售情况

2017 年英国图书在国内的销售总额达到了 20.63 亿英镑，比 2016 年小幅增长了 1.4%。纸质图书的销售额为 17.59 亿英镑，相比 2016 年增加了 2.3%，与 2015 年相比增加了 12.6%。而国内市场的电子出版物销售额并不理想，2017 年电子图书的销售额为 3.04 亿英镑，相比 2016 年下降了 3.1%，对比 2015 年呈现了大幅减少，降幅为 12.8%。数据表明，2015 年至 2017 年间，电子出版物在英国国内市场中的发展速度并未提高，英国消费者对于纸质图书的需要依旧有增无减，对比电子图书，纸质图书依旧更受本国消费者的欢迎。（见表 4）

表 4　2015—2017 年英国图书的国内销售情况

单位：百万英镑

年份 \ 销售额	总销售额	纸质图书销售额	电子出版物销售额
2015	1 905	1 562	343
2016	2 034	1 720	314
2017	2 063	1 759	304
销售额的百分比变化（%）			
2016/2015	6.8	10.1	−8.6
2017/2016	1.4	2.3	−3.1
2017/2015	8.3	12.6	−12.8

资料来源：英国出版商协会《2017 年英国出版业数据年报》

2017 年英国出版物的国内销售总额中，电子出版物（包括电子书、音频下载、网上订阅以及其他形式的电子书）占总额的 15%，与 2016 年所占比重持平，但与

2015 年相比减少了 3%。2017 年纸质出版物占销售总额的 85%，与 2016 年持平，较 2015 年增加了 3%。（见图 3）

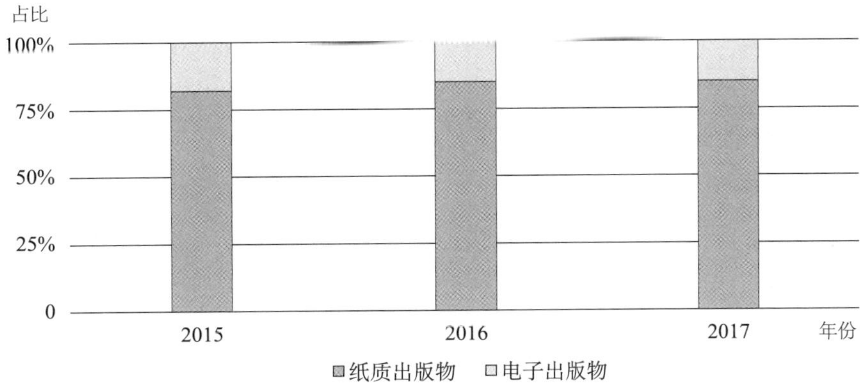

图 3　纸质出版物和电子出版物在出版物国内销售额中所占比重

资料来源：英国出版商协会《2017 年英国出版业数据年报》

从图书种类上看，2017 年英国国内图书销售数额最大的是成人非小说类图书，销售额达到了 6.44 亿英镑；其次是学术与专业类图书，销售数额达到 6.22 亿英镑；销售额最小的是英语教育类，只有 1.1 亿英镑。与 2016 年相比，学术与专业类的图书销售额增幅最大，达到了 6.9%；其次为成人小说类图书，增幅为 0.7%；降幅最大的是学校类书籍，达到了 10.0%；其次是英语教育类，下降了 8.3%。与 2015 年相比，增幅最大的依然是学术与专业类图书，大幅增长了 22.7%；降幅最大的是成人类小说，降低了 8.5%；其次是学校类图书，降幅为 7.9%。在 2015—2017 年三年期间，数据表明，在英国国内市场，英语教育类和成人非小说类的销售数额比较稳定，而学校类与儿童类销售数额变化波动较大。（见表 5）

表 5　2015—2017 年英国各类图书的国内销售情况（按种类统计）

单位：百万英镑

类别 年份	合计	成人小说类	成人非小说类	儿童类	学校类	英语教育类	学术与专业类
2015	1 905	398	574	227	190	10	507
2016	2 034	361	636	249	194	12	582
2017	2 063	364	644	247	175	11	622

续表

类别 年份	合计	成人小说类	成人非小说类	儿童类	学校类	英语教育类	学术与专业类
销售额的百分比变化（%）							
2016/2015	6.8	−9.2	10.8	9.5	2.5	18.0	14.8
2017/2016	1.4	0.7	1.4	−0.8	−10.0	−8.3	6.9
2017/2015	8.3	−8.5	12.2	8.8	−7.9	1.1	22.7

资料来源：英国出版商协会《2017 年英国出版业数据年报》

在英国国内的图书销售市场中，排在前三名的一直是成人非小说类图书、学术与专业类图书和成人小说类图书，成人非小说类图书在近几年一直保持着 30% 以上的份额，学校类图书的销售份额从 2015 年的 10% 下降到 2017 年的 8%，尤其是国内向学校销售的教科书遭受了销售份额 12% 的打击，这表明公共部门的大幅削减开始侵蚀教育。儿童类和英语教育类图书因为消费对象相对单一，销售份额在这几年内保持稳定。英语教育类则常年处于英国国内市场销售额中的劣势，因为消费群体大多是需要英语语言的外国学生或英语语言研究者，因此国内的销售份额一直处在 1%。

3. 海外市场销售情况

英国出版业已成为世界第一大图书出口国，2017 年出口收入进一步增长 8%，达到 34 亿英镑，目前占总收入的 60%。出口的繁荣使 2017 年英国实体书的整体出口增长了 6.9%，达到 15.98 亿英镑。（国际出版商协会首席执行官 Stephen Lotinga 在《2017 年英国出版业数据年报》的官方声明中说："这些数字显示了英国出版业从轰动一时的小说到可以获取知识的教科书和具有参考意义的研究型论文，今天的统计数据证明，社会对各种形式的书籍的喜爱没有减弱的迹象。"）2017 年的总出口额比 2016 年整体增加了 6.9%，比 2015 年增加了 12.5%。具体来说，纸质图书出口额增长幅度最大，2017 年英国纸质图书的出口额为 13.59 亿英镑，比 2016 年整体增长了 8.2%，和 2015 年相比大幅增加了 13.7%。然而相反的是，电子出版物的出口额在 2017 年的出口额为 2.39 亿英镑，较 2016 年降低了 0.4%，但与 2015 年相比依旧增加了 6.5%，这说明虽然电子出版物在 2017 年出现小幅下降，但总体的趋势没有发生太大的变化，英国的电子出版物也会继续受到海外市场消费者的欢迎。（见表 6）

表 6 2015—2017 年英国图书的海外销售情况

单位：百万英镑

年份 \ 出口额	总出口额	纸质图书出口额	电子出版物出口额
2015	1 420	1 195	225
2016	1 495	1 256	240
2017	1 598	1 359	239
销售额的百分比变化（%）			
2016/2015	5.3	5.1	6.4
2017/2016	6.9	8.2	-0.4
2017/2015	12.5	13.7	6.2

资料来源：英国出版商协会《2017 年英国出版业数据年报》

尽管以上数据显示英国出版商在世界范围内取得了成功，但同时也体现了在英国贸易伙伴关系日益紧张的情况下，国际贸易对出版行业的重要性。正如国际出版商协会首席执行官 Stephen Lotinga 所说："在英国政府正在寻找一个关于英国出口的正面故事的时候，出版业就是这样。我们的行业在各个行业、不同类别和不同产品上都显示出非凡的弹性和创新。"

在 2017 年英国图书的出口总额中，电子出版物（包括电子书、音频下载、网上订阅以及其他形式的电子书）占到了总额的 15%，与 2016 年所占的比重持平，比 2015 年增长了 1%。（见图 4）

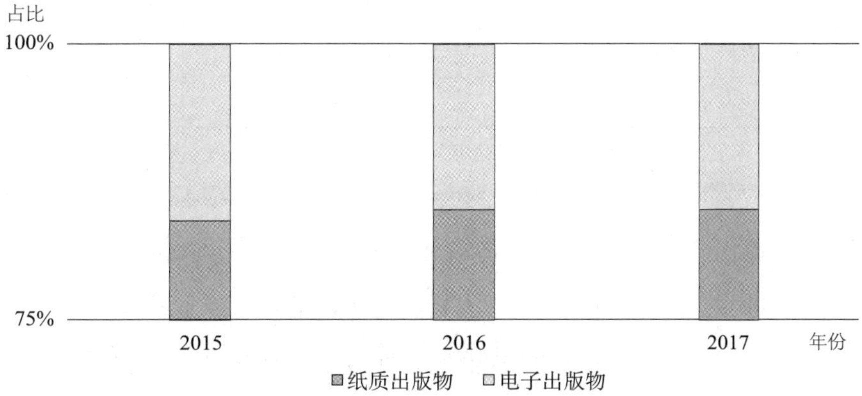

图 4 纸质出版物和电子出版物在出版物国外销售额中所占比重

资料来源：英国出版商协会《2017 年英国出版数据年报》

在 2017 年英国图书的出口总额中，成人小说类图书的出口额达到了 1.83 亿英镑，较 2016 年的出口额增长了 7.0%，说明了小说类书籍在一年内出口强势，这其中包括了很多国际畅销书，例如凯瑟琳·克洛夫特（Kathryn Croft）的《你失去的女孩》（*The Girl You Lost*）、乔乔·莫伊斯（Jojo Moyes）的《遇见你之前》（*Me Before You*）。在 2017 年英国图书的对外输出中，增长最多的还是非小说类的出版物。其中出口额最大的是学术与专业类图书，销售额达到了 5.93 亿英镑；其次是成人非小说类，出口数额为 2.84 亿英镑；英语教育类在 2017 年也有了较大幅度的提升，达到了 2.81 亿英镑。出口额最小的是儿童类图书，数额为 1.07 亿英镑。与 2016 年相比，英语教育类图书的出口额增幅最大，达到了 14.3%，其次是成人非小说类图书，增幅为 11.1%。与 2015 年相比，整体没有出现降幅现象。（见表 7）数据表明，英国每年都会为世界贡献畅销书，其学术与专业类图书在世界也享有一定的口碑，体现出极强的文化软实力。

表 7　2015—2017 年英国各类图书的海外销售情况（按种类统计）

单位：百万英镑

类别 / 年份	合计	成人小说类	成人非小说类	儿童类	学校类	英语教育类	学术与专业类
2015	1 420	171	233	87	129	252	547
2016	1 495	171	256	117	142	246	565
2017	1 598	183	284	107	149	281	593
销售额的百分比变化（%）							
2016/2015	5.3	−0.4	9.9	33.8	9.3	−2.3	3.2
2017/2016	6.9	7.3	11.1	−8.0	−5.4	14.3	5.0
2017/2015	12.5	7.0	21.9	8.8	23.0	11.5	8.4

资料来源：英国出版商协会《2017 年英国出版业数据年报》

在英国图书的出口中，排在前三名的是学术与专业类、英语教育类和成人非小说类，这三类图书共占出口总额的 71% 以上，尤其是学术与专业类图书，发展势头强劲，近几年一直保持着 37% 左右的份额。而英语教育类图书虽然在国内市场销售平平，但在海外市场很受欢迎，连续三年保持在 18% 的份额，几乎不受市场环境的影响，其固定的消费对象以及质量上的保障，使得品牌深得人心。成人非小说类图书也在近三年内保持在 16% 以上的份额，2017 年增幅达到 18%。

英国脱欧的决定并未影响英国出版商的图书贸易，通过对纸质出版物的出口统计发现，英国最大的海外消费市场依旧是欧洲大陆，其次是东亚与南亚地区。2017 年英国图书对欧洲大陆的出口额是 4.89 亿英镑，较 2016 年增加了 12.7%。2017 年英国图书对东亚和南亚地区的出口额是 2.48 亿英镑，与 2016 年相比增长了 8%，与 2013 年相比增长了 28.3%。（见表 8）英国图书对于北美的销售额虽然下降了 10%。但来自美国的期刊收入要比总销售额好得多。总的来说，2013—2017 年，东亚与南亚的出口份额从 15% 增加到 18%，而撒哈拉沙漠以南非洲地区从 7% 降低到 6%，北美地区也从 10% 降至 9%。中东北非和大洋洲分别维持 14% 和 9% 的份额。英国出版业海外贸易的重要支点还在于其优秀的写作人才和学术学者，以及世界范围内对英语教学产品的巨大需求。数据表明，英国图书在东亚和南亚地区的销售逐年递增证实了这些地区对英国图书需求量的不断扩大，英国文化也越来越受到当地读者的关注和喜爱。

表 8　2013—2017 年英国图书的海外销售情况（按区域统计）

单位：百万英镑

年份	欧洲	中东北非	撒哈拉沙漠以南非洲地区	东亚与南亚	大洋洲	北美	美洲其他地区	其他地区	合计
2013	486	178	87	193	115	132	62	3	1 255
2014	456	175	78	201	116	138	63	4	1 231
2015	436	188	74	208	102	113	70	5	1 195
2016	434	185	73	229	104	135	89	7	1 256
2017	489	187	80	248	119	121	111	5	1 359
图书出口总额增幅（%）									
2014/2013	-6.1	-1.4	-10.5	4.0	1.0	4.5	1.9	17.3	-2.0
2015/2014	-4.5	7.5	-5.2	3.4	-12.3	-17.7	10.2	20.8	-2.9
2016/2015	-0.4	-1.5	-1.7	10.5	2.2	19.1	27.6	50.6	5.1
2017/2016	12.7	1.2	9.6	8.0	14.1	-10.3	25.1	-31.0	8.2
2017/2013	0.6	5.6	-8.5	28.3	3.3	-8.1	79.2	47.2	8.3

资料来源：英国出版商协会《2017 年英国出版业数据年报》

4. 畅销书情况

在 2017 年的英国畅销书榜单中，英国著名的烹饪书出版人杰米·奥利弗（Jamie Oliver）凭借他的食谱系列丛书荣登年度英国畅销书榜首。这部由迈克尔·约瑟夫（Michael Joseph）出版社出版的新书《五种食材的简易食谱》（*5 Ingredients—Quick & Easy Food*）是第一次登上英国畅销书榜单的食谱类书籍。该书主题配合了社会压力下都市群体对简单便捷性的价值需求，旨在用五种简单的食材来烹饪美味的食品，不到 30 分钟就能解决完一顿饭，即使最忙的人也能吃到满意的菜肴。杰米·奥利弗创作的食谱书的成功不仅是出于他本人是英国著名厨师的名人效应，还源于他与读者线上线下互动的完美结合。奥利弗经常在自己的 Twitter 和 Facebook 分享与美食和健康有关的图片等信息，收获大量读者的点赞和评论，这使他逐渐开始在社交平台上分享菜谱和健康饮食的方法，特别是今年出版的《五种食材的简易食谱》，实体书销售量达到了约 71.6 万册，成功实现了线上粉丝到线下消费者的转换，同时也体现出公众越来越重视生活品质与饮食健康及美容瘦身相关的内容。

参考 2016 年畅销书排行榜，榜单中的其他排名也发生了一些变化，悬疑类小说也并没有被其他类型的书全部取代。具体来说，作家乔·威克斯（Joe Wicks）的《饮食 / 健身头衔》（*Diet/Fitness Titles*）在 2016 年达到了第三名的巅峰，但在今年却没有登上前十名的榜单。2017 年榜单上的第三名是加拿大作家莎丽·拉佩娜（前十名中唯一的女性）的《隔壁的一那对夫妇》（*The Couple Next Door*），这是一部犯罪悬疑小说，作者以隔壁的夫妇为主线索，描述了一个满是秘密和谎言的社区。榜单上第五名的作品《起源》（*Origin*）是丹·布朗（Dan Brown）的又一力作，延续其悬疑作品的风格，丰富的悬疑设置手段与宗教解密的知识性调性都为他带来了不少的忠实读者。世界著名的惊悚小说作家理查德（Lee Child）的作品《夜校》（*Night School*）也进入了榜单，排名第六。同样作为悬疑小说的克莱尔·麦金托什（Claire Mackintosh）的《我看见你》（*I See You*），在 2017 年的榜单中排名第十四，同时在 2017 年"理查德和朱迪夏季读书俱乐部"中成为冠军的获奖者。这样的趋势则证明了悬疑惊悚片在英国读者的心中依然占有很重要的位置，恐怖、悬疑、犯罪等刺激元素和氛围塑造仍然对英国读者有着很强的吸引力。

另外，榜单上出现了三部儿童图书，分别是排名第二的《坏爸爸》（*Bad*

Dad）、排名第四的《世界上最坏的孩子 2》（*The World's Worst Children 2*）和排名第九的《懦弱的孩子日记：逍遥游》（*Diary of Wimpy Kid: The Getaway*）。这三部作品中两部都出自大卫・威廉姆斯（David Walliams）之手，且皆是哈珀・柯林斯出版社（Harper Collins）出版的童书。作者大卫・威廉姆斯（David Walliams）是英国著名的喜剧演员、作家，其作品已被翻译成 53 种语言，在世界各地售出了 2 500 多万册。《懦弱的孩子日记：逍遥游》（*Diary of Wimpy Kid: The Getaway*）的作者杰夫・金尼（Jeff Kinney）是《纽约时报》（*The New York Times*）的畅销书作家，被《时代》（*Time*）杂志评为世界上 100 位最具影响力的人物之一，他的作品曾六次获得 Nickelodeon 儿童选择奖中最受儿童喜爱作品的称号。《坏爸爸》（*Bad Dad*）讲述了一对父子紧张刺激的冒险故事，《世界上最坏的孩子 2》（*The World's Worst Children 2*）是《世界上最坏的孩子》（*The World's Worst Children*）的续集，这本书在英国亚马逊图书官网中被评为 9 岁及以上儿童的完美礼物，书中讲述了关于十个糟糕小孩的故事，每个故事都将大卫的幽默感发挥到了极致。《懦弱的孩子日记：逍遥游》（*Diary of Wimpy Kid: The Getaway*）是一套 12 册的童书，这些书的主角是一个刚入中学的小男孩，内容主要围绕他和他的哥哥、朋友之间发生的有趣故事，从儿童的视角出发阐述小男孩的心境，并与青少年的日记相吻合，里面满是手写的笔记和格雷格日常冒险的简单图画。三部畅销童书均体现了幽默风趣的特点，后两部作品更将目光聚焦于儿童现实问题，以儿童为中心考虑书本内容的编写，为家长育儿提供了良好的图书材料，满足了家长的需要。

除此之外，榜单上排名第八的《智人：人类简史》（*Sapiens: A Brief History of Humankind*）、排名第七的《吉尼斯世界纪录 2018》（*Guinness World Records 2018*）以及排名第十的《尘封之书第 1 卷：拉贝勒・索瓦吉》（*The Book of Dust Vol 1: La Belle Sauvage*）也在不同程度满足着英国人民的需求。如尤瓦尔・赫拉利（Yuval Noah Harari）在《智人：人类简史）中探讨了人类是如何演变为智人，按照时间的顺序论述了人类的认知革命、农业革命以及人类如何在今天融合成一个整体，拥有统一的社会规则，并对人类未来的走向做出了预测。该作品满足了读者们对人类溯源的好奇，作者幽默风趣的文风也为作品添姿添彩。

表 9　2017 年英国畅销书前十名

排名	书名	作者	出版商	定价（英镑）	实体书销量（册）
1	《5 种食材的简易食谱》（*5 Ingredients—Quick&Easy Food*）	杰米・奥利佛（Jamie Oliver）	迈克尔・约瑟夫出版社（Michael Joseph）	26	716 071
2	《坏爸爸》（*Bad Dad*）	大卫・威廉姆斯（David Walliams）	哈珀・柯林斯出版社（Harper Collins）	12.99	567 818
3	《隔壁的那对夫妇》（*The couple Next Door*）	莎莉・拉皮纳（Shari Lapena）	科吉出版社（Corgi）	7.99	404 099
4	《世界上最坏的孩子 2》（*The World's Worst Children 2*）	大卫・威廉姆斯（David Walliams）	哈珀柯林斯出版社（Harper Collins）	14.00	394 263
5	《起源》（*Origin*）	丹・布朗（Dan Brown）	万丹出版社（Bantam）	14.99	394 263
6	《夜校》（*Night School*）	李・蔡尔德（Lee Child）	万丹出版社（Bantam）	20.00	373 705
7	《吉尼斯世界纪录 2018》（*Guinness World Records 2018*）	吉尼斯世界纪录（Guinness World Records）	吉尼斯世界纪录出版社（Guinness World Records）	7.99	341 778
8	《智人：人类简史》（*Sapiens: A Brief History of Humankind*）	尤瓦尔・诺亚・赫拉利（Yuval Noah Harari）	复古出版社（Vintage）	9.99	295 453
9	《懦弱的孩子日记：逍遥游》（*Diary of Wimpy Kid：The Getaway*）	杰夫・金尼（Jeff Kinney）	企鹅出版集团（Penguin）	12.99	272 357
10	《尘封之书第 1 卷：拉贝勒・索瓦吉》（*The Book of Dust Vol 1: La Belle Sauvage*）	菲利普・普尔曼（Philip Pullman）	企鹅与大卫・菲克林出版社（Penguin and David Fickling）	20.00	261 391

数据来源：尼尔森图书研究中心

（二）细分出版市场情况

1. 成人小说图书市场

在 2017 年的英国小说消费市场中，非虚构 / 参考书占全年总销售额的四分之一。尽管英国小说的市场份额在五年内从 18% 下降到 15%，但其图书销售状况在持续低迷了 3 年后，迎来了一次短暂的回升，市场收入在 2017 年增长了 2.8%。其中纸质图书销售额持续增长，增长额为 6%，这抵消了电子图书销售下降了 11% 的影响。英国的纸质版小说销量成绩喜人，无论是精装书还是平装书，都为英国出版业提交了一份满意的答卷，特别是精装书小说的销量，出乎意料地增长了 31%，达到 9 700 万英镑。在简装版小说方面，来自多伦多的女作家莎丽・拉佩尼亚（Shari Lapena）书写的《邻家夫妇》（*The Couple Next Door*），仅在 2017 年就售出超过 400 000 本。尽管英国小说市场在其他地方也有很好的表现，丹・布朗（Dan Brown）的《起源》（*Origin*）的当年销量也达到了 394 263 本，成为畅销书排行榜上排名第二的成人小说类图书。另一个非常值得关注的现象是，英国图书的海外市场在近几年内呈现出持续增长的趋势。英国小说类图书 2017 年的海外销售增长了 7%，在国际出版市场中生根发芽，表现良好。

具体来说，2017 年，英国成人小说市场的销售总额为 5.47 亿英镑，比 2016 年上升了 2.8%，与 2013 年相比下降了 9.4%。其中，纸质书的销售额为 3.86 亿英镑，比 2016 年上升了 7.2%，与 2013 年相比下降了 3.5%；电子书的销售额为 1.61 亿英镑，与 2016 年相比下降了 6.4%，与 2013 年相比下降了 29.9%。（见表 10）

表 10　2013—2017 年英国成人小说类图书销售额

单位：百万英镑

年份	总销售额	纸质书销售额	电子出版物销售额
2013	604	400	204
2014	580	364	216
2015	569	367	202
2016	532	360	172
2017	547	386	161
销售额的百分比变化（%）			
2017/2016	2.8	7.2	−6.4
2017/2013	−9.4	−3.5	−29.9

资料来源：英国出版商协会《2017 年度英国出版业报告》

在这 5.47 亿英镑的销售额中，英国本土市场贡献了 3.64 亿英镑，这个数据与 2016 年相比上升了 0.03 亿英镑，但与 2013 年 4.25 亿英镑的本土销售额相比却下降较多；海外市场则贡献了 1.83 亿英镑，为五年来最高销量。（见表 11）从 2013 年到 2017 年，纸质书形式的成人小说在英国本土市场与海外市场都占据了销售额的大部分比例。（见表 11）

表 11　2013—2017 年英国成人小说类图书海内外销售情况

单位：百万英镑

	英国本土市场			海外市场		
年份	总销售额	纸质书销售额	电子出版销售额	总销售额	纸质书销售额	电子出版销售额
2013	425	275	150	179	125	54
2014	410	247	163	170	117	53
2015	398	251	147	172	116	56
2016	361	244	117	170	115	55
2017	364	259	105	183	126	57
销售额的百分比变化（%）						
2017/2016	1.4	6.1	−10.6	7.3	9.5	2.5
2017/2013	−14.3	−5.7	−30.2	2.5	1.3	5.1

资料来源：英国出版商协会《2017 年度英国出版业报告》

另一个值得关注的现象是英国出版商出口图书的销售量在持续增长。英国小说出口的销售额同比增长了 7%，非小说类出口销售额则增长了 14%。英国一直拥有强大的图书出口市场，专注于国际市场营销和宣传。随着全球化进程的不断发展，世界各地英语学习需求不断提升，以及几个主要销售地区经济上的稳健发展，未来一段时间内，英国图书出口仍将保持较高的销量。

2. 成人非虚构类图书市场

英国的成人非虚构类图书市场保持了一贯的增长态势，但是相较 2016 年的大丰收，2017 年非虚构图书的销售增量稍有放缓。在经历了 2014 年的爆冷下跌之后，成人非虚构类图书似乎找到了新的突破口，从 2015 年到 2017 年，这一类销售数据持续飙升，使整个出版界振奋不已。具体来说，2017 年，英国成人非虚构类图书市场的销售总额为 9.28 亿英镑，与 2016 年相比增长了 4.2%，与 2013 年相比，增幅达到了 14.8%。其中，纸质书的销售额为 8.78 亿英镑，比 2016 年增张了 4.2%，与 2013 年相比，增长了 16.7%；电子出版物的销售额为 0.5 亿英镑，与 2016 年相比，增长了 4.4%，而与 2013 年相比，则下降了 10.8%。（见表 12）

表 12　2013—2017 年英国成人非虚构类图书销售情况

单位：百万英镑

年份	总销售额	纸质版图书销售额	电子版图书销售额
2013	809	753	56
2014	737	682	55
2015	806	755	51
2016	891	843	48
2017	928	878	50
销售额的百分比变化（%）			
2017/2016	4.2	4.2	4.4
2017/2013	14.8	16.7	−10.8

资料来源：英国出版商协会《2017 年度英国出版业报告》

以上数据表明，纸质图书在英国的成人非虚构类图书市场中仍然占据着绝对优势，无论是在英国本土还是海外市场的销售中，纸质书都占到了近 95% 的比重，其地位仍然难以撼动。尽管如此，成人非虚构虚构的数字销售仍然呈现增长模式。从调查情况来看，不仅越来越多的消费者阅读叙事非虚构类小说，而且还通过手机、平板电脑和电子阅读器浏览烹饪书、插图书和参考书，这一趋势也为英国的出版商提供了更加开阔的阅读推广空间。尽管数字阅读一定程度上挤压了纸质书的市场空间，但却在整体上增加了读者的阅读时间。

根据 2017 年英国成人非虚构类图书的销售统计显示，在 9.28 亿英镑的销售总额中，英国本土市场贡献了 6.48 亿英镑，与 2016 年相比增长了 1.8%，与 2013 年相比增长了 10.9%。海外市场则贡献了 2.9 亿英镑，与 2016 年相比增长了 13.5%，与 2013 年相比增长了 28.6%，（见表 13）海外市场销量的大幅提升体现出英国出版业在对外输出的图书品种上突破了类型的单一化，形成针对海外市场的日益丰富的良性选题和出版机制。

表 13　2013—2017 年英国成人非小说类图书海内外销售情况

单位：百万英镑

英国本土市场				海外市场		
年份	总销售额	纸质书销售额	电子出版物销售额	总销售额	纸质书销售额	电子出版物销售额
2013	584	546	37	226	207	19
2014	522	485	37	216	198	18
2015	574	542	32	233	214	19
2016	636	608	28	256	236	20
2017	648	620	27	290	267	23
销售额的百分比变化（%）						
2017/2016	1.8	2.0	-2.3	13.5	13.5	13.7
2017/2013	10.9	13.5	-26.8	28.6	29.3	20.7

资料来源：英国出版商协会《2017 年度英国出版业报告》

2017 年，成人非虚构图书市场的销售额度增长离不开健康食谱类图书的贡献。这已经是健康、美食和有机食品类图书销售额持续增长的第三年。早在 2015 年，这类图书的销售就已经达到了前所未有的高度，而 2016 年纪录再次被打破，销售额达到 3 235.5 万英镑，这一热度在 2017 年仍未减弱。《瑞德·德拉蒙德来教你》（*Ree Drummond's Come and Get*）这是 2017 年销售量较高的食谱类图书，自 10 月份上架以来销量已经有近 48 万册，根据尼尔森图书统计（Nielsen Bookscan）的数据，该本书约有 80% 的印刷销售额。另外，有着英国"第一厨师"之称的杰米·奥利弗（Jamie Oliver）创作的《五种食材的简易食谱》（*5 Ingredients—Quick & Easy Food*）是 2017 年英国最佳畅销书籍，实体书销量达 716 071 册。乔·威斯克（Joe Wicks）的《15 分钟减肥餐》（*Lean in 15*）系列书此前就已取得了极佳的销售成绩，他本人也因此被评为 2016 年销量最佳的非小说类作者，2017 年也保持了之前的良好走势，销售量超过 250 万册。健康食谱类图书具有易读性、图文结合及效用吸引的特征，此类书能够在近几年保持良好的增长态势，受到越来越多的读者追捧，与互联网社交媒体的快速发展密不可分。正是基于图文结合的特点，非常适合在视觉文化越来越盛行的当下得以直观化的呈现，且其内容的可操作化、效用的可展示性都可以作为在具备视频呈现功能的社交媒体上开展宣传的传播素材。这几本畅销书的作者大多很好地利用了 Facebook、Twitter、Instagram 等社交软件分享自己的健身、美食等日常生活，成功地将线上读者成功转化为线下消费者。

2017 年，欧洲仍然是英国成人非虚构类图书纸质书出口的主要目的地，在总销售额中占 38%。2013 年至 2017 年，澳大利亚在该领域的份额从 20% 下降至 16%，而东亚、南亚和中东、北非的比重在五年内略有上升。[①] 成人非虚构图书出口到中东、北非、非洲撒哈拉以南和北美洲。尽管之前的基础较弱，但是在 2013 年到 2017 年期间，英国向其他美洲地区销售成人非虚构纸质版书籍的数量翻了一番，中东、北非地区增长了 78%；北美的销售数字也增加了一倍；东亚、南亚地区增长 34%；欧洲增长 30%。这说明英国非虚构类图书越来越受到海外读者的喜爱。

在 2016 年得到大力追捧的填色图书，2017 年却表现得不尽如人意，在世界范围内销量下降。这一现象并不是单一图书品种的销量起伏，而其背后的媒介生态和图书产品的价值呈现方式更值得探寻和反思。在 2017 年之前，填色图书的热销很大程度上得益于其沉浸式的场景体验和便于社交化传播的产品形态。很多读者着迷于阅读和参与填色图书时的体验感和仪式性，并在个体创作中寻找到独立而安静的心理空间，且读者对填色图书的创作性参与也是风靡一时的社交主题。纸质的填色图书具备数字书无法复制的独特的体验快感，迅速形成了阅读和购买的热潮。然而，2017 年销量的下滑也暴露出市场对这一图书形制的审美关注已经开始进入疲劳期，填色图书需要在更加开阔和丰富的层面提升创新价值。

2017 年，英国的成人非小说类图书市场之所以能够取得如此大的成功，离不开技术的发展与阅读设备的更新。有声读物的火爆也对于成人非小说类图书的销售增长做出了巨大的贡献。通过在手机、平板或其他电子设备上的伴随式收听阅读，消费者呈现出了把听到的内容转移到纸质版图书阅读的趋势。这一点在海外市场表现尤为明显，无论是电子版还是纸质版图书的销量变化都呈现出惊人的增长趋势。伴随着听书类应用的普及，各种类型的电子音频书籍每年都呈现出大幅度的持续增长，已经成为消费者开展数字阅读的重要形式。

---

① 数据来源：英国出版商协会 www.publishers.org.uk

3. 儿童类图书市场

2016 年是英国儿童类图书市场的辉煌之年，达到了自 2013 年以来的销售高峰，2017 年的儿童书销售市场延续了上一年的成果。但是后劲不足，2017 年图书销售额相比 2016 年下降了 0.11 亿英镑。具体来说，2017 年，英国儿童类图书市场的销售总额为 3.54 亿英镑，比 2016 年下降了 3.1%，而相比于 2013 年，却增长了 12.7%。其中，纸质书的销售额为 3.41 亿英镑，比 2016 年下降了 3.2%，比 2013 年上升了 14.5%；电子出版物的销售额为 0.13 英镑，与 2016 年相比下降了 1.6%，与 2013 年相比大幅度下滑了 20.2%。数据表明，无论是英国的本土市场还是海外市场，在英国的儿童类图书市场中，纸质书都占据着绝对的优势，市场占有量达到 95% 以上，地位优势明显。（见表 14）

表 14　2013—2017 年英国儿童类图书市场销售情况

单位：百万英镑

年份	总销售额	纸质书销售额	电子出版物销售额
2013	314	298	16
2014	350	328	22
2015	314	299	16
2016	365	352	13
2017	354	341	13
销售额的百分比变化（%）			
2017/2016	-3.1	-3.2	-1.6
2017/2013	12.7	14.5	-20.2

资料来源：英国出版商协会《2017 年度英国出版业报告》

从尼尔森报告发布的儿童图书销售 TOP 10 排行榜来看，排名第 4 位的是《小屁孩日记》（*Diary of a Wimpy Kid*），第 6 位与第 9 位的是《哈利 · 波特》系列丛书，这些排名说明了儿童读者对于系列版图书的热爱的延续。在儿童图书销售前十名的排行榜中，半数以上都是 2017 年以前出版的图书，这一现象说明儿童图书中的经典之作仍然是消费者主要购买来源成为儿童图书畅销单上的常客，它们保证了英国儿童图书市场的经久不衰。根据尼尔森所做的统计，《哈利 · 波特》系列丛书和《小屁孩日记》

数十年来一直在儿童图书领域创造着巨额利润。另外，J.K. 罗琳和杰夫·金妮蝉联儿童小说类图书的销售前十名榜单。可见，畅销书作家的作品影响显著。

在这 3.54 亿英镑的销售额中，英国本土市场贡献了 2.47 亿英镑，与 2016 年相比下降了 0.8%，与 2013 年向增长了 7%。海外市场则贡献了 1.07 亿英镑，与 2016 年相比降低了 8%，与 2013 年相比大幅度降低了 28.5%。（见表 15）

表 15　2013—2017 年英国儿童类图书海内外销售情况

单位：百万英镑

	英国本土市场			海外市场		
年份	总销售额	纸质书销售额	电子出版销售额	总销售额	纸质书销售额	电子出版销售额
2013	231	218	12	83	79	4
2014	242	226	16	108	102	6
2015	227	216	11	87	82	5
2016	249	240	8	117	112	5
2017	247	239	8	107	102	5
销售额的百分比变化（%）						
2017/2016	-0.8	-0.5	-8.2	-8.0	-8.8	9.5
2017/2013	7.0	9.5	-37.4	28.5	28.5	29.7

资料来源：英国出版商协会《2017 年度英国出版业报告》

英国儿童类图书的海外市场销量喜人。一方面，得益于书业组织的相关活动与宣传。由出版商协会和畅销书协会组成的“书籍是我的背包”（Books Are My Bag）贸易促销活动不断壮大，且“世界图书日”活动等阅读推广宣传更具有影响力，其对阅读愉悦的鼓励对儿童的生活产生了真正的影响。另一方面，自 2013 年以来，除北美地区以外，英国图书海外市场其他区域儿童图书销售均有所增长，特别是亚洲和非洲地区，随着基础教育标准的提高，儿童阅读的需求量快速加大。数据显示，纸质书和电子书均在英国儿童图书海外销量中呈现出攀升的态势，基于视听元素的加入，儿童的电子书类型呈现出多元化形态，也可以预判其将是未来儿童图书市场的一个重要板块。然而，儿童图书基于其读者对象的特殊性，对图书的主题内容、语言表现力、插图等要素都具有更加科学的分级制度，相比之下，儿童电子书对读者对象的视听感官冲击力更强，应当设置更加规范全面的阶段分区。

4. 学校 / 教材类图书

2017 年，学术、专业类图书继续占纸质和数字图书销售总额的三分之一。随着英国这段时间的课程变革的完成，英国出版商对于教育类的图书销售期望有所下降，然而事实却比出版商们的预期还要严重。很多中小学校意识到对教育资源的投入远不如对教师及人才的投入回报率高，这导致课本类图书的纸质版需求在 2017 年降幅较大。反观电子版图书的销售额，却自 2013 年来始终处于上升趋势。但是电子版的盈利也并没有抵消纸质版教材的损失情况，导致 2017 年英国的学校 / 教材类图书的整个市场销量下滑。

具体来说，2017 年，英国学校、教材类图书市场的销售总额为 3.24 亿英镑，比 2016 年降低了 3.5%，与 2013 年相比上升了 11.5%。其中，纸质书的销售额为 2.97 亿英镑，比 2016 年下降了 5.8%，相比于 2013 年上升了 6.2%；电子出版物的销售额为 0.27 亿英镑，比 2016 年上升了 32.4%，相比于 2013 年巨幅增长了 146.6%。电子版学校 / 教材类图书在未来有取代纸质图书的趋势。（见表 16）

表 16　2013—2017 年英国学校 / 教材类图书市场销售情况

单位：百万英镑

年份	总销售额	纸质书销售额	电子出版物销售额
2013	291	280	11
2014	294	281	13
2015	319	303	16
2016	336	316	20
2017	324	297	27
销售额的百分比变化（%）			
2017/2016	−3.5	−5.8	32.4
2017/2013	11.5	6.2	146.6

资料来源：英国出版商协会《2017 年度英国出版业报告》

在这 3.24 亿英镑的销售额中，英国本土的市场贡献了 1.75 亿英镑，与 2016 年相比，降低了 10%，与 2013 年相比，增长了 1.2%。海外市场贡献了 1.49 亿英镑的销售额，较 2016 年上升了 5.4%，与 2013 年相比，增长了 26.4%。海外市场的销售贡献很大，有追平本土市场的趋势。尤其是海外电子出版市场的销售量惊人，从 2013 年到 2017 年，激增至 1307.8%。（见表 17）

表 17　2013—2017 年英国学校 / 教材类图书海内外销售情况

单位：百万英镑

英国本土市场				海外市场		
年份	总销售额	纸质书销售额	电子出版销售额	总销售额	纸质书销售额	电子出版销售额
2013	173	163	10	118	117	1
2014	167	157	11	126	124	2
2015	189	177	13	129	126	3
2016	192	179	15	142	137	5
2017	175	158	17	149	139	10
销售额的百分比变化（%）						
2017/2016	-10.0	-11.8	12.3	5.4	2.2	93.0
2017/2013	1.2	-2.9	67.7	26.4	18.8	1 307.8

资料来源：英国出版商协会《2017 年度英国出版业报告》

2017 年，英国的学校 / 教材类图书销售情况并不乐观，在国内市场，统计数据显示，2017 年纸质书的销售额下降了 12%，而电子版图书的销售额持续增长，且连续 5 年保持着上升态势。随着电子产品的普及，电子版的学校 / 教材类图书的销量仍然会继续攀升，但其增长的 12% 也无法弥补纸质版图书下降的销售额度。尽管主流出版商都在数字领域占据着重要地位，但很少有人会认为学校正在崛起着图书教材的数字化革命。这种判断是有据可循的，从英国出版商向学校开具的图书销售额清单来看，电子版学校 / 教材类图书销售仅为 2 700 万英镑，而纸质版学校 / 教材类图书销售数据则高达 2.97 亿英镑，电子版学校 / 教材类图书的销售额仍不到总数的十分之一。

随着近几年国际教育的普及，海外市场中英国的学校 / 教材类图书销量逐年递增，相比 2013 年增长了 3 000 多万英镑。从海外市场的销售地区来看，亚洲地区对英国的学校 / 教材类图书的购买量逐年攀升，在 2016 年迎来高潮，2017 年仍保持着销量上升的趋势，为英国的学校 / 教材类图书海外市场销量贡献最多。

5. 英语教育类图书

海外市场一直是英国的英语教育类图书的主要销售途径，销售额占总销售额的95%。对于英语教育类图书的考察与分析应该主要从海外市场的角度进行。全球市场的销售环境波动对英国的英语教育类图书影响较大，无论从地理位置上看还是市场份额的角度分析，欧洲等地区都是其最大的海外市场，2017 年英语教育类图书在这些地区更是实现了两位数的增长；亚洲和非洲地区，由于人口基数大的原因，也对英语教育类图书的海外市场做出了不小的贡献。随着全球文化进程的加速和英语的普及程度越来越高，英语教育类图书在未来的海外市场销售中仍然会取得喜人的成绩。

具体来说，2017 年，英国英语教育类图书市场的销售总额为 2.93 亿英镑，比 2016 年相比上升了 13.2%，与 2013 年相比上升了 3.5%。其中，纸质书的销售额为 2.72 亿英镑，比 2016 年上升了 13.2%，与 2013 年相比，下降了 0.5%；电子出版物的销售额为 0.2 亿英镑，与 2016 年相比增长了 13.21%，与 2013 年相比大幅上涨了124.4%。该数据表明，电子出版物形式的英语教育类图书近几年在海外市场越来越受青睐，这部分由于电子设备中英语教育学习类应用软件的开发，使得电子类图书的下载更加方便，受到了消费者的欢迎。但即使这样，在英语教育类图书的海外市场中，纸质书的销量依然占据着统治性位置。

表 18　2013—2017 年英国教育类图书市场销售情况

单位：百万英镑

年份	总销售额	纸质书销售额	电子出版物销售额
2013	283	274	9
2014	272	261	11
2015	262	247	15
2016	259	241	18
2017	293	272	20
销售额的百分比变化（%）			
2017/2016	13.2	13.2	13.1
2017/2013	3.5	−0.5	124.4

资料来源：英国出版商协会《2017 年度英国出版业报告》

在这 2.93 亿英镑的销售额中，英国本土市场贡献了 0.11 亿英镑，与 2016 年相比，下降了 8.3%，与 2013 年相比，下降了 17.4%；海外市场贡献了 2.81 亿英镑的销售额，与 2016 年相比上升了 14.3%，与 2013 年相比上升了 4.6%。这其中，海外纸质版图书的发行量占据了超过 90% 的比重。（见表 19）

表 19　2013—2017 年英国教育类图书海内外销售情况

单位：百万英镑

	英国本土市场			海外市场		
年份	总销售额	纸质书销售额	电子出版销售额	总销售额	纸质书销售额	电子出版销售额
2013	14	13	*	269	260	9
2014	13	13	*	259	248	11
2015	10	10	1	252	237	15
2016	12	12	1	246	229	17
2017	11	11	*	281	262	20
销售额的百分比变化（%）						
2017/2016	-8.3	-6.4	-36.9	14.3	14.2	15.3
2017/2013	-17.4	-19.5	93.7	4.6	0.5	125.2

资料来源：英国出版商协会《2017 年度英国出版业报告》

6. 学术与专业类图书

英国一直以来都是教育大国，拥有世界闻名的高等教育系统，牛津大学、剑桥大学等著名学府给英国的学术界带来无数的赞誉，英国的学术与专业类图书不仅在本土市场销量极佳，同时也受到海外市场的青睐。综观 2017 年，英国的学术与专业类图书硕果累累，销量上一年上涨了 6%。从 2013 年到 2017 年，数字化革命对纸质版学术与专业图书的销量有一定的影响，但 2017 年纸质书的销量却有回升之势，反而电子书的销售额比 2016 年降低了 110 000 英镑。由此看出，数字出版革命还有很长的一段路要走。

具体来说，2017 年英国学术与专业类图书市场的销售总额为 12.15 亿英镑，比 2016 年上升了 6%，与 2013 年相比增长了 12%。其中，纸质书的销售额为 9.44 亿英镑，比 2016 年增长了 9.1%，相比 2013 年增长了 9.0%；电子出版物的销售额为 2.71 亿英镑，

与 2016 年相比下降了 3.7%，但是与 2013 年相比却增加了 24%。（见表 20、表 21）

表 20　STM（理工）类图书海内外销售情况

单位：百万英镑

英国本土市场				海外市场		
年份	总销售额	纸质书销售额	电子出版销售额	总销售额	纸质书销售额	电子出版销售额
2013	117	112	5	183	138	45
2014	108	101	7	180	127	53
2015	101	93	8	171	117	54
2016	130	120	10	169	111	58
2017	144	134	10	170	116	54
销售额的百分比变化（%）						
2017/2016	11.3	11.8	5.2	0.5	4.8	-7.6
2017/2013	23.0	19.4	107.7	-7.5	-15.9	18.3

表 21　SSH（人文）类图书海内外销售情况

单位：百万英镑

英国本土市场				海外市场		
年份	总销售额	纸质书销售额	电子出版销售额	总销售额	纸质书销售额	电子出版销售额
2013	376	287	89	408	329	79
2014	388	287	110	401	316	85
2015	406	274	132	376	303	74
2016	452	317	135	396	317	79
2017	478	341	137	424	353	71
销售额的百分比变化（%）						
2017/2016	5.6	7.4	1.4	6.9	11.3	-10.6
2017/2013	26.9	18.8	53.0	3.8	7.2	-10.7

数据来源：英国出版商协会《2017 年英国出版业数据年报》

在这 12.15 亿英镑的销售额中，英国本土市场贡献了 6.22 亿英镑，而海外市场则贡献了 4.23 亿英镑，海外市场与本土市场的销售额占比大体一致，但在电子出版书籍上，海外市场中电子版的学术与专业类书籍的销售额持续下降，而英国本土市场的电子版销量势头正猛。

从学术和专业图书领域来看，纸质图书在市场中保持弹性，销售收入总体上增长 9%，并且在国内和出口的销量上都有所增长。以科目细分，就社会科学 / 人文科学（SSH）和科技 / 医疗（STM）图书总体的销售情况而言，纸质版图书销售额增长了 7%，电子图书增长了 1%。具体而言，在 2013 年至 2017 年期间，社会科学 / 人文科学（SSH）图书的电子书销量从 22% 增加到 23%，科技 / 医疗（STM）书籍销量从 17% 增加到 20%。

表 22　2013—2017 年英国学术与专业类图书海内外销售情况

单位：百万英镑

	英国本土市场			海外市场		
年份	总销售额	纸质书销售额	电子出版销售额	总销售额	纸质书销售额	电子出版销售额
2013	376	287	89	408	329	79
2014	388	278	110	401	316	85
2015	406	274	132	376	303	74
2016	452	317	135	396	317	79
2017	478	341	137	423	353	71
销售额的百分比变化（%）						
2017/2016	5.6	7.4	1.4	6.9	11.3	-10.6
2017/2013	26.9	18.8	53.0	3.8	7.2	-10.7

资料来源：英国出版商协会《2017 年度英国出版业报告》

（三）主要出版企业情况

出版行业的“全球 50 强”排名自 2007 年以来每年都在持续更新，记录了各个国家或地区出版收入超过 1.5 亿欧元（2 亿美元）的 53 家公司。“全球 50 强”排名活动由法国出版杂志《图书周刊》（Livres Hebdo）发起，其内容包括按照企业年报排名的公司名单，每家公司的详细介绍及简要历史、关键财务状况以及近期重要的发展情况。根据 2017 年的榜单，英国培生集团继续占据榜首位置，紧随其后的分别是励德·爱思唯尔、汤森·路透、贝塔斯曼和威科集团。

培生集团是国际著名的出版与传媒巨子之一，旗下包括有全球最大的教育出版集团（Pearson Education）、企鹅出版集团（Penguin Group）和著名的金融时报集团（FT Group），并拥有著名的经济学人集团 50% 的股权，在全球 65 个国家和地区拥有三万余名员工。培生集团以拥有最丰富的知识产权和高品质的出版物而享誉世界，集团的年销售额为 70 多亿美元，其总部设在英国伦敦。1996 年前，培生集团虽也拥有朗文集团、金融时报集团和企鹅集团，但当时还经营着许多非出版业务，如著名的伦敦蜡像馆。1997 年马乔里·斯卡尔迪诺（Marjorie Scardino）女士任首席执行官后，对集团业务进行了大规模的战略重组，明确集团的核心业务是立足于教育、信息和大众出版。根据新的战略，集团出售了与核心业务无关的业务，并购了相关业务，并进行了结构调整，从而形成了以终身教育为主的全球最大的教育出版集团、以提供世界顶级商业信息服务为主的金融时报集团以及以提供一流大众读物和参考书为主的企鹅集团。重组后的集团确立了全体员工遵循的企业价值观，各子集团虽独立运作，但在内容和市场资源上越来越寻求互补与合作。

早在 21 世纪初，由于互联网技术与应用的蓬勃发展，培生集团教育出版业务单元就开启了数字化转型之路，利用技术手段的支持满足学生、教师的个性化学习与教学需求。因此，培生集团进行了全方位、持续的投资，研发了各类软件与平台应用等数字化的产品和服务，并且迄今仍在持续进行数字化转型领域的投入，每年的投资总额超过 7 亿美元。在公司 2017 年的年报中，培生集团公司董事会主席西德尼·托里尔（Sidney Toril）和公司 CEO 约翰·法伦（John Fallon）强调公司依然处于转型中，并主要处于数字化的转型中。他们阐述了转型期公司的主要经营战略，即通过服务与技术手段，将世界最好的内容与测评相结合，使教学更加规模化，学习更加个性化，从而满足学习者学习发展中的不断需求（当然，作为一家上市公司还要给股东带来持续的回报）。而公司所拥有的最终目标就是建立一个全球性的学习平台，一个单一性的基于云技术的平台，可分类测评且更加可靠的平台，为全球的学习者构建一个终身学习的生态系统。

作为 2017 年“全球 50 强”排行榜第二位的励德·爱思唯尔（Reed Elsevier）集团是由英荷合资的，是全球最大的科学与医药信息出版商，也是从纸质出版物向电子出版物转化最为成功的出版商之一。该集团具有独特的公司结构，分别是位于英国的励德公司（Reed International PLC.）和位于荷兰的爱思唯尔公司（Elsevier NV）

合资公司。其主要业务领域是：科学与医药信息出版、法律出版及商业信息提供。它的总部设在英国伦敦、荷兰阿姆斯特丹和美国纽约，在全球 200 多个地区拥有超过 4 万名员工。作为科技出版集团，长期以来爱思唯尔与科研和教育界是一种相互交融的关系。一方面，科研教育界为爱思唯尔提供重要的客户市场，甚至成为其产品的生产者——研究者无偿将研究成果转交给爱思唯尔的出版商进行发表，或者义务为爱思唯尔做论文的评审；另一方面，这种著名的期刊出版企业为研究者的成果发表提供阵地，来使得研究成果能在学术界和社会其他领域更好地推广，从而帮助其作者获得学术声誉。除此之外，爱思唯尔旗下的数字化文献数据库更是极大地提升了研究者的工作效率。

爱思唯尔旗下的知名期刊品牌效应和数字化文献数据库的规模经济效应使其具有了垄断性的市场地位，这为爱思唯尔利用这种地位来支配市场提供了条件。学术期刊与数据库价格的连年上涨，以及爱思唯尔对其产品的捆绑销售造成了很多科研机构和高校的购买负担，从而使得出版商和学术界的关系不再平衡，爱思唯尔集团也因此受到了很多学术界的购买抗争。然而这种抗争又带来一种恶性循环：爱思唯尔的市场经济萎缩、利润降低，学术界科研成果的推广也因此变得更加困难。因此学术界寄希望于基于公益性数字出版活动的“开放存取”（Open Access，简称 OA）。“开放存取”作为一种公益性质的学术出版活动，其成本主要依靠公益捐助、作者缴纳版面费以及开发附属产品来弥补。在尊重作者权益的基础上，任何人都可以免费且不受限制地通过互联网获得各类学术论文，以此用于教育、科研或其他非商业活动。以爱思唯尔为代表的出版商开始时并没有放弃自己垄断性的市场地位，但由于各界学术机构对他们的抵制行为，使他们逐渐意识到“开放存取”在学术界、公众及政府之间的认可度。2014 年起，经过德国与荷兰 60 多所学术组织联盟之间的持续谈判，爱思唯尔于 2017 年初宣布与该区域的学术联盟成员在费用标准上已经达成协议，并且承诺部分期刊将以开放获取的方式发布。①

过去十年里，主要出版企业的排名中前几位呈现出很强的连续性，没有较大的变

① Schiermeier Q.German scientists regain access to Elsevier journals［N/OL］.Nature，2017-02-14［2017-09-28］.http：//www.nature.com/news/german-scientists-regain-access-to-elsevier-journals-1.21482? utm_content =buffere1a0c & utm_medium=social & utm_source =twitter.com & utm_campaign=buffer.

动。这种连续性掩盖了过去十年里发生的剧烈变化。排名前 6 位的企业，连同规模较小的一些科技和教育出版实体，业务遍及各大洲和多国家市场，他们虽然根基未损，但也都发生了巨大的变化。对大众出版商来说，虽然营收占比高达两位数，但电子书并不是过去 10 年出现的唯一的变革力量。在出版业转型的过程中，跨媒体、跨地域开发知识产权，延伸国际影响力，直接触达终端消费者，都将影响一家企业的战略地位。

根据尼尔森书业的统计，企鹅兰登、哈珀·柯林斯、阿歇特图书集团、麦克米伦和独立出版商联盟（Independent Alliance）五家出版社，分列英国大众市场独立出版商前五位。[①]（见表 23）

表 23　2017 年全球出版业 50 强排行榜前五名

单位：百万欧元

排名	出版商	国家	2016 年收入	2017 年收入
1	培生（Pearson）	英国	5 312	5 077
2	励德·爱思唯尔（Reed Elsevier）	英国 / 荷兰 / 美国	4 691	4 600
3	汤森·路透（Thomson Reuters）	美国	4 116	4 593
4	贝塔斯曼（Bertelsmann）	德国	3 548	3 503
5	威科集团（Wolters Kluwer）	荷兰	3 342	3 206

数据来源：尼尔森图书数据中心

其中，企鹅兰登 2017 年有 14 部书登上了 2017 年 Top 20 榜单（按收入计算）。在尼尔森统计的 2017 年 Top 44 收入过百万英镑的书中，有一半出自企鹅兰登。哈珀·柯林斯旗下的戴维·威廉姆斯（David Walliams）、托尼·罗斯（Tony Ross，）等名家对出版社收入贡献不小。该社绘本书的黄金搭档——威廉姆斯撰文、罗斯绘图，有 3 部作品包揽了图书销售收入榜前 3 名，在前 10 名中也占有 6 席。两人在 2017 年创收 1 650 万英镑，占哈珀·柯林斯童书 3 740 万英镑的 44%，以及哈珀·柯林斯年收入 1.199 亿英镑的 14%。阿歇特集团 2017 年销售最好的是位列第 31 的克莱尔·麦金托什（Clare Mackintosh）的《电眼追踪》（*I See You*）。虽然企鹅兰登书屋

① 资料来源：年度国际出版趋势报告

在名单上的大多数职位上都保持着强劲的领先优势，但在精装书的榜单上损失了超过3个百分点，在平装书中损失了2.5个百分点。在精装书中，哈珀·柯林斯（Harper Collins）获得了3.4个百分点的收益。阿歇特图书集团（Hachette Book Group）排名第三，精装插槽占13.4%，平装插槽占14%。通过收购Perseus，阿歇特的畅销书表现有所帮助，后者增加了三本精装畅销书。麦克米伦（Macmillan）在平装书上获得了最大的收益，与2016年相比增加了4个百分点以上。麦克米伦旗下的乔·威克斯（Joe Wicks）在2017年难续2016年的辉煌，作品收入减少56%，2017年麦克米伦收入下滑10.5%。另一位作家戴维·巴尔达西（David Baldacci）表现不俗，作品卖出210万英镑，首次进入TOP 50作家榜。他有6部作品卖出10万英镑。胡利亚·唐纳（Julia Donaldson）和她的插图合作者对麦克米伦童书出版的作用，同威廉姆斯和罗斯对哈珀·柯林斯的意义一样，两人创造的940万英镑收入占麦克米伦童书收入的47%，以及麦克米伦总收入的13.5%。独立出版商联盟在2017年取得了30%的增长，詹姆斯·霍斯（James Hawes）的《极简德国史》（*The Shortest History of Germany*）为这些小社25.1万英镑的总收入贡献了49.6%的份额。联盟领导者费伯（Faber）出版社的收入却下滑4.2%。①

三、期刊业发展状况

（一）大众消费类期刊

尽管互联网和数字媒体的发展使英国的报刊行业陷入低谷，但作为传媒报刊强国的英国仍然有许多著名的期刊出版商，拥有着世界著名而有影响力的刊物。例如，时尚类期刊《时尚》（*Vogue*）、《面孔》（*The Face*）；政治类期刊《旁观者》（*The Spectator*）、《新政治家》（*The New Statesman*）；经济类期刊《经济学人》（*The Economist*）；女性期刊《妇女界》（*The Woman's Own*）、《妇女之国》（*Woman's Realm*）；男性期刊《运动》（*Sport*）等，这些不同类型的期刊旨在通过提供不同的内容来满足各种类型消费者的兴趣需求。它们往往有着悠久的历史，如《经济学人》（*The Economist*）于1843年9月由詹姆士·威尔逊创办，封面以活泼风趣的漫画为

① 数据来源：尼尔森图书数据中心 www.nielsenbookdata.co.uk

主但仍然正规、严肃，同时其文字也保持着严肃又不失幽默的写作风格，并为中国开设专栏以提供更多的版面。而于 1828 年创刊的《旁观者》（*The Spectator*）是英国全国性周刊中历史最悠久的期刊，其主要话题领域囊括政治、文化、时事等，虽然总体文风偏向保守，但也不乏书籍、电影、音乐、歌剧和电视评价等艺术页面。总之，英国各大类型期刊均有出色的代表，这些期刊在长时间的办刊经验中发展出各自独特的风格并由此积累着用户群。

在新兴媒体的冲击下，英国报纸的销量不容乐观，但英国消费类期刊仍然有很好的销售业绩，不仅是因为它们在英国的悠久历史，也是由于期刊出版商善于利用互联网的特点，抓住机遇进行变革，培养固定读者群体，打造品牌效应。另外，英国人民有喜欢在早餐时间阅读和讨论刊登在报刊上有趣内容的习惯，这也是消费类期刊能够经久不衰的原因之一。同时，纸质期刊和数字期刊合并销售也是英国期刊在新媒体时代下生存的方法。例如《经济学人》（*The Economist*）允许用户通过数字版订阅的方式来接收期刊信息，ipad、iphone、kindle 等便携电子设备均能浏览期刊完整内容，同时还为用户提供在晨间推送简报等服务。因此，英国期刊业在顺应新媒体形势的同时，积极贴合用户习惯，保证了期刊仍然拥有良好的销售量。

通过对近几年销售数据的分析，女性时尚类期刊仍然占据着消费类期刊杂志的半壁江山。这些女性时尚类期刊销量好的主要原因是女性更愿意关注时尚类的资讯以了解时尚风潮，并以此指导她们在日常生活中的穿搭。另一个有趣现象是，女性消费者更愿意信任著名的时尚期刊品牌。《时尚》杂志曾在 2017 年对超过 3 500 名女性消费者做了一次信任调查，报告中数据显示在她们做出购买决定时，期刊平台的信任选择率为 69%，超越其他媒体渠道。此外，75% 的受访者表示，在查看印刷期刊时，他们比在查看任何其他媒体时更专注。与月刊相关的网站比社交媒体或其他生活方式网站更值得信赖 50% 以上。该报告还检查了 12 个月内的媒体使用情况。结果显示，视频的使用度显著增长，总体增长达 33%，尤其是年龄段在 20~34 岁之间的消费者。年轻的“千禧一代”对杂志网站有更大的兴趣，高于平均增长 25%，他们更倾向于关注社交期刊。

根据英国报刊发行审计局（Audit Bureau of Circulation，简称 ABC）的数据和文章，英国期刊之所以取得成功，离不开对内容的把控和品牌的塑造。英国最畅销的期刊《电视指南》（*TV Choice*）的董事总经理说："我们相信期刊持久的消费者吸引力，并致力于投资我们现有的品牌以及推出新的品牌。"2017 年，英国消费类杂志更加提升了对封面设计的追求，认为亮眼的封面也是吸引消费者购买的一大理由之一，例如 *The Week* 新封面，首次亮相的发行量即为 45 895 本，也因此被评为年度最佳封面，这也为纸质版期刊的销售提供了新思路。①

（二）专业学术类期刊

专业学术类期刊的内容往往在特定的领域和方向，其中的论文代表着研究者在该领域和方向的研究成果，文章的发布需要经过内行评审来判断是否具有发行的资格和价值。消费者主要是各个领域的专业研究机构、高等院校、政府组织、各大图书馆以及专业人士等。英国在 2017 年专业学术期刊收入总额达 15.67 亿英镑，相比去年增长了 5%，而与 2013 年总收入则增长至了 52.8%。其中，订阅总额为 11.85 亿英镑，比 2016 年增长了 4%，比 2013 年增长了 41.5%；零售总额为 3.57 亿英镑，与 2016 年相比增长了 9.7%，比 2013 年大幅增长了 147.7%。收取的版面费比 2016 年增长了 21.3%，相比去年的巨幅增长放慢了速度，达到了 1.48 亿英镑，相对于 2013 年有着非常巨大的提升，增长了 542.3%。而广告收入则不是很乐观，从 2014 年的 0.48 亿英镑开始下跌并保持在同一水平，2017 年专业学术期刊的广告费为 0.21 亿英镑，比 2016 年降低了 21.7%，仅仅比 2013 年增长了 0.2%。（见表 24）据数据显示，英国专业学术类期刊自 2016 年的巨幅增长后仍然保持较高的收入水平，各项收入涨幅放缓，趋向稳定。其中，主要收入来源于客户的订阅费，占整体收入的 76% 左右。机构订阅收入一直以来都是参与组织发布的学术期刊的最大收入来源。而图书馆继续专注于构建电子馆藏，数字销售继续增长，占据期刊收入的最大份额。

表 24　2013—2017 年英国专业类期刊收入情况

单位：百万英镑

年份	总收入	订阅费	版面费	广告费	零售
2013	1 025	837	23	21	144
2014	1 070	876	35	48	121

① 数据来源：英国期刊协会 www.ppa.co.uk

续表

年份	总收入	订阅费	版面费	广告费	零售
2015	1 130	900	55	22	153
2016	1 487	1 139	122	24	325
2017	1 567	1 185	148	21	357
销售额的百分比变化（%）					
2017/2016	5.4	4.0	21.3	-21.7	9.7
2017/2013	52.8	41.5	542.3	0.2	147.7

资料来源：英国出版商协会《2017 年英国出版业数据年报》

2017 年英国专业学术类期刊的订阅费为 11.85 亿英镑，其中纸质期刊为 0.58 亿英镑，比 2016 年下降了 14.4%，相比 2013 年下降了 3.9%。而电子期刊则相反，2017 年其收入占总收入的 89%，达到了 10.55 亿英镑。也就是说，在纸质期刊收入下降的情况下，通过电子期刊收入的提升带动了整体的订阅费的提升。可以看出，在专业学术期刊订阅方面，消费者更青睐电子期刊，电子期刊呈现逐年递增的趋势，比 2013 年上涨了 60%，占据极大的发展优势。在互联网发展、电子设备越来越普及的今天，电子形式产品的优势在学术期刊方面得到了体现。（见表 25）

表 25　2013—2017 年英国专业类期刊订阅费收入情况（按出版物形式划分）

单位：百万英镑

年份	总收入	纸质期刊	电子期刊	纸质 / 电子捆绑期刊
2013	837	60	657	121
2014	876	53	707	116
2015	900	57	758	95
2016	1 139	67	999	76
2017	1 185	58	1 055	75
销售额的百分比变化（%）				
2016/2017	4.0	-14.4	5.6	-2.1
2017/2013	41.5	-3.9	60.0	-68.3

数据来源：英国出版商协会《2017 年英国出版业数据年报》

另外，学术和专业出版一直以来都是英国出版经济的成功案例。2017 年全球期刊出口收入增长 5% 达到 14 亿英镑，占出版商收入的 87%。北美是英国期刊出版商最大的国际市场，占出口市场的 41%。下一个最大的市场是欧洲，东亚和南亚，各占 24%。①

参考文献

1. 英国出版商协会．www.publishers.org.uk.

2. 英国期刊协会．www.ppa.co.uk.

3. 尼尔森图书数据公司．www.nielsenbookdata.co.uk.

4. 英国广告协会．www.adassoc.org.uk.

5. 英国出版商协会《2017 年度英国图书出版业报告》，*UK Publishing Industry Statistics Yearbook 2017.*

6. 亚马逊网站．www.amazon.uk.

（作者单位：辽宁大学）

① 数据来源：尼尔森图书数据中心 www.nielsenbookdata.co.uk

2017 年法国出版业发展报告

王　珺

一、出版业发展背景

（一）经济环境的影响

2017 年是法国自 2011 年以来经济形势最好的一年，根据法国国家统计局（Institut National de la Statistique et des Etudes Economiques，简称 INSEE）公布的数据，2017 年法国按当前价格计算的国内生产总值达到 22 467 亿欧元，比上一年增长 2.2%；全年增长率达到 1.9%，相比 2016 的 1.1% 有明显上升[①]。从全年来看，2017 年法国经济增速最大的刺激因素是投资领域的增长，企业类投资从 2016 年的 3.4% 增长到 4.3%，家庭类投资从 2.4% 上升到 5.1%。2017 年 5 月，埃马纽埃尔·马克龙当选新一任总统，对法国民众重拾信心起到积极作用。政府出台一系列经济改革措施，全球经济回暖尤其是欧元区经济向好都是推动法国经济加速增长的重要因素。

在对外贸易方面，2017 年法国贸易赤字相较 2016 年的 483 亿欧元增加 140 亿欧元，贸易赤字扩大的原因在于国内消费及投资需求攀升，带动了进口额扩增，能源商品进口增加也是造成法国贸易赤字扩大的主要原因。即使外贸赤字上升，但 2017 年法国出口呈现活力成长。2017 年法国出口金额为 4 732 亿欧元，相较 2016 年成长 4.5%，是 2011 年来涨幅最大的一年。

2015—2017 年，法国国民可支配收入持续增长。2017 年，法国国民可支配收入较上一年上升 2.6%，相比 2016 年的 1.7% 又有上升。2017 年 1 月 1 日起，法国下调

① https://www.insee.fr/fr/statistiques/3545412#titre-bloc-9

社会保险缴费金额，增加所得税和普遍化社会捐金，法国雇员的净工资最终上涨0.5%，这对维持法国家庭的购买力产生了一定的积极影响。尽管2017法国通货膨胀卷土重来，但法国就业部和国家统计局的数据表明法国购买力仍然坚挺，比2016年上升0.7%。2017年法国在文化休闲领域家庭消费支出达965亿欧元，比2016年增长2.0%，占全年家庭消费总支出的7.1%。三年间，法国图书消费期刊消费占文化产品总销售额的比重逐年下降，2017年书刊销售额接近148亿欧元。（见表1）

表1　2015—2017年主要文化产品销售情况

类别	2015年（%）	2016年（%）	2017年（%）	2017年销售额（亿欧元）
期刊、图书	16.2	15.7	15.3	147.92
游戏、玩具、体育用品	14.3	14.1	14.4	139.11
园艺、宠物	14.3	14.3	14.4	138.54
文体活动（1）	12.4	12.9	13.2	127.70
文化活动（2）	11.9	11.7	11.9	114.90
博彩业	10.5	10.5	10.8	103.95
视频	7.9	8.2	7.6	72.90
其他休闲活动	4.9	5.4	5.6	53.97
信息	5.1	4.9	4.8	46.51
唱片、录像带、胶片	2.4	2.2	2.0	19.54
合计	100.0	100.0	100.0	965.03
（1）指体育、体育器械、嘉年华、游乐园。				
（2）指电影、戏剧、博物馆、音响器材、视听传播设备。				

数据来源：法国国家统计局①

（二）法国政府对文化相关预算情况

2017年，政府拨给文化部的预算历史性地突破了100亿欧元，较上一年增长了4.9%。包括文化事业、研究及传媒在内的文化预算以36亿欧元再次刷新历史纪录。法国文化部长奥祖兰称之为“具有历史意义的预算”，“体现了本届政府将文化放在现阶段优先发展位置的承诺。”数据显示，法国2017年文化预算较2016年上涨

① https://www.insee.fr/fr/statistiques/2408369#tableau-Donnes

了 5.5%，较上届政府任期最后一年的 2012 年增长了 1.7%，达到了国家总预算的 1.1%。（见图 1）法国文化部长表示“这一预算符合文化在本国所处的重要地位”。

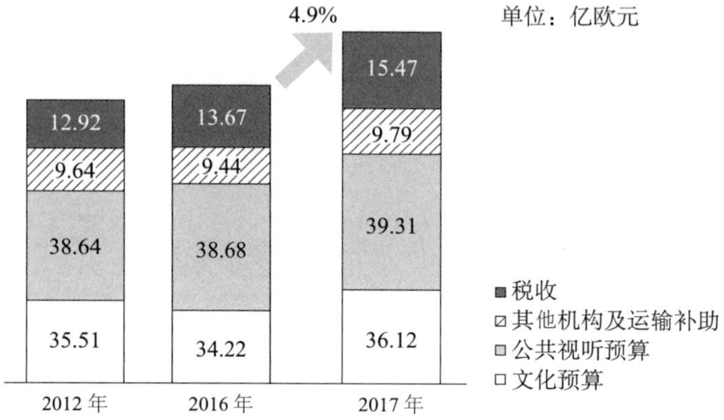

图 1　2012 年、2016 年、2017 年法国文化预算情况

在传媒领域，政府主要针对“报刊媒体”和“图书及文化产业”两个方面进行资助。在新出台的预算草案中，传媒领域的整体预算为 5.71 亿欧元，尽管略微低于上届政府的资助力度，但已达到本届政府执政五年来的最高水平。（见图 2）针对报刊媒体和图书及文化产业的资助预算分别为 2.94 亿和 2.77 亿欧元，较往年均略有上升。（见图 3）其中，图书与阅读方面的预算为 2.6 亿欧元，占图书与文化产业年度预算年度 93.9%，报刊类预算为 1.28 亿欧元，占报刊与媒体预算的 43.5%。

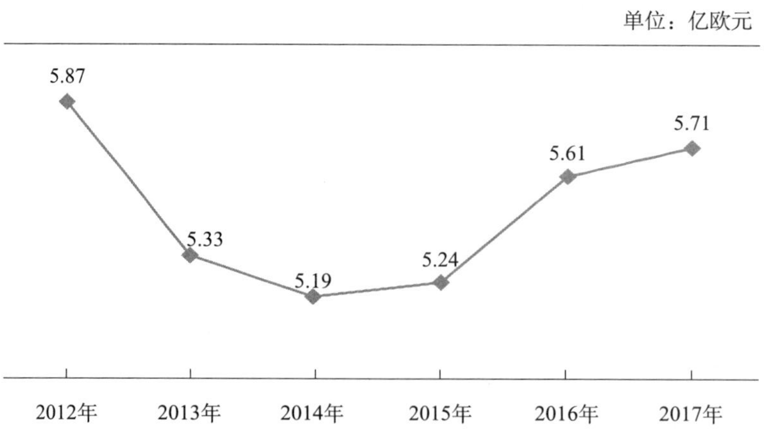

图 2　2012—2017 年法国传媒领域预算

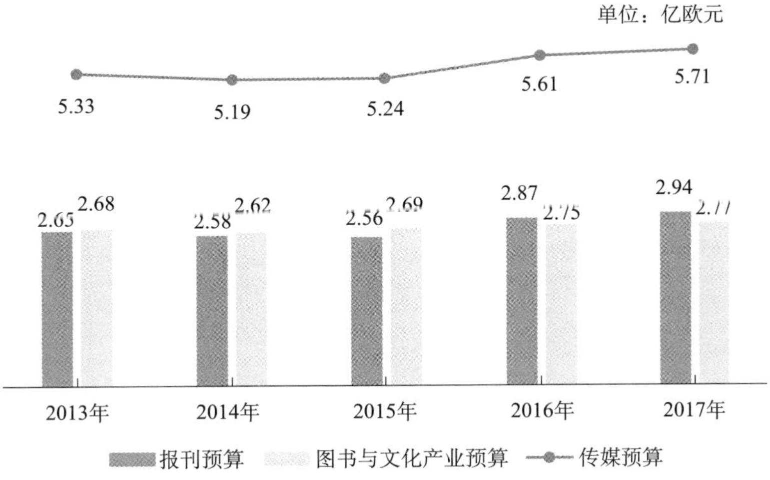

图 3　2013—2017 年法国传媒领域预算分布

在 2.77 亿欧元的图书及文化产业预算中，专门用于扶持图书和阅读项目的金额达到 2.6 亿欧元，剩余金额则用于资助音乐、电影等文化产业。在这 2.6 亿欧元的分配方案中，有 2.54 亿欧元将全部用于资助有关图书和阅读相关的活动，与上一年相比增加了 2.8%。该资金流向主要包括：法国国家图书馆，主要用于安全保障设备的更新，以及新场馆的建设，以应对藏书空间的饱和；8 040 万欧元用于资助图书馆大型投资项目，以及部分图书馆延长开放时间的经济补偿；文化部计划在 2017 年开展首届全民阅读活动，计划拨款 20 万欧元给地方政府以协助当地图书馆丰富其主题活动；1 500 万欧元发放给地方政府用于帮助地方性图书和阅读政策的实施。

2017 年，报刊与媒体预算较上一年增加了 2%，达到 2.94 亿欧元，其中用于扶持报刊业的专项资金略微上调至 1.28 亿欧元。（见图 4）为响应 2015 年末发布的“报纸销售网络支持计划”，2017 年政府出资 600 万欧元用于报刊售卖方式的信息化转型，另一部分款项用于在影院等文化机构中设立或恢复运营报刊售卖点，减免报刊售卖者税收费用同时对地方政府给予税收补贴等。2016 年，政府颁布了一项关于支持报刊振兴和创新的法令，其效果在 2017 年新的预算中得到体现，例如设立 500 万“报刊振兴和创新资助基金”用于鼓励创造和发展新媒体，推动信息多元化，投资 150 万欧元对地方政治性周报、期刊、半月刊和季刊进行资助等。

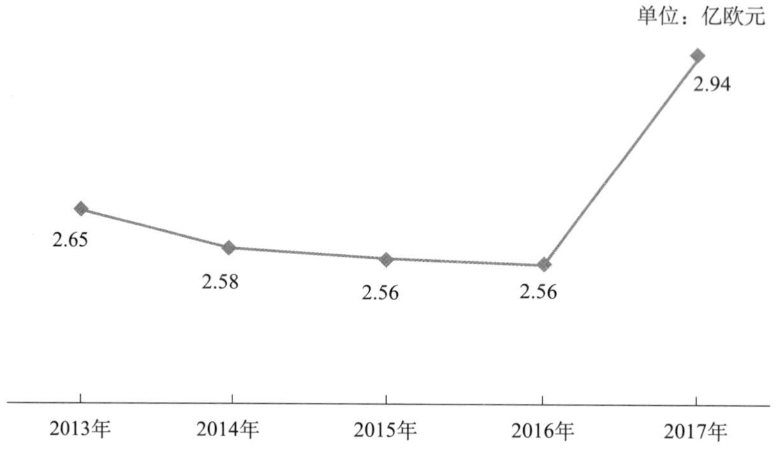

图 4　2013—2017 年报刊与媒体预算

（三）公共阅读情况

法国国家图书馆是法国国内最大的图书馆，也是版本存放和公共化数字资源开发、推广的重要机构。至 2017 年，法国国家图书馆共收录图书 1 500 万卷、期刊 39 万种、手稿 37 万件、数字化图片 1 500 万幅、乐谱 20 万件、图片地图 90 万件、特殊文本 300 万件、录音 150 万件、录像 28 万件、多媒体资料 17 万件、货币 44 万件、纪念章 15 万件。

2017 年法国国家图书馆年度阅览人次达 92.2 万人次，创自 2012 年以来最高纪录。（见表 2）黎塞留图书馆是法国国家图书馆分馆之一，近年阅览人次的减少是因为法国政府于 2011 年正式启动黎塞留馆的修缮及改造，2017 年启动第二阶段的修缮工作。

表 2　2015—2017 年法国国家图书馆阅览人次

单位：人次

名称	2015 年	2016 年	2017 年
底层花园区	285 655	285 771	302 031
黎塞留图书馆	42 872	33 883	28 679
阿斯纳图书馆	8 154	8 268	8 236
歌剧图书馆	1 811	2 128	2 076

续表

名称	2015 年	2016 年	2017 年
阿维尼翁图书馆	4 536	4 563	6 321
上层花园区	470 326	472 596	507 976
室外	66 500	67 081	66 619
总计	879 854	874 290	921 938

数据来源：法国国家图书馆

法定送存受《遗产法》管辖，该方式适用于图书、报刊、地图、注册音乐、图像和照片资料以及音像、视频和多媒体材料。自 2006 年起，适用范围进一步扩展至网站、软件以及数据库。每年有大量经编辑、进口或发行的文献通过法定送存的方式进入法国国家图书馆馆藏。与纸质文献不同的是，唱片送存量连年减少。法国国家图书馆目前存档最多的是网站信息，2015—2017 年间每年存档的网站页面在 14 亿至 21 亿不等。（见表 3）

表 3　2015—2017 法国国家图书馆法定送存情况[①]

单位：种、份、件

类别	2015 年	2016 年	2017 年
图书	76 287	77 986	81 263
报刊	262 951	250 232	245 420
宣传出版物	14 021	17 198	13 025
唱片	11 480	8 797	8 230
录像片	8 203	10 273	10 230
多媒体资料	3 983	3 455	1 784
地图	2 310	2 295	2 263
冲压模型	676	518	282
相片	29	150	87
插图海报	273	546	331
邮票	8 555	5 320	8 971

① https://www.bnf.fr/fr/depot-legal--chiffres-cles

续表

类别	2015 年	2016 年	2017 年
乐谱	1 908	1 773	2 121

数据来源：法国国家图书馆

Gallica 是法国国家图书馆数字图书馆项目的代称，自 1997 年开始建设以来已成为全球最大的数字图书馆之一。Gallica 致力于成为一个遗产和百科全书式的图书馆，它将从法国国家图书馆挑选的优秀版本图书、字词典和期刊等藏书数字化，涉及历史学、文学、自然科学、哲学、法学、经济学和政治学等学科内容，其中图像资料几乎集中了法国国家图书馆的所有特藏。2017 年，Gallica 的数字化文本已达 510 万册，其中可在数据库上查询的有 430 万册，网站全年访问人次达 130 万人次，比 2016 年上升 13%。①

经过 20 年的建设，Gallica 丰富的网站内容和持续更新的服务功能使其与用户的关系日益深化。2005 年，Gallica 成功将每日新闻数字化，2007 年将大众媒体数字化，2013 年将数字图书按照文献类型、主题和地理区域进行分类，2017 年 Gallica 启动了 Gallicadabra 儿童阅读应用和致力于研究地理定位的 Gallicarte 项目，进一步扩大了服务范围。

二、图书业发展状况

（一）总体概况

1. 出版情况

2017 年，法国年图书出版种数比 2016 年增加了 1.1%，新书经过 2016 年的大幅增加，在 2017 年保持平稳，种数增长速度不及再版书。高再版率一直是法国图书出版业的一大特色，近年来一直在 54%~55% 之间波动。面对年图书出版种数的增加，法国出版商通过一再降低总印数的方法来适应市场的变化。2017 年，法国图书总印数较上一年再次减少 3 000 万册，平均印数下降约 300 册，两个指标的降幅均超过 5%。（见表 4）

① http://bbf.enssib.fr/le-fil-du-bbf/bnf-la-frequentation-en-forte-hausse-2018-01-25

表4　2015—2017年法国图书出版情况

类别	2015年	2016年	2017年
种数（种）	95 668	103 534	104 671
新书（种）	42 933	47 200	47 538
再版书（种）	52 735	56 334	57 133
总印数（万册）	53 030	55 300	52 280
新书（万册）	33 580	34 280	32 050
再版书（万册）	19 450	21 020	20 230
平均印数（册）	5 543	5 341	4 994

数据来源：法国出版商协会

2017年法国翻译类图书出版并送交法国国家图书馆的达到12 340种，较上一年减少600多种，降幅为5.7%。从语种上看，翻译书目最多的5个语种依次为英语、日语、德语、意大利语和西班牙语，这五类语言的翻译图书达到翻译图书总量的89.4%。

实际出版和销售情况却表明，法语出版业中的翻译作品正在缓慢增长。根据《法国图书周刊》的数据，2017年法国翻译出版的新书或新版书达到13 027种，较上一年增长4.4%，占当年出版种数的19.1%。事实上，随着全球出版业同步出版能力的不断提高，法国翻译出版国外作品的数量也在不断增长，翻译图书占当年出版种数的比例从2007年的14%增长到如今的19.1%，相当于5种图书中就有1种为翻译作品。虽然法国的翻译作品来源广泛，但翻译语言中常用的5种语言的翻译集中度仍在不断提高，已从2015年的84.2%增长到2017年的85.2%。

就翻译的语种来看，英语的主导地位虽然明显，但在2013年英语译著达到法国年翻译品种的60.2%的顶峰之后就开始下滑，2017年的占比为58.5%。文学、漫画、青年文学、人文社科与艺术是出版业翻译作品最多的领域。2017年，法国漫画类图书新增1 717种，使得日语翻译作品稳居第二的位置。排在第三的德语稳定在6%左右，主要是科学，健康、烹饪等实用类图书，儿童图书和小说。排名前5位的来源语言中，意大利语作品的波动最为明显，受青少年科幻和宗教图书市场需求有限的影响，意大利语每隔一年就会5个百分点左右的波动。（见表5）另外需要注意的是，斯堪的纳维亚地区作品的翻译也有类似情况，2017 年，274 种斯堪的纳维亚地区作品被翻译出版，比上一年上升了 2%，其中纯小说、侦探小说和青春文学作品的出版较为抢眼。四年多来，波兰语、葡萄牙语、日语和意大利语的翻译量增长最大。与此形成对比的，韩语、汉语和部分东欧语言[①]作品的翻译在 2017 年有明显减少。

表 5　2017 年法国翻译图书出版情况及每类语言排名前五的类别及数量

英语		日语		德语		意大利语		西班牙语		汉语	
总数	7 643	总数	1 574	总数	809	总数	585	总数	421	总数	56
小说	2 914	漫画	1 387	小说	176	小说	121	小说	146	小说	16
青春文学	1 278	青春文学	58	青春文学	90	青春文学	78	青春文学	45	青春文学	13
漫画	/	小说	48	国内经济	78	宗教	69	漫画	42	宗教	5
传记	291	绘画、装饰艺术	44	宗教	55	漫画	68	宗教	32	漫画	5
国内经济	171	传记	6	传记	51	传记	35	地理与旅游	27	地理与旅游	4

数据来源：法国出版商协会

从类别上看，翻译数量最多的种类依次是小说、漫画和青春文学，这三类图书自 2015 年起一直稳居翻译类图书前三甲。法国每年出版的文学类图书中，有 40% 以上为翻译作品，漫画类新书中有超过四分之一的作品为翻译作品。在更为细分的领域，翻译作品的情况变得较为复杂。以文学作品为例，超过一半的科幻类作品为译作，而诗歌、戏剧的翻译作品一直十分有限。2017 年，翻译作品增加最大的是实用类图书，此类图书的翻译出版品种增幅达到 16.7%。

2. 发行零售情况

法国图书发行零售情况可从出版社销售情况和发行零售渠道销售情况两方面进行考察。

从出版社销售情况来看，法国出版社图书销售额自 2011 年起连续下降，2015 年开始虽有所恢复，但 2017 年还是出现了 1.61% 的减少；销售量上降幅相对较小，但实际减少了超过 400 万册。（见表 6）

① 不含波兰语和俄语作品。

表 6　2011—2017 法国出版社图书销售情况

类别	2015 年	2016 年	2017 年
销售额（百万欧元）	2 667	2 838	2 792
实物销售	2 535	2 706	2 654
版权转让	133	132	138
销售量（万册）	43 670	43 450	43 000

数据来源：法国出版商协会

2016—2017 年，包括发行商、批发商、直邮、俱乐部、集体和政府采购在内的各渠道发行能力基本不变。2017 年，从发行渠道看，发行商收入占全部发行收入的 78.6%、直邮（包括网络订单）占 11.3%、批发商和零售占 8%、俱乐部占 1.8%、集体和政府采购占 1.3%，其他渠道占 2.2%。近年来，随着网络书店加急配送等特色服务的普及，越来越多的实体书店和超市受到网络书店的冲击。但受益于"多渠道战略"，尤其是商铺网络化，文化用品大卖场在渠道中的地位有所提升，在渠道中的份额超过 29%，比上一年增加了 1 个百分点。（见表 7）

表 7　2017 法国零售渠道份额情况

单位：%

零售渠道	2016 年	2017 年
一级书店	25.80	24.90
二级书店、网络书店及其他	28.70	29.80
文化用品大卖场	28.10	29.10
超市	17.40	16.70

数据来源：法国出版商协会

3. 图书对外贸易情况

（1）图书进出口情况

在 2016—2017 年法国出版社销售额整体下滑的情况下，法国图书出口额增长 120 万欧元，进口额增加 400 万欧元，出版物实物贸易活跃。2017 年，法国图书贸易逆差虽较 2016 年有 280 万欧元的扩大，但在行业贸易的背景中并不十分抢眼。5 年中，法国图书出口未恢复到 7 亿欧元的状况，2016—2017 年成为 5 年中的低点；图书进口在 2015 年出现最低点之后有所回升。（见表 8）

表 8　2013—2017 年法国图书进出口额

单位：百万欧元

年份	2013	2014	2015	2016	2017
出版社年销售额	2 687	2 652	2 667	2 838	2 792
出口额	688.7	692.1	680.0	665.9	667.1
向法国海外省出口额	47.2	43.1	44.8	51.9	51.7
进口额	702.1	681.0	659.3	672.6	676.6

数据来源：法国出版商协会

欧盟、西欧非欧盟地区和北美的相关国家是法国最重要的图书贸易伙伴，贸易额可占法国图书出口的 75% 左右。法国海外领地和非洲法语区处于第二梯队，两个地区吸纳法国图书的能力在 3 年中有所增加。（见表 9）在比利时、瑞士、加拿大这三大法语区中，只有向加拿大出口实现增长，2017 年法国向比利时出口图书的比例小幅下降了 0.6%，向瑞士下降 3.3%。其他欧洲国家的情况相对乐观，向英国、西班牙、德国、葡萄牙的出口增长了 2%~8.8%，向瑞典、希腊增长均超过 10%，向丹麦的出口更是大幅增长了 43.5%。然而在马格里布地区，法国图书出口业务出现了连续两年的下跌，2016 年降幅 11.7%，2017 年继续减少 13.6%。其中，阿尔及利亚悬崖式下降 44%，突尼斯表现也十分脆弱，下滑 5.7%。有分析认为，非洲地区虽在传统意义上与法国的关系较为密切，但因为自身书店和分销网络依然不健全，对法语图书的需求并不强烈。在近东、中东、亚洲与大洋洲、拉丁美洲这几个法国图书出口非重点地区，情况显得也比较复杂。墨西哥、日本、中国香港、中国台湾、新加坡、印度、澳大利亚均有不同程度的减少，巴西、哥伦比亚、海地、中国内地、韩国却在增长。

表 9　2010—2017 年法国图书主要出口地区

单位：%

地区	2015 年	2016 年	2017 年
欧盟	43.8	45.1	46.4
西欧非欧盟地区	18.0	16.0	15.7
北美	13.7	13.6	13.6
法国海外领地	7.6	8.9	9.0
非洲法语区	4.5	4.4	4.4
近、中东地区	2.0	2.2	2.2
亚洲与大洋洲	2.2	2.3	2.3
拉丁美洲	1.1	1.1	1.1
其他	7.1	6.4	5.3

数据来源：法国出版商协会

（2）版权引进和输出情况

法国是全球最活跃的图书出版和消费市场之一，法国出版商一直积极通过各种途径向全球市场推介销售法国图书版权。2017 年，法国出版商与境外签订的版权输出合同达到 13 452 项，比 2016 年增长 8.3%。从输出种类上看，青少年读物、法国连环画和虚构作品一直深受国际出版商的青睐，2017 年，这三类图书版权输出分别为 4 214 项、3 346 项和 2 103 项，三类总量占当年法国输出总数的 72%。从版权输出语言上看，汉语、西班牙语和意大利语是法国图书最大的输出语种，2017 年分别达到 2 366 项、1 160 项和 1 136 项。（见表 10）

表 10　2015—2017 年法国图书版权转让与合作出版情况

单位：种

年份	汉语	西班牙语	意大利语	德语	韩语	英语	土耳其语	俄语	葡萄牙语
2015	1 868	1 209	1 312	967	720	743	393	464	408
2016	2 378	1 184	1 088	846	566	836	586	375	313
2017	2 366	1 160	1 136	813	732	713	601	481	444
版权转让数	2 366	1 160	1 136	813	732	713	601	481	444
合作出版数	43	283	333	180	41	195	11	180	116

数据来源：法国出版商协会

2016—2017 年间，法国出版商协会对成员单位的合作出版书目进行了全面的统计，并进行了种类和语言的分类。2017 年共有 2 008 种合作出版图书，相比 2016 年增长了 17.3%。合作出版可以降低生产成本，这在青少年读物出版中尤为明显。欧洲国家是法国主要的合作出版对象，尤其是意大利语和西班牙语作品。值得注意的是，合作出版也是进入门槛较高的美国市场的有效途径，2017 年，法国与美国出版商达成了 95 种合作出版图书。而对于亚洲国家，合作出版的比重较小，韩语合作出版量仅为版权输出量的 5.6%，汉语合作出版数量还不及版权输出量的 2%。

4. 畅销书情况

《法国图书周刊》在捷弗凯（GFK）的配合下完成了 2017 年度的法国畅销书情况调查。2017 年，法国图书市场受到法国大选的影响，随笔纪实类作品的销售因为读者对社会经济状况的悲观态度不升反降；进入畅销书的图书类别有所减少，口袋书和小说的种数比上一年大幅增加；系列连环画的新版对畅销书的贡献显著，只有此类畅销书的单种销量有短期突破 100 万册的能力。

2017 年，法国前 50 种畅销书的总销售额达到 1.76 亿欧元，相对于 2016 年增长 1%；销售量达到 1 380 万册，同比增长 8%。纵览全局，2017 年非虚构文学、青少年读物和实用类读物表现低迷，不过小说、漫画、口袋书和美文市场表现得活力十足。（见表 11）口袋书凭借着薄利多销胜出，在前 50 名中口袋书就占了 24 个席位，其中口袋出版社（Pocket）以 10 种仍居领军地位，口袋书出版社（Le Livre de poche）以 8 种紧随其后，伽利玛集团下属的弗里奥品牌（Folio）有 3 种。

表 11　2016—2017 年畅销书榜单 50 强分布情况

单位：册

年份	口袋书	小说	随笔纪实	连环画	儿童与青少年读物	生活实用
2017	24	18	3	5	0	0
2016	21	10	9	4	2	3

数据来源：《法国图书周刊》

除 50 种的年度畅销榜单外，《法国图书周刊》还有 10 种分榜单，其中，成人 7 类，青少年图书 3 类，入榜图书分 50 种和 100 种两类。从这些细分榜单来看，2017 年的口袋书、随笔纪实、生活使用、青少年口袋书和有声图书的销量和销售额都较上一年有显著下降，而小说、少儿绘本和美文的增长幅度也都超过了 10%。（见表 12）和往年一样，销量通常集中在一小部分作品和作者身上。除《高卢英雄历险记》是年度超百万销量的作品外，哈法艾拉·吉奥达诺（Raphaëlle Giordano）的一部作品达到 98.6 万册，艾莲娜·费朗特（Elena Ferrante）3 卷作品总销量达到 116.8 万册，纪晓姆·穆索（Guillaume Musso）的作品以口袋书和平装书的形式一年中销售了 96.7 万册，另有 3 位畅销书作者各有两种图书上榜，这 6 种图书 2017 年的销量合计超过 160.4 万册。

表 12 2016—2017 年最佳销量的销售量及销售额对比

分类	销量（册）			销售额（欧元）		
	2017 年	2016 年	变化	2017 年	2016 年	变化
前 50 名	13 795 400	12 805 600	8%	176 116 300	174 579 024	1%
小说	9 361 300	8 162 668	15%	180 188 800	158 494 782	14%
随笔纪实	5 035 900	6 452 974	−22%	92 734 500	114 665 697	−19%
连环画	9 378 100	8 685 600	6%	71 847 500	65 987 260	9%
少儿绘本	5 306 700	4 145 400	28%	61 841 300	50 214 902	23%
青少年科幻	1 215 800	1 471 800	−17%	7 657 800	8 086 437	−5%
口袋书	1 275 600	2 279 800	−44%	19 521 000	39 663 958	−51%
青少年口袋书	1 908 200	2 337 330	−18%	13 609 200	16 126 828	−16%
美文	805 500	648 200	24%	25 568 100	21 366 428	20%
生活实用	2 694 100	3 932 500	−31%	40 027 100	57 094 422	−30%
有声图书	43 120	56 080	−23%	946 240	1 222 162	−23%

数据来源：《法国图书周刊》

2017 年小说市场一扫去年的阴霾，100 种小说榜单的销量超过 936 万册，销售额达到 1.8 亿欧元，分别较上年增长 15% 和 14%。知名畅销书作家的作品号召力依旧强劲，仅纪晓姆·穆索的两本小说就超过了 100 万册；马克·李维（Marc Levy）的新小说也进入了小说榜的前十。获奖作品的市场号召力也表现出色，2016 年“高中生龚古尔文学奖”得主卡埃尔·法耶兹（Gaël Fayez）和“法兰西学院小说奖”得主克莱蒙·陶奈尔（Clermont Tonnerre）的作品都达到数万册。年初受到法国大选的影响，小说一度面临销售寒冬，而之后小说市场的表现令出版商感到惊喜，其中电影人拉蒂提亚·科伦巴尼（Laetitia Colombani）的第一部小说凭借女性成长的故事销售了 27.8 万册，在小说排行榜名列第五。

大选之年似乎对随笔纪实市场并不友好，这似乎与民众的忧虑有关。2017 年纪实类销售量和销售额分别为 503.6 万册和 9 270 万欧元，相对于 2016 年的 645.3 万册和 1.1 亿欧元大幅度下滑 22% 和 19%。纪实类榜单排名第一的《树的隐秘生活》（*La vie secrète des arbres*）销量近 39 万册，主要讲述了树木的社会行为和彼此之间“交流”的方式。此类书籍的畅销折射出法国民众对生态、健康的忧虑和担心，这种现象从榜单前几名被健康类书籍占据也可见一斑。由于大选，随笔纪实类作品的政治色彩十分浓厚，民众对权力的运作、总统和政治内幕都十分关注，《内政部长访谈录》《爱丽舍宫的秘密》等作品的上榜即为如此。总统马克龙也上榜了不少作品，《变革》（*Révolution*）在此类榜单上排名第 20。

2017 年，法国漫画类畅销书除《高卢英雄历险记》销量惊人之外，原属小众的非虚构漫画也呈现出了上升的态势，有 18 个品种上榜，比上一年又多了两种。与此同时，提供漫画类畅销书的出版商有减少的趋势，从 2016 年的 20 家减少到 2017 年的 16 家。美文和实用类图书中，与地球主题相关的图书和与健康相关的图书相对更为畅销。

儿童与青少年读物方面，多年开发的重点品牌一直是畅销书中的佼佼者，青少年口袋书榜单上，新书在前 50 的榜单中只占 7 本。虽然 2017 年没有哈利·波特相关的新书出版，但此系列仍是青少年文学中最畅销的品牌，Youtube 作家新创作的“弗吉与弗菲”（*Frigiel et Fluffy*）系列三部曲共计售出 13.6 万册。绘本方面，如乔比系列这样的低幼启蒙绘本、亲子关系系列读物等因新作品推出而长盛不衰。

有声读物在 2017 年的销售情况不容乐观，《法国图书周刊》监测到的前 50 名销售量较 2016 下降 23%，这或许与网络 MP3 下载无法进行统计有一定关系。尽管如此，仍有不少新作涌现，有声读物市场也更加多元化。其中，读者们比较关注“个人发展”和“冥想”题材作品，个别当代文学图书也备受关注。

（二）细分市场情况

综观法国出版社 2017 年的出版和发行情况，文学、儿童与青少年读物、连环画、生活实用图书的出版种数、印数、销售额和销售册数均占比在 10% 以上，是法国大众图书市场的四大支柱类别；大众图书市场中，连环画和生活实用图书的整体占比也相对较高；教学用书在出版种数上并不特别抢眼，但因其较大且稳定的市场需求，印量和销售表现都比较好；社会与人文科学的是法国出版业为之骄傲的类别，出版种数和销售额都很理想。科技、医药与管理类，字典和百科全书类和地图类图书销售额的连年下降是互联网时代的必然，尤其是科技出版网络化以及免费数字词典和在线参考资料的普及使这几类图书更加注重专业化而降低了对普通读者的吸引力。（见表 13、表 14）

表 13　2017 年法国出版社图书销售细分市场

类别	图书出版种数（种）			图书出版总印数（千册）			比例（%）	
	新书	再版书	合计	新书	再版书	合计	种数	总印数
教学用书	3 240	7 092	10 332	37 083	39 700	76 782	9.9	14.7
科技、医药与管理	1 975	1 155	3 130	4 048	1 192	5 240	3.0	1.0
社会与人文科学	10 705	6 412	17 117	11 200	4 652	15 852	16.4	3.0
宗教玄学	1 466	2 555	4 021	4 911	4 496	9 407	3.8	0
词典与百科全书	272	342	614	3 966	2 874	6 840	0.6	1.3
文学	9 235	13 806	23 041	80 483	46 532	127 015	22.0	24.3
文献、时事与随笔	1 920	4 240	6 160	13 565	5 808	19 373	5.9	3.7
儿童与青少年读物	7 125	9 863	16 988	57 600	45 759	103 359	16.2	19.8
连环画	4 320	5 286	9 606	49 715	27 700	77 415	9.2	14.8
艺术与美文	1 636	1 084	2 720	7 792	2 025	9 817	2.6	1.9
生活实用图书	5 397	4 258	9 655	45 243	17 258	62 501	9.2	12.0
地图	226	1 039	1 265	4 860	4 281	9 140	1.2	1.7
纪实	21	1	22	22	5	27	0.0	0.0
合计	47 538	57 133	104 671	320 488	202 282	522 768	100	100

数据来源：法国出版商协会

表 14 2017 年法国图书出版细分市场

类别	销售额（千欧元）	比例（%）	销售册数（千数）	比例（%）
教学用书	378 060	14.2	60 757	14.1
科技、医药与管理	72 150	2.7	4 319	1.0
社会与人文科学	371 628	14.0	19 634	4.6
宗教玄学	42 023	1.6	6 676	1.6
词典与百科全书	34 661	1.3	5 213	1.2
文学	602 232	22.7	111 534	25.9
文献、时事与随笔	99 938	3.8	13 480	3.1
儿童与青少年读物	340 418	12.8	81 915	19.1
连环画	277 487	10.5	61 089	14.2
艺术与美文	77 329	2.9	6 361	1.5
生活实用图书	335 865	12.7	51 811	12.0
地图	20 866	0.8	7 149	1.7
纪实	1 681	0.1	56	0.0
合计	2 654 338	100	429 996	100

数据来源：法国出版商协会

文学类图书作为法国最大的图书细分市场，2017 年的销售额超过 6 亿欧元，比上一年增加了 1 500 多万欧元的收入，增幅到达 2.7%。按照法国市场的惯例，自 2017 年 7 月夏季假期开始之后，文学类图书的销售受到读者休假、文学奖项集中公布、节日礼品销售等零售节点的推动，进入“文学回归季”，销售状况比较乐观，常销的畅销作者，悬疑、侦探、惊悚等类作品对本年度文学图书市场的带动作用仍较为明显。从较长的时间跨度看，法国文学图书出版种数不断增加，印数却在不断减少。可喜的是，文学图书的销售册数并未出现大幅度的下降，反而在控制印数的前提下，实现了图书印销比例更为合理的情况。（见表 15）

表 15　2010—2017 年法国文学图书的出版发行情况

类别	2010 年	2016 年	2017 年
出版种数（种）	15 480	21 613	23 041
印数（千册）	163 262	125 669	127 015
平均印数（册）	10 547	5 815	5 512
销售额（千欧元）	654 723	586 648	602 232
销售册数（千册）	114 103	107 642	111 534
平均销售册数（册）	6 404	4 980	4 841

数据来源：法国出版商协会

2017 年，法国教学用书销售额虽然比上一年有 6.4% 的下降，但这是在 2016 年中学教材改革造成此类图书销售额猛增了近 40% 的背景下出现的。2017 年内，教学用书受两个年级科学类教材改革的影响，销售情况依旧良好，并有望在随后 3 年的会考和中学教改的持续推动下继续保持这一势头。（见表 16）

表 16　2010—2017 年法国教学用书的出版发行情况

类别	2010 年	2016 年	2017 年
出版种数（种）	9 585	10 731	10 332
印数（千册）	90 027	85 027	76 782
平均印数（册）	9 393	7 923	7 431
销售额（千欧元）	367 649	403 727	378 060
销售册数（千册）	31 704	60 722	60 757
平均销售册数（册）	5 593	5 659	5 880

数据来源：法国出版商协会

儿童与青少年图书是法国第四大销售类别，处于社会与人文科学类图书之后，年销售额达到 3.4 亿欧元。事实上，此类图书在 2017 年出现了多年未遇的印量、销售额、销售量均有下降的情况，降幅分别为 7.2%、6.6%、6.6%。这在一定程度上反映了“千禧一代”偏爱走进大屏幕的小说或者是网络平台作者的特点。从平均印数和平均销售册数上看，儿童与青少年图书的印销比在两年内没有扩大的迹象。（见表 17）

表 17　2000—2017 年儿童与青少年图书的出版发行情况

类别	2010 年	2016 年	2017 年
出版种数（种）	12 443	16 521	16 988
印数（千册）	121 425	111 389	103 359
平均印数（册）	9 759	6 742	6 084
销售额（千欧元）	368 290	364 395	340 418
销售册数（千册）	90 325	87 675	81 915
平均销售册数（册）	6 307	5 307	4 822

数据来源：法国出版商协会

（三）主要出版相关企业情况

1. 出版企业情况

图书出版行业的集中态势在《法国图书周刊》年度出版社排名中表现得十分明显。2017 年，该排名列出了年营业额超过 100 万的 189 家出版社，涉及 104 个集团或独立出版社，这两个数据在 2013 年则分别是 222 家和 144 个。同样需要注意的是，2017 年这 104 个出版集团或独立出版社的总营业额为 58.33 亿欧元，其中的 88.9% 由十大出版集团及其下属出版社来贡献。这一比例已经超过 2015 年 87.5% 的纪录，比 2012 年十大集团的 77.1% 更是高出了 10 多个百分点。更值得关注的是，此排名反映出 2017 年出版行业的严峻形势，在榜的 104 个集团或独立出版社中，仅有 43 个在当年实现了营业额增长，而 2016 年实现增长的为 69 个。（见表 18）

表 18　法国前十家出版集团 2017 年排名情况

2017 年排名	出版社名称	所属国家	2017 年营业额（万欧元）	2016 年营业额（万欧元）	变化率（%）	员工数
1	阿歇特图书集团（Hachette Livre）	法国	228 900	226 400	1.1	7 587
2	埃蒂迪集团（Editis）	西班牙	75 900	81 660	-7.1	—
3	萨吕特集团（Editions LefebvreSarrut）	法国	45 019	41 890	7.5	2 438
4	玛德里高集团（Groupe Madrigall）	法国	43 150	43 700	-1.3	—
5	媒体参与集团（Média-Participations）	比利时	36 455	35 239	3.5	1 143
6	弗拉马里翁集团（Flammarion SA）	法国	26 638	25 766	3.4	—
7	马尔蒂尼埃集团（La Martinière Groupe）	法国	19 600	20 600	-4.9	532

续表

2017 年排名	出版社名称	所属国家	2017 年营业额（万欧元）	2016 年营业额（万欧元）	变化率（%）	员工数
8	阿尔班・米歇尔集团（Groupe Albin Michel）	法国	19 182	19 489	-1.6	547
9	法国娱乐集团（France Loisirs）	卢森堡	17 700	21 700	-18.4	—
10	伽利玛集团（Editions Gallimard）	法国	16 100	16 737	-3.8	—

数据来源：《法国图书周刊》

阿歇特图书集团的遥遥领先得益于其全球化战略，它在法国以外市场的收入已经大大超过在法国本土的收入。埃蒂迪集团在近几年则呈现出了衰退的迹象，与阿歇特图书集团的差距越来越大，在伽利玛集团收购弗拉马里翁集团和媒体参与集团收购马尔蒂尼埃集团之后，埃蒂迪集团与排在 3 至 5 名的几家集团的差距进一步缩小。加之萨吕特集团近几年呈现的跳跃式增长状况，法国出版业重要出版集团的排名还有进一步调整的可能。

2017 年 12 月，媒体参与集团获得了法国反垄断局的许可，正式收购马尔蒂尼埃集团，有望超过萨吕特集团和玛德里高集团，成为法国第三大出版商。这是法国出版业 2017 年度的重大事件。

媒体参与集团 LOGO

马尔蒂尼埃集团 LOGO

马尔蒂尼埃集团原本是由韦斯迈尔家族（Wertheimer）主要控股，埃尔维・德・马尔蒂尼埃主要参股，其他不到 20 位小股东参股的家族企业，韦斯迈尔家族持股 46%，马尔蒂尼埃个人持股 29%，其他股东共同持股 25%。该集团拥有 500 多名员工，旗下有瑟伊出版社等知名品牌，在大众文学市场具有较强的号召力，在美国和德国的业务开展良好。媒体参与集团则是欧洲漫画出版的领军者，员工超过 1 100 人，旗下品牌拥有法国漫画市场超过 30% 的份额，此外还涉及画报、儿童与青少年读物、宗教类和生活实用类图书领域。因本次交易为媒体参与集团获得马尔蒂尼埃集团的全部控制权，符合法国《商法典》定义的“集中收购”，法国反垄断局对本次交易将在出版业生产、分销和零售市场造成的影响做了综合评估。评估结果显示，虽然并购之后的新集团可能成为法国第三大出版集团，但媒体参与集团和马尔蒂尼埃集团原本的强势领域重合度较低，合并之后的新集团在每个细分市场中仍需要和其他企业竞争，形成集团效应的风险很低[①]。如在出版物分销市场，合并后的市场份额将远低于30%，并会面临与阿歇特、埃蒂迪、玛德里高等三家集团相同业务的竞争。即便是较有优势的漫画领域，新集团的市场份额会超过30%，但仍需面临与阿歇特、玛德里高集团旗下重要品牌的竞争，同时也与德尔古特（Delcourt）、格雷纳（Glénat）等独立漫画出版社有争夺市场的可能，因此不会对现有漫画市场产生严重的不良影响。从另一个角度看，第三大法国出版集团的成立也使得与阿歇特和埃蒂迪的竞争成为可能，出版业的多元化、多样性发展将持续存在。

法国的出版业一直有非本国出版集团积极参与。近几年，海外出版集团，尤其是欧洲出版集团在法国的业务一直较为稳定。在法国排名前15位的海外出版集团中，德国母公司有三家，西班牙、比利时、卢森堡、荷兰、意大利、加拿大和英国的母公司各一家，且大部分都是全球出版50强企业。（见表19）

表19　2017年法国15家海外出版集团经营情况

单位：万欧元

序号	集团	母公司	母公司国家	2017年营业额
1	Editis	Grupo Planeta	西班牙	75 900
2	Média-Participations	Média-Participations	比利时	36 455
3	France Loisirs	Actissia Club	卢森堡	17 700
4	LexisNexis	RELX	荷兰	—
5	Dargaud	Média-Participations	比利时	11 184
6	Panini France	Panini	意大利	5 709
7	Elsevier-Masson	RELX	荷兰	4 744
8	Dupuis	Média-Participations	比利时	4 491

① 当新实体扩大或加强其在几个市场中的存在时，会产生集团效应，这些市场的联动性可能会增强其市场力量。一般认为，如果市场份额不超过30%，则可以排除集团效应的风险。

续表

序号	集团	母公司	母公司国家	2017 年营业额
9	Dargaud Lombard	Média-Participations	比利时	3 908
10	Harlequin	HarperCollins	法国 / 加拿大	2 430
11	Codes Rousseau	SpringerSbm	德国	1 303
12	Taschen France	Taschen	德国	—
13	Springer Verlag France	Springer Nature	德国	—
14	Pearson France	Pearson	英国	393
15	Eugen Ulmer	Verlag Eugen Ulmer	德国	—

数据来源：《法国图书周刊》

2. 发行零售企业情况

2017 年，法国图书零售企业的变化较为复杂。大部分连锁书店都保持着平稳的状态，但有些连锁品牌受母公司重组的影响出现明显波动；随着法国国家文物中心（Centre des Monuments Nationaux）连锁书店的加入，博物馆书店数量在法国书店 400 强排名中大幅度增长；新书店不断涌现，不同书店的经营状况差别较大。

在连锁书店品牌的竞争中，福纳克（Fnac）凭借其不断壮大的分支机构、网络书店系统和特许经营模式，仍然是法国最大的零售渠道。紧随其后的是拥有吉贝尔 · 约瑟夫（Gibert Joseph）和吉贝尔 · 青年（Gibert Jeune）两个传统书店的吉贝尔品牌、超市渠道亿乐客（Leclerc）、文化用品大卖场文化空间（Cultura）。文化空间在 2017 年不断扩大已有店面的经营规模，同时新开了 12 家分店，形成了与亿乐客竞争排名先后的优势。与此同时，索航连锁书店（Sauramps）受母集团重建和司法重组的影响，营业额以 7 月 20 日为界被分成两个部分，致使众多分店的排名都大幅度下滑，最大的从第 26 位跌到第 91 位。这种情况应只是暂时现象，因其已计划开设 3 个新的分店，在母集团完成重组后会稳定下来。另外，法国重要的连锁品牌阿克提西亚（Actissia）也受到了经营重组的影响，营业额在 2017 年下降了 26%。

从 2017 年度书店 400 强的整体情况看，上榜的书店的年营业情况与上一年基本一致，最后一名仍是巴黎 15 区的索心书店（L’Attrape-Cœurs），2017 年营业额为 37.9 万欧元。总体来看，上榜的 400 家书店中有一半的年营业额达到或超过 100 万欧元，这些书店的营业额合计为 7.72 亿欧元，较上一年下降 2.5%，前 10 名书店的营业额占书店 400 强的 22% 以上。排名前五的书店同期却有一定的变化。巴黎六区的吉贝尔·约瑟夫书店排名第一，故菲书店（Cufay）和莫拉书店（Mollat）分别位列二、三名，第四名被塞纳河左岸的吉贝尔·青年书店夺得，多年后实现了两个吉贝尔品牌同时进入法国书店前 5 名的目标。

上榜书店中，有 28 家为第一次上榜。其中有 5 家的营业额突破百万欧元，分列 62 至 175 位。与此同时，大约有 20 家书店从榜单中消失，它们中有一些不再提交数据，有一些在 2017 年初就已经关闭，还有一些则是因为营业额下降到 400 名标准以下。

2017 年的书店 400 强榜单中，艺术和博物馆类书店的表现较为抢眼。艺盾集团（Arteum）的博朗利销售点（Quai Branly）增加到 168 个，该集团的相关营业额也增加了 15%；由迪奥展览支持的装饰艺术类书店从第 190 位上升到第 109 位；本排行榜首次纳入了三家销售艺术和文化遗产类的书店，也迎来了一位新成员——首次纳入 400 强排名的法国国家文物中心排名第 22 位，是法国第二大艺术和博物馆类图书零售渠道。

3. 法国众筹计划对书店的支持情况

2013 年到 2017 年间，法国共实施了 127 个独立书店众筹项目[①]，年众筹项目数量从最初的 7 项增加到 2017 年的 38 项，增加了 7 倍多，支持的项目几乎覆盖了法国大部分经济发达地区。2016 年，在法国 Ulule 众筹网站上共有 41 个书店项目实现众筹，获得资金 54.9 万欧元。2017 年，实现众筹的书店项目为 38 个，获得资金 47.6 万欧元。众筹计划已经成为仅次于书店创意发展协会（ADELC）、法国国家图书中心（CNL）和地区协会（DES REGIONS）之后的第四大书店财政支持来源。

根据《法国图书周刊》的调查，书店的众筹计划主要是针对小规模的大众书店和部分青少年书店。5 年内获得资助的书店中，48% 的书店是为了开一家新书店，且大多数情况下是带有咖啡、茶室、餐饮、游戏吧等附属功能的综合书店；27% 的书店为了解决短期财政危机；9% 的书店希望得到工程方面的援助；8% 的书店则希望能够推动自己项目的实施。有众筹项目的书店经营者表示，在实施众筹计划之前，他们的顾

---

① “众筹计划（Financement participatif）”发起方需要在有限的时间内，在特定的网络平台上动员网友募捐，如果在预期时间内达到了预期金额，发起方就可以提走资金并向平台支付一定的手续费；如果没有达到金额则筹款失败，所有的资金都会被返还。

客就已经积极参与到书店的经营当中；筹款实现后，为了维系和加强与顾客的关系，书店会为所有捐赠者举办庆祝活动，保证让所有的捐款者充分了解书店预算、书籍的摆放等计划实施的进度细节。

法国国家图书中心表示这些捐款对处在困境中的书店来说的确是及时雨，而且弥补了传统财政援助方式的不足。当然，并不是所有人都赞成这种做法。法国书商协会（SLF）负责人就曾表示，众筹计划只是一种短期解决方案，并不是长久之计，书店经营者需要更加注重财政收支平衡，不能总把众筹当作救急的手段。

（四）数字出版销售情况

根据法国出版商协会对其会员的统计情况，2017 年，法国有 1 479 家出版社建立了电子书销售平台，有 281 387 种图书被转化为电子版，包括数字内容出版和数字内容发行在内的出版商数字出版收入达 2.02 亿欧元，比 2016 年增长 9.8%，占据法国出版商营业额总数的 7.6%。其中，受教材改革的影响，数字化教材用书涨幅明显，出版商数字化教学用书收入在 2017 年增长 38.2%，超过 840 万欧元，是涨幅最大的类别。大学专业图书是法国出版商数字出版收入最多的类别，占年数字出版收入的 75%。大众图书的数字出版收入也不容忽视，文学类电子书的增长较非文学类图书增长更快。（见表 20）在非文学类大众图书中，生活实用类图书的数字出版比例最高，占此类数字出版比例的 40%，随后的儿童与青少年图书，文献、随笔、纪实类图书和连环画分别为 21%、14% 和 13%，而数字化较早的词典类工具书则仅占 8%。

表 20 2015—2017 年法国出版商数字出版收入情况[①]

单位：欧元

类别	2015 年	2016 年	2017 年
大众图书（文学除外）	14 771 071	15 988 172	17 324 809
文学	22 590 618	24 012 951	25 401 174
教学用书	4 847 066	6 122 923	8 461 641
大学专业图书	138 288 380	137 594 934	150 540 092
总计	180 497 135	183 718 980	201 727 716

数据来源：法国出版商协会

① 2016 年度，法国出版商协会再次调整数字出版数据统计方式，将原来的介质分类统计改成内容分类统计。

不同类别的图书的数字出版收入在本类图书中收入中的占比也差异较大。大学专业用书的数字出版收入占此类图书出版商收入的 33.9%，而文学、教学用书和非文学大众图书的数字出版收入仅占出版商收入的 4.2%、2.2% 和 1.4%。

从数字内容使用方式上看，传统的 CD、DVD、USB 介质的销售方式已经渐渐被读者放弃，此类介质的收入仅占法国出版商 2017 年数字出版收入的 4.8%。电子书下载和在线阅读是目前出版社数字出版收入的最重要来源，占 48.3%。内容订阅和授权使用受读者欢迎的程度不亚于电子书下载和在线阅读，占出版社数字出版收入的 46.8%。

三、报刊业发展状况

（一）整体情况

根据法国新闻媒体数字联盟 (Alliance pour les chiffres de la presse et des médias，简称 ACPM) 所公布的数据，自 2012 年起，法国大众与专业报刊出版种数逐年下降，2017 年法国大众与专业报刊共出版 632 种，比 2012 年相比，减幅为 17.58%。所有报刊中，杂志种数最多，占法国新闻媒体数字联盟统计报刊种数的 40% 以上，其次为地区日报和全国性日报，两类的种数合计超过 50%，专业报刊占比不到 1%。（见图 5）

法国报刊发行的 97% 以上是在国内实现的。2017 年，法国报刊发行量 33.7 亿份，比 2016 年的 35 亿份减少了 1.3 亿份，降幅达到 3.7%。其中，境内发行量从 2016 年的 33.9 亿份减少到 2017 年的 32.8 亿份；境外发行量在 2017 年已经跌至 1 亿份以下，仅为 9 400 多万份。（见表 21）

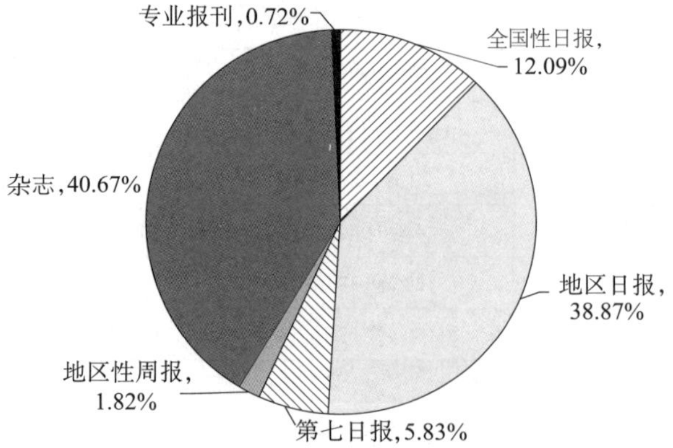

图 5　2017 法国各类报刊出版占比

表 21　2017 法国报刊发行量统计

单位：百万份

类别	法国	境外	合计
付费发行	3 196.31	88.52	3 284.83
免费发行	78.87	5.6	84.47
发行合计	3 275.18	94.12	3 369.3

数据来源：法国新闻媒体数字联盟

2017 年，地区日报、第七日报、地区性周报和杂志发行量较 2016 年分别下降 2.4%、2.7%、4.3& 和 4.4%，近 10 年来，法国全国性日报的发行量持续逐年减少，但在 2017 年第一次出现增长趋势，2017 年全国性日报发行量较 2016 年增长 0.5%，这是因为 2017 年的总统竞选活动很大程度上丰富了时事报道内容。值得注意的是，54% 的读者选择阅读电子版本，46% 的读者选择纸质版本，有 43% 的读者表示只接受纸质报刊。①2017 年专业期刊发行量较去年也有所增长，增幅为 0.4%。

报刊的发行方式上看，数字报刊的发行比例比上一年又有明显提高，已达到发行总量的 7.8%。在纸质报刊发行方面，付费发行、个人购买和上门销售占发行量的 90% 以上。

（二）大众期刊情况

2017 年，法国大众期刊共出版 502 种，比 2012 年减少 17.56%。大众期刊在法国报刊业中处于绝对重要的地位，年发行量占法国报刊总发行量的 99.1%。（见表 22）从发行方式上看，2013—2017 年，纸质大众报刊的个人零售、个人订阅与上门销售都在持续减少。2017 年，个人零售较 2013 年下降 27%，个人订阅与上门销售同比下降 11%。随着电子阅读设备的普及和技术的推陈出新，个人购买大众报刊数字版的比例有所增长，但与上述报刊业整体情况相比，团体购买大众报刊数字版的比例并不高。（见图 6）

① https://www.lesechos.fr/12/04/2018/lesechos.fr/0301553147385_presse--premiere-hausse-en-dix- ans-pour-les-quotidiens.htm

表 22　2017 法国大众报刊发行量统计

单位：百万份

类别	法国	境外	合计
付费发行	3 173.00	88.25	3 261.25
免费发行	70.97	5.58	76.55
发行合计	3 243.97	93.83	3 337.80

数据来源：法国新闻媒体数字联盟

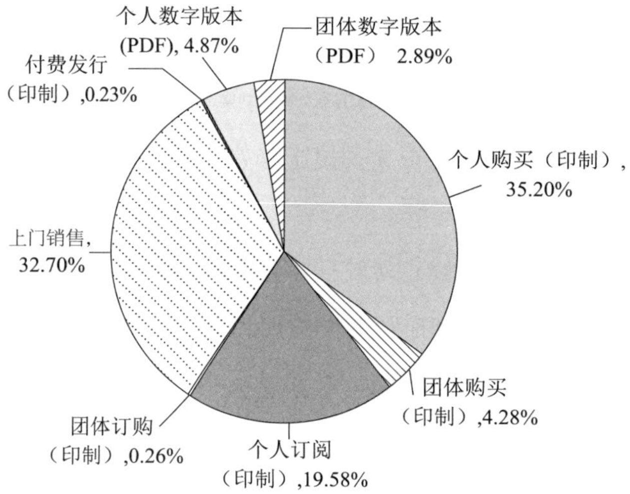

图 6　2017 法国大众报刊发行渠道占比

（三）重点企业情况

在法国报刊业中比较活跃的传媒集团比较多，每个集团都拥有一些具有广泛读者群体的大众报刊。有的传媒集团将地方报纸杂志作为自己的重要经营方向，有的则在全国性报刊上不断探索。并不是所有的传媒集团都是上市公司，以下列出的重点集团中，上市公司数量与非上市公司几乎平分秋色。（见表 23）

表 23　法国主要期刊企业

单位：百万欧元

序号	集团名称	成立年份	主要活动	代表报刊	营业额[①]	是否上市
1	埃博拉集团（Ebra）	2006	地方报纸杂志	《阿尔萨斯报》	620	否
2	费加罗集团（Figaro）	1826	全国日报、杂志	《费加罗报》《电视杂志》	550	是
3	艾莫瑞集团（Amaury）	1944	体育类报纸、体育赛事组织	《队报》《法国足球》	480	否
4	回声—巴黎人集团（Les Échos-Le Parisien）	2007	日报，财经、文化艺术类	《回声报》《巴黎人报》	443	是
5	普瑞斯媒体集团（Prisma Média）	1978	自然、生活文化类杂志	《GEO》	379.8	是
6	世界报集团（Le Monde）	1944	日报、杂志	《世界报》《电视纵览》	321.2	否
7	蒙塔多利集团（Mondadori France）	2004	文娱生活类杂志	《电视明星》	297.2	是
8	西部法兰西集团（SIPA Ouest France）	1990	地方报纸	《西部法兰西报》《20 分钟》	293.1	否
9	SFR 报业集团（SFR Presse）	2015	报纸、杂志	《解放报》《快报》	286.2	是
10	巴亚尔集团（Bayard）	1870	青少年、宗教、自然类杂志	《我们的时光》《大象巴博》	185.9	否
11	拉加代尔活动集团（Lagardère Active）	2000	文化时尚类女性杂志，广播电台	《7 日电视节目》《艺术与装饰》	41.3	是
12	嘉人集团（Marie-Claire）	1937	时尚类女性杂志	《嘉人》《时尚》	—	否
13	阿特弥斯集团（Artemis）	1990	杂志	《观点》	—	是

数据来源：网络整理

传媒理论中一直将广告作为传媒集团的重要收入来源，但随着传媒集团在数字时代的持续发展，这一理论虽仍存在，但受到了多元化经营方式的挑战。上述法国传媒集团在 2017 年努力进行数字业务的开拓，并在业务多样化方面不断努力。2017 年，费加罗集团在数字化方面发展迅速，《费加罗报》推出视频板块，其中的实况转播尤受欢迎，集团也因纸媒与数字媒体的同步发展夺得法国“年度媒体大奖”；《回声报》的数字版发行量已经达到总发行量的 35%，980 万读者中有 80% 使用电子版；《世界报》的数字用户在一年中增长 44%。在自己具有内容优势的领域开拓新的业务模式也是各报刊努力尝试的，这有利于更好地服务自己的读者，同时降低对广告收入的依赖性。回声—巴黎人集团收购了研究数字技术和科技及新兴企业发展趋势的独立机构 Netexplo，由此收获了更多处于管理层和大公司的订阅者；费加罗集团收购了全球非

① 此处为可获得的 2016—2017 年营业额。

英语国家最大的职业社交网站 Viadeo，以期扩展本集团在职业社交网络方面的业务，维持品牌知名度；拉加代尔活动集团举办“Elle · 禅”主题活动，将主题讲座和各类展览结合在一起，打造文化、个人修养和时尚品牌互动的综合性展示活动；阿特弥斯集团成立风投平台，推动十几家法国高科技企业在美国的商业化发展。

参考文献

1. 法国出版商协会《法国出版业国内及国际数据年度报告》（2016 版、2017 版、2018 版）Syndicat national de l’édition, ed. *Repères statistiques France et International (15/16, 16/17, 17/18)*. Syndicat national de l’édition, 2016, 2017, 2018.

2.Syndicat national de l’édition, ed. *L’édition en perspective(2017).* Syndicat national de l’édition, 2018.

3.《法国图书周刊》2016、2017、2018.

4. 法国文化部 www.culture.gouv.fr.

5. 法国国家图书中心 www.centrenationaldulivre.fr.

6. 法国国家统计局 www.insee.fr.

7. 法国新闻媒体数字联盟 www.acmp.fr.

（作者单位：中国新闻出版研究院）

2017年德国出版业发展报告

彭　斯

一、出版业发展背景

（一）经济环境

2017年，德国经济稳步增长。根据德国联邦统计局的统计，德国全国国内生产总值32 773亿欧元，同比增长2.2%。2017年，德国外贸总额为23 134亿欧元，比2016年增长7.2%，其中出口总额为12 791亿欧元，增长6.2%；进口总额为10 343亿欧元，增长8.3%，均创历史新高。2017年，德国印刷业总产值相比2016年有所减少，为144.63亿欧元，其中图书类印刷品总产值为9.11亿欧元，同比减少5%。

如今，图书行业面临着来自很多其他媒体的竞争压力，这一现象体现在德国图书行业销售数据的发展趋势上，2017年全年图书销售额为91.31亿欧元，同比下降1.6%，是继2014年销售额又一次显著的下滑。2013年到2017年间，德国图书销售额下降了4.05亿欧元，比2013年下降了4.2%，如果追溯至2002年，在过去的15年间德国图书行业的销售额仅降低了1%，鉴于当前数字化变革的巨大冲击，这一数值也彰显了德国图书行业的适应性和创新性。

对于德国图书行业来说最大的挑战无疑是图书购买者数量的减少，德国图书行业协会（Börsenverein）和捷孚凯（GfK）公司共同进行了一项名为“图书购买者去往何处”的调查，该调查显示2013年至2017年间，德国图书购买者的数量减少了640万人，2013年德国共有3 600万10岁以上的公民至少购买了一本图书，而这一数字在2017年下降为2 960万人。不过，这一趋势对整个行业的销售额影响并不大，因为这些人平均每年的图书购买量有所增加，2013年德国图书购买者平均每人购买11本图书，而 2017 年平均每人购买 12.4 本图书；而个人图书消费也由 2013 年的平均每人 116.7 欧元增长至 2017 年的 137.4 欧元；与此同时图书的平均价格也由 2013 年的 10.56 欧元增长至 2017 年的 11.08 欧元。

从德国的购买力情况来看，根据市场调查集团尼克夏（Nexiga）的调查，2017 年德国的人均可支配性收入为 22 563 欧元，购买力包括国民可支配收入和国家的转移支付，如退休金、失业救济金和子女补贴费。东西部购买力的差距日益减小，2017 年德国东部联邦州的平均购买力已达到西部联邦州的 88.6%，尼克夏集团同时对图书的购买力做出了调查研究，与人均购买力的分布类似，德国西部拥有较高购买力的一些城市如汉堡、杜赛尔多夫、法兰克福、斯图加特和慕尼黑，其图书购买力也相对较强，但是东部的一些城市也显示出越来越高的图书购买需求。德国最主要的图书购买力集中在莱茵河—美因河地区，莱茵河畔因格尔海姆以人均 163 欧元排名第一，陶努斯山麓巴德索登以人均 158 欧元排名第二，巴特洪堡以 153 欧元排名第三。

（二）国民阅读状况

2017 年，德国五家出版集团阿克塞尔·施普林格集团（Axel Springer）、鲍尔媒体集团（Bauer Media Group）、方客媒体集团（Funke Mediengruppe）、古纳亚尔集团（Gruner+Jahr）和博达媒体集团（Hubert Burda Media）对三万余位受访者进行的市场媒体研究“最好的计划”（Best for Planning）给出了德国 14 岁以上人群 2017 年最喜欢的休闲活动的排名，排名前十位的分别是：看电视、听收音机、在家休息、上网、阅读日报、和家人共享天伦、烹饪、听音乐、阅读杂志和散步。①

调查结果显示，喜爱看电视的德国人越来越多，2017 年有 83.5% 的受访者经常看电视，2016 年这一数值为 82.2%，2013 年为 76.8%。喜爱上网的人占到了全部受访者的 55.1%，比 2016 年的 54.2% 又有了新的提高，而 2013 年还为 39.5%。同时意想不到的是，“广播”这一传统媒体越来越受欢迎，有 60.2% 的受访者 2017 年经常听收音机，仅次于“看电视”这项休闲活动，排名第二位。另外，日报作为德国人喜爱的一种媒体形式，2017 年，其受欢迎程度略有下降，有 51.1% 的受访者经常读日报，而 2016 年为 52%。

---

① 自 2014 年起，此项调研的结果不再与上一年的结果作对比，而是只重点关注短期的趋势。

2017年，读书这项休闲活动由2016年的第14位上升至第13位，有18.2%的德国受访者经常读书，比2015年的18.8%略有下降，但2013年该比例还为20.7%，另外，偶尔读书的受访者比例也由27.5%下降至27.3%，而很少读书的受访者比例由28.5%增长至29.2%，从不读书的受访者比例也由25.2%增长至25.3%。这些数据表明，德国不读书的人越来越多，其比例在过去的五年里由51.1%增长至54.5%。“听有声读物”也日渐失去吸引力，同2016年一样，2017年1.4%的受访者经常听有声读物，5%的受访者偶尔听有声读物，比例2016年的5.2%有所降低。

表1　2015—2016年德国成年人业余活动频率及占比①

频率	读书受访者占比		听有声读物受访者占比	
	2015年	2016年	2015年	2016年
经常做	19.7%	18.8%	1.5%	1.4%
偶尔做	28.3%	27.5%	5.7%	5.2%
几乎不做	27.8%	28.5%	14.0%	12.6%
从不做	24.2%	25.2%	78.8%	80.8%

资料来源：《图书与图书贸易数据》

阿伦斯巴赫市场研究公司2017年的研究结果表明，德国14岁以上的人群中58%的受访者在过去的一年中购买过图书，比2016年略有下降，17%的受访者购买过1~2本图书，41%的受访者购买3本以上的图书，25%的受访者购买5本以上的图书，11%的受访者购买10本以上图书，这些数据基本与2016年持平。

但是从性别来看，女性仍是最重要的图书购买群体，66%的女性受访者购买过图书，只有51%的男性受访者购买过图书。从不同性别购买频率看，男性和女性每年购买一到两本书的人数占比基本相近，分别为16%和18%。但是在其他分档中，差别比较明显。

从年龄段来看，各个受访组的数据也有波动，调查数据显示，30~39岁的受访者中有60%在2017年购买过图书，比2016年下降了2%；70岁以上购买过图书的受访

① 此表仅选取了所调查的所有德国人业余活动中的两组数据。

者比例有轻微提高，由 2016 年的 52% 增长至 2017 年的 53%，2013 年这一数据还为 50%。

从人口规模来看，十万居民以上的大城市中 64% 的受访者在 2017 年购买过图书，仍是主要的图书购买力集中地。从收入结构来看，月收入在 3 000 欧元以上的受访者中有 67% 购买过图书，其中有 49% 在 2016 年购买过 3 本以上图书。从职业分类来看，兼职工作者和学生购买图书的人数最多，分别占全部受访者的 66% 和 69%。（见表 2）

表 2　2017 年德国成年人图书购买调查情况

单位：%

类别	购买过图书	1~2 本	3 本以上	5 本以上	10 本以上	20 本以上
性别						
女	66	18	48	29	14	5
男	51	16	34	20	9	3
年龄						
14~19 岁	57	21	35	20	10	3
20~29 岁	57	19	39	23	11	4
30~39 岁	60	19	41	23	9	4
40~49 岁	62	18	44	27	12	5
50~59 岁	58	17	42	25	11	4
60~69 岁	61	16	46	29	14	6
70 岁以上	53	15	38	23	11	4
教育程度						
初中	41	16	26	15	6	3
中学或职高	60	20	40	22	9	3
高中或大学	78	16	62	41	20	8
家庭收入						
1 000 欧元以下	50	15	35	24	13	6
1 000~1 500 欧元	48	16	32	20	7	3
1 500~2 000 欧元	53	18	35	20	9	3
2 000~2 500 欧元	51	16	36	20	9	3
2 500~3 000 欧元	55	17	38	22	10	3
3 000 欧元以上	67	18	49	30	14	6

续表

类别	购买过图书	1~2本	3本以上	5本以上	10本以上	20本以上
职业						
学生	69	20	49	30	15	5
全职工作	57	18	39	23	10	4
兼职工作	66	18	48	29	13	5
无业	58	17	41	25	12	4
退休	55	15	40	25	11	4
人口规模						
5 000人以下	51	17	34	20	9	3
5 000~20 000人	58	17	41	23	11	4
20 000~100 000人	57	19	38	23	10	4
100 000人以上	64	16	47	30	14	6
总计	58	17	41	25	11	4

资料来源：《图书与图书贸易数据》

阿伦斯巴赫市场研究公司的这项研究数据表明了德国图书购买者的数量在减少。因此，德国图书行业协会和捷孚凯公司共同进行了一项名为“图书购买者去往何处”的调查，该调查深入研究、分析了近年来德国图书购买者减少的原因。在过去的五年中，德国图书购买者的比例由53%下降至44%，从2013年到2017年减少了近640万名图书购买者，特别是在20岁至49岁这一年龄段，这一年龄段的人群把更多的时间花费在了使用笔记本电脑、智能手机和平板电脑上。同时，日益丰富的媒体形式也成为图书强有力的竞争者，比如Netflix①、Youtube②和Instagram③。读书已经逐渐不被人们列为闲暇时间消遣的选择，或者说仅仅是众多选择中的一种。不过，该项研究也发现，图书行业依然存在着希望，因为很多受访者认为，数字化媒体消费也使他们感受到了压力，反而读书能让他们感到平和与放松，而这一发现将成为图书行业需要挖掘灵感和项目的切入点。

① Netflix（Nasdaq NFLX）成立于1997年，是一家在线影片租赁提供商，主要提供Netflix超大数量的DVD并免费递送，总部位于美国加利福尼亚州洛斯盖图。

② 美国最大的视频分享网站。

③ 照片墙（Instagram）是一款运行在移动端上的社交应用，以快速、美妙和有趣的方式将你随时抓拍下的图片彼此分享。

2017 年德国经常读书的人群由 34% 下降至 32%，而 5 年前这一比例还为 38%。和过去一样，女性的阅读频率依然高于男性，40% 的女性每天或者每周多次读书，而男性只有 24%。（见表 3）

表 3　2017 年德国成年人图书阅读调查情况

单位：%

类别	每天或每周多次	每周或每两周一次	每月一次或很少读书
性别			
女	40	19	41
男	24	16	60
年龄			
14~19 岁	32	16	52
20~29 岁	27	18	56
30~39 岁	26	20	54
40~49 岁	30	19	51
50~59 岁	31	18	50
60~69 岁	38	17	45
70 岁以上	39	16	45
教育程度			
初中	22	14	64
中学或职高	30	19	51
高中或大学	49	20	31
家庭收入			
1 000 欧元以下	32	16	52
1 000~1 500 欧元	30	16	55
1 500~2 000 欧元	29	17	54
2 000~2 500 欧元	28	18	54
2 500~3 000 欧元	29	17	53
3 000 欧元以上	36	19	45
职业			
学生	43	18	39
全职工作	25	19	56

续表

类别	每天或每周多次	每周或每两周一次	每月一次或很少读书
兼职工作	37	20	42
无业	38	16	46
退休	39	16	45
人口规模			
5 000 人以下	27	14	58
5 000~20 000 人	32	18	50
20 000~100 000 人	31	17	52
100 000 人以上	37	20	43
总计	32	18	50

来源：《图书与图书贸易数据》

针对德国6~13岁的儿童，南德意志媒体教育研究协会每两年会进行一项名为“儿童与媒体（KIM）”的调查研究，目前只能获得2016年的数据。根据2016年“儿童与媒体”研究显示，德国6~13岁的儿童，读书在他们的兴趣排行中排名第14位，在所有受访的儿童中有51%对读书有兴趣，而两年前这一数字是47%。从阅读频率来看，15%的受访儿童几乎每天读书，大约是每周读书儿童的三分之一，而从不读书的儿童的比例也从2012年的23%降至2014年的17%，2016年又降至16%。从性别来看，女孩依然是读书的主力军，而6~13岁的男孩中，每天或者几乎每天读书的儿童占总受访者的11%，而2012年和2014年分别为7%和12%。有趣的一点是，2014年12~13岁的儿童成为各年龄段儿童中阅读频率最高的人群，比例为18%，而2016年这一比例降至14%，取而代之的是8~9岁的儿童，以19%的比例成为2016年阅读频率最高的人群。

根据捷孚凯市场调查集团的消费者调查，2017年德国有350万人购买过电子书，比2016年有所下降，但是每个电子书读者平均购买8.3本电子书，这一购买强度较之2016年有所增加。2017年，德国有3.8%的14岁以上的受访者购买过电子书。从性别划分来看，女性依然是德国电子书的主要购买群体，有5%的受访女性在过去的12个月中购买过电子书。从年龄划分来看，购买电子书的年轻人越来越少，2016年20~29岁的受访者中还有4.2%的人购买过电子书，但是2017年这一比例却只有

2.9%；相比之下，50~59 岁的受访者中有 5.9% 在 2017 年购买过电子书，是购买比例最高的年龄段。

（三）有声读物购买情况

德国图书购买情况的调查把有声读物单独作为一个研究项目进行了统计分析。研究数据表明，14 岁以上的受访德国人中只有 2.7% 在 2017 年购买过有声读物，相较于 2016 年的 3.2% 有所下降。（见表 4）

表 4　2017 年德国成年人有声读物购买调查情况

单位：%

	购买	1 本	2 本以上	3 本以上	4 本以上	5 本以上
性别						
女	3.3	2.1	1.1	0.8	0.5	0.4
男	2.2	1.3	0.9	0.6	0.5	0.4
年龄						
14~19 岁	1.0	1.0	0	0	0	0
20~29 岁	3.4	2.4	1.0	0.6	0.5	0.2
30~39 岁	3.3	2.1	1.2	0.9	0.5	0.2
40~49 岁	3.3	1.9	1.4	1.0	0.7	0.6
50~59 岁	3.0	1.6	1.5	1.0	0.8	0.6
60~69 岁	2.7	1.8	0.9	0.5	0.4	0.3
70 岁以上	1.8	1.3	0.6	0.5	0.4	0.3
教育程度						
初中	1.6	1.2	0.4	0.3	0.3	0.2
中学或职高	2.4	1.6	0.8	0.6	0.4	0.4
高中或大学	3.6	2.2	1.5	1.0	0.7	0.5
家庭收入						
999 欧元以下	2.2	1.6	0.6	0.5	0.3	0.2
1 000~1 499 欧元	2.1	1.2	0.9	0.7	0.6	0.3
1 500~1 999 欧元	2.6	2.0	0.6	0.2	0.1	0.1
2 000~2 499 欧元	2.1	1.1	1.0	0.6	0.5	0.4
2 500~2 999 欧元	2.8	2.1	0.7	0.6	0.5	0.5
3 000 欧元以上	3.4	2.0	1.4	1.0	0.7	0.6

续表

	购买	1本	2本以上	3本以上	4本以上	5本以上
职业						
学生	1.7	1.1	0.6	0.2	0.2	0
全职工作	3.1	1.9	1.2	0.9	0.6	0.5
兼职工作	3.7	2.2	1.5	0.9	0.6	0.5
无业	2.6	1.8	0.8	0.7	0.6	0.6
退休	2.4	1.6	0.8	0.5	0.4	0.3
人口规模						
4 999人以下	2.2	1.2	1.0	0.7	0.5	0.4
5 000~19 999人	3.0	2.0	1.0	0.8	0.5	0.4
20 000~99 999人	2.4	1.6	0.9	0.5	0.4	0.4
100 000人以上	3.0	1.9	1.2	0.8	0.6	0.4
总计	2.7	1.7	1.0	0.7	0.5	0.4

资料来源：《图书与图书贸易数据》

二、图书业发展状况

（一）概况

1. 出版情况

继2016年之后，2017年德国出版社全年出版图书种数再次减少，无论是初版还是再版图书，都达到了十年来的新低点，共计82 636种，比2016年减少2 850种，如果同2010年和2011年之前的水平相比，甚至减少了一万余种。但是作为德国图书最重要的种类——纯文学类图书，2017年的出版总数高于2016年。

从过去十年的数据来看，德国出版业呈波动式前进，但这一曲线呈明显下降的趋势。单纯看初版图书，2017年初版图书为72 499种，比上一年减少了0.4%，相较于2016年这一下降趋势有所放缓，2016年比2015年减少4.7%。2017年出版图书中，初版图书占87.7%，2016年这一比例为85.2%，2015年这一数值为85.5%。从初版和再版之间的比例关系看，德国的图书出版方向一直向增加初版的比重倾斜，在20世纪90年代中期，初版和再版的比例还为7：3。事实上，德国新版的图书种数应该比表格里所显示的多，因为这一数据只统计了一部分电子书和按需印刷图书（Print-on-

Demand-Produktion），而自出版[①]（Selfpublishing）和数字化项目的日益发展，使得这两项业务在德国图书市场上的重要性不断提升。

表 5 2008—2017 年出版情况

单位：种

年份	新版图书	初版图书
2008	94 276	83 381
2009	93 124	81 793
2010	95 838	84 351
2011	96 273	82 048
2012	91 100	79 860
2013	93 600	81 919
2014	87 134	73 863
2015	89 506	76 547
2016	85 486	72 820
2017	82 636	72 499

资料来源：德国国家图书目录，VLB（Verzeichnis Lieferbarer Bücher）

从图书类别来看，每年各个类别图书的出版种数总是基本遵循着此增彼减的规律。例如 2017 年“综合类、信息类、信息科学类”“社会科学类”和“科技、医学、应用科学类”图书的出版种数相较于 2016 年都有明显减少，分别下降 12.2%、6% 和 1.2%，专业科学类图书出版种数的减少很大程度上与数字化媒体形式的发展有关。2017 年“宗教类”“语言类”和“自然科学和数学类”图书的出版种数相较于 2016 年有所增长，分别为 4.1%、5.3% 和 5.2%。同时也有一些种类的图书发展比较稳定，比如“艺术与娱乐类”图书 2016 年减少了 14.9%，而 2017 年只减少了 1%。另外，也有一些图书种类比如“体育类”和“音乐类”图书的出版种数在 2017 年有非常明显的增长，分别为 10% 和 16.2%，可能与 2018 年举办的足球世界杯和一些其他热点话题有关。

① 是指没有出版商参与，由作者自行出版的书籍、专辑或其他媒体作品。

2017 年纯文学类图书的初版种数排名第一位，共计 14 273 种，比 2016 年增加了 2.7%，占全部初版种数的 19.7%。排名第二位的仍为德国文学类图书，占全部初版种数的 14.9%，共计 10 824 种，比 2016 年略有提高。儿童和青少年图书排名第三，初版数共计 8 752 种，比 2016 年减少 2.3%，而这也是儿童和青少年图书的出版种数连续第二年下降，但是依然在图书出版市场扮演着重要的角色。排名第四位的教材类图书 2017 年比 2016 年有大幅增长，共出版 5 490 种，比 2016 年的 4 966 种增长 12.3%，而 2016 年比 2015 年的 4 535 种增长 14.1%，此类图书由于受教育政策的影响较大，所以其历年初版种数存在较大的波动。（见表 6）

表 6　2016—2017 年各类图书在全部初版图书中所占份额情况

单位：%

类别	2016 年	2017 年
纯文学类	19.1	19.7
德国文学类	14.1	14.9
儿童和青少年类	12.3	12.1
教材类	6.8	7.6
医学类	5.1	5.1
神学和基督教类	4.8	4.9
法律类	3.7	3.3
管理类	3.6	3.6
经济类	3.0	2.8
社会科学和社会学类	3.5	3.2
哲学与心理学类	5.9	6.0
语言类	2.7	2.9
艺术与娱乐类	13.6	13.5
其他类	1.8	0.4

资料来源：《图书与图书贸易数据》

口袋书的出版在德国出版业扮演着越来越重要的角色，2017 年口袋书在全部初版图书中的占比达到 13%，为 9 451 种，而 2016 年为 12.5%，比 2016 年增长了 4.1%。如果追溯过去几年的数据，则发现口袋书的发展也是呈波动式的增长，2013 年口袋书在全部初版图书中所占的比例还为 13.4%。纯文学类口袋书依然扮演着重要的角色，占全部初版总数的 54.3%，为 5 128 种。儿童和青少年类口袋书也出现了明显的下降趋势，从 2016 年的 840 种减少到 2017 年的 785 种。

在 2017 年的初版图书中，82.7% 为德语图书，5.7% 为多语种图书，5.2% 为英语图书，多语种图书从 2016 年的第三位上升至第二位，超过了英语图书。多语种图书的发展，一定程度上适应了难民的阅读需求。另外，德国出版社也增加了其他语种初版图书的种数，如法语图书由 2016 年的 547 种增长至 2017 年的 575 种，捷克语图书由 2016 年的 316 种增长至 2017 年的 371 种，荷兰语语图书由 2016 年的 307 种增长至 2017 年的 363 种，波兰语图书以 268 种再次回归前十名，中文图书 2017 年落榜前十名。

从地域角度来看，几年来，柏林和慕尼黑在初版图书种数上都远高于其他地区及城市，2017 年柏林以 8 750 种排名第一，但是相较于 2016 年的 9 370 种，有非常明显的下降；慕尼黑以 8 064 种排名第二，斯图加特以 4 708 种排名第三，这一排名也基本反映了德国大型出版社的城市分布。

2. 销售情况

2017 年德国的物价上涨率为 1.8%，高于 2016 年的 0.5%，为 2013 年到 2017 年间物价上涨率最高的一年。在过去，图书价格增长率有时候会与德国整个物价增长率背道而驰，2012 年开始这一相反关系有所转折，二者的价格增长率之间的差距大大减小（物价增长率为 2.0%，图书价格增长率为 1.9%）；2013 年德国图书价格的增长率大大超过物价增长率（物价增长率为 1.5%，图书价格增长率为 2.6%）；2014 年德国图书的价格又上涨了 1.8%，而物价上涨率为 0.9%；2015 年打破了这种同向增长，物价增长率为 0.3%，而图书价格却下降了 0.9%；2016 年图书价格的增长率又一次超过了物价增长率（物价增长率为 0.5%，图书价格增长率为 1.8%）；2017 年尽管图书价格与物价都有增长，但图书价格的增长率却低于物价上涨率（物价增长率为 1.8%，图书价格增长率为 1.3%）。

根据德国国家图书目录（Deutsche Nationalbibliografie）的统计数据，2017 年德国初版纸质图书的平均价格为 24.54 欧元，相较于 2016 年同比下降 2.3%。2017 年精装书的平均价格为 26.84 欧元，比 2016 年减少了 60 欧分，而口袋书的平均价格从

2016年的12.99欧元增长至2017年的13.09欧元，近年来整体保持着上涨的趋势，2013—2016年分别为12.84欧元、12.93欧元、12.91欧元、12.99欧元；相比之下精装书的价格却在持续下降，从2013年的29.54欧元下降至2016年的27.44欧元。

从图书的种类来看，两种德国最重要的图书类别——纯文学类图书和儿童和青少年类图书的平均价格与整个市场的价格趋势有所相悖。纯文学类图书2017年的平均价格由2016年的14.29欧元增长至14.60欧元，但从长期来看，该类图书的价格仍然是有明显的下降，2003年该类图书的平均价格还为15.01欧元。另外，儿童与青少年类图书的平均价格也由2016年的11.17欧元增长至11.56欧元。而教材类图书的平均价格在连续几年的增长后有所下降，为11.56欧元。（见表7）

表7　2017年初版图书的平均售价排行情况

单位：欧元

图书类别	2017年
自然科学和数学类	40.57
综合类、信息类、信息科学类	38.48
社会科学	35.71
语言	33.85
科技、医学、应用科学	32.39
宗教	29.44
哲学和心理学	27.89
历史和地理	27.25
艺术和娱乐	26.84
文学	15.82

资料来源：《图书与图书贸易数据》

从德国出版社的业务情况来看，在2016年德国出版社总营业额恢复增长后，2017年又实现了新的增长，同比增长1.7%，除了图书业务下降了0.1%，其他各项业务的营业额都有所增长。在数字化转型的大背景下，德国出版社也在为自身找寻新的数字化业务模式，以弥补传统图书业务的萎缩，同样也指明了文学、娱乐和专业信息未来的道路。2017 年从德国出版社的业务来看，增长点主要集中在了互联网业务和出版社其他业务上。互联网业务的销售额连年增长，在经过 2016 年高达 14.7% 的增长后，2017 年又增长 12.7%，成为出版社业务的重要支柱；其他产品业务销售额在经过三年连续下滑后，2015 年实现了大幅增长，2016 年该项业务又增长了 1.2%，2017 年该项业务增长 9.2%，成为德国出版社各项业务中增长率第二高的业务模块，这一板块的业务主要包括专业出版社的课程，同样还包括一些营销产品；广告业务在 2016 年扭亏为盈后，又一次实现增长，增长率为 2.4%；而作为 2016 年增长率第二高的出版社副业，2017 年仅增长 0.7%，基本保持了其 2016 年的水平。

尽管出版社的销售额有所增长，但出版社的人力和广告成本却在缩减。2017 年德国出版社在人力和广告上的花费分别减少 0.6% 和 3%。从出版社规模来看，根据德国图书交易协会的问卷调查[①]，2016 年德国出版社总营业额约为 84.6 亿欧元，而其中年销售额在 5 000 万欧元以上的大型出版社总营业额只占到了 69.1%，略高于 2015 年，但是在全国 2 034 家出版社中，这一规模的出版社只有 20 家。尽管出版社的总数在变，但是这些大型出版社的统治地位没有改变，以全国百分之一的企业数创造了占全国三分之二的营业额。从出版社的地域分布来看，德国出版社的销售业绩主要集中在南部和西部的出版机构。2017 年北威州的出版社销售总额以 39.1 亿欧元遥遥领先于其他州，排在第二位和第三位的是巴登—符腾堡州和巴伐利亚州。

尽管新的知识产权法给许多德国出版社带来了压力，图书购买者也在不断减少，但是根据 2018 年 2 月到 4 月进行的问卷调查，43.3% 的受访出版社认为 2018 年的营业额会高于 2017 年，而在 2017 年的调查中，只有 37% 的受访出版社对营业额的增长持有信心；但是在这些受访的出版社中，对于其盈利的期望有所降低，在 2017 年的调查中有 41.1% 的受访出版社认为其 2017 年的盈利将高于 2016 年，但是在 2018 年的调查中发现，只有 36.5% 认为其 2018 年的盈利将高于 2017 年，这一现象表明，对于出版社而言，经营成本在不断提高，企业们需要继续控制、节约成本。

---

① 目前只得到了 2016 年的数据。

3. 国际贸易情况

（1）进出口贸易

《图书与图书贸易数据》最新统计的数据显示[①]，在过去的五年中，印刷品的进口业务增长迅猛。2016 年德国印刷品[②]进口总额为 15.63 亿欧元，比 2015 年增长了 9.1%。图书依然是印刷品进口业务中最重要的产品，继 2015 年德国图书的进口额首次超过十亿大关后，2016 年又创造了新的纪录，图书进口额达到 11.56 亿欧元，五年内增长近 5.8 亿欧元。排在第二位的是期刊的进口额，约为 2.8 亿欧元。多年来，德国大部分的进口图书都来自英国，以满足读者对英文读物日益增长的需求。2015 年波兰超过英国，成为德国进口图书最多的国家，2016 年继续保持了这一地位。德国有 40.4% 的图书和图画书进口自波兰，这是因为 2014 年由于电商亚马逊（Amazon）公司在波兰的波森和布勒斯劳建了两个新的仓库，为波兰和德国边境的一些地区发货，当年波兰成为德国第二大进口贸易伙伴，而 2015 年，波兰以 4.5 亿欧元攀升为德国第一大进口贸易伙伴。2016 年亚马逊公司在布拉格附近又建立了一座大型的发货中心，因此捷克由 2015 年的第四位上升为 2016 年德国第二大图书进口国，2016 年，价值约 1.52 亿欧元的图书从捷克进口至德国，而 2015 年这一数字还为 7 000 万欧元。但是亚马逊并不是影响德国图书对外贸易唯一的因素，德国世界画报集团（Weltbild-Gruppe）在破产后放弃了本国的物流业务，同时扩大了在捷克的物流服务，但是这一效应需要在 2017 年的数据中才能体现出来。2016 年，中国下降至德国第四大图书进口国，长期以来中国一直是德国图书进口第二大贸易伙伴，进口额同比下降 5%。2016 年德国从整个亚洲的进口额仅占全部进口额的 8.7%，而五年前的 2012 年这一数字还为 19.5%。

2016 年德国印刷品出口总额为 20.8 亿欧元，比 2015 年略有降低。图书在出口业务中同样扮演着重要的角色，但 2016 年相较于 2015 年图书出口额有所下降，为 13.31 亿欧元；图画书作为唯一有所增长的印刷品类别，2016 年出口额为 4.103 亿欧元。（见表 8）

---

① 目前只更新至 2016 年的数据。

② 包括图书、图画书、报纸、期刊图画书和乐谱。

表 8 2012—2016 年印刷品对外贸易情况

单位：万欧元

年份 \ 类别	图书	图画书	报纸[①]	期刊	乐谱	制图产品	总计
进口							
2016	115 647.8	4 513.3	292.2	28 089.3	1 249.8	1 999.4	156 344.9
2015	105 683.8	4 259.7	556.2	25 063.6	1 133.8	2 424.1	143 237.4
2014	70 070.8	4 022.8	649.1	27 907.2	1 130.5	1 946.3	109 095.9
2013	56 304.0	3 908.9	807.4	32 980.0	969.9	1 900.2	99 228.4
2012	57 893.2	4 352.1	958.5	36 225.1	995.7	1 716.2	105 224.0
出口							
2016	137 055.0	4 102.9	4 867.0	52 038.5	2 102.9	1 730.4	207 778.2
2015	137 803.1	3 862.9	5 136.3	54 180.6	2 494.1	1 932.3	211 324.5
2014	127 817.3	3 725.6	5 768.8	57 090.2	2 108.8	1 946.5	204 229.1
2013	117 328.7	3 574.9	6 127.4	62 284.4	2 250.5	2 459.1	199 137.2
2012	117 848.8	3 009.9	6 526.6	66 915.6	2 332.7	2 596.8	204 594.8

资料来源：《图书与图书贸易数据》

亚马逊的配送政策不仅影响到德国印刷品的进口，同样也影响了出口，因为从波兰和捷克寄给德国客户的图书，首先要从德国的出版社出口至波兰和捷克，因此 2015 年起波兰成为德国第一大出口对象国，2016 年对波兰的图书出口额又增长了 2.8%，达到 2.92 亿欧元，而 2012 年还仅有 2 200 万欧元。除此之外，奥地利和瑞士由于同为德语国家，依然是德国印刷品最大的出口国。不出意外，2016 年捷克从第 8 位上升至第 5 位，图书出口额为 8 800 万欧元，比 2015 年的 4 800 万欧元增长了 80.7%。（见表 9）

表 9 2016 年排名前 10 位的图书进出口对象国

单位：万欧元

排名	进口对象国		出口对象国	
	国别	金额	国别	金额
1	波兰	48 573.6	波兰	29 183.4
2	捷克	15 190.6	瑞士	23 330.2
3	英国	13 168.6	奥地利	22 637.9
4	中国	8 546.2	英国	14 729.6

① 包括那些每周至少出版 4 次的印刷品。

续表

排名	进口对象国		出口对象国	
	国别	金额	国别	金额
5	意大利	6 237.7	捷克	8 752.6
6	美国	5 886.9	美国	6 165.5
7	法国	3 344.0	法国	6 120.8
8	瑞士	2 956.2	荷兰	5 049.1
9	奥地利	2 429.6	意大利	3 769.3
10	斯洛伐克	2 127.2	西班牙	2 640.1

资料来源：《图书与图书贸易数据》

（2）翻译图书

2017 年德国共出版翻译图书 10 358 种，比 2016 年的 10 496 种下降 1.3%。2008—2013 年间，德国出版的翻译图书一直保持在 11 400~11 900 种之间，2014 年和 2015 年这一水平开始下降，尽管 2016 年有所回升，但仍然没有恢复到过去的水平。如果从翻译图书在新版图书中所占份额来看，2008 年到 2017 年间，这一比例基本保持得比较稳定，2017 年翻译图书在新版图书中所占份额为 12.5%，其中初版的翻译图书 9 890 种，比 2016 年增加 8 种，占德国所有初版图书的 13.6%。

就语种而言，2017 年德国翻译图书中排在前四位的来源语为英语、法语、日语和意大利语。英语图书依然是德国翻译图书中最重要的外语图书，2017 年 64.2% 的翻译图书译自英语图书，基本与 2016 年持平。2017 年译自英语的翻译图书共计 6 347 种，其中 2 522 种为纯文学类图书，而全部纯文学类初版的翻译图书为 3 720 种，译自英语的纯文学类图书占据了总数的约 67.8%。另外，排名第二的为译自法语的图书，2017 年初版共 1 136 种，占全部初版翻译图书的 11.5%，比去年增加了 70 种，而译自法语的纯文学类图书初版总数为 341 种，比 2016 年多了近 100 种，占纯文学类翻译图书总数的 9.2%，创造了新的纪录，而这一成绩和法国是 2017 年法兰克福书展的主宾国有关。2016 年排在第四位的荷兰语 2017 年降至第六位，2017 年译自荷兰语的图书共出版 177 种，而 2016 年的爆发式增长也与其法兰克福书展主宾国的身份有关。日语自 2009 年起一直排在德国翻译图书来源语的前十位，2017 年译自日语的图书共出版 612 种，比 2016 年略有下降，占总数的 6.3%，但是在纯文学类翻译图书中只占了 0.7%，大部分的日语源语图书为漫画。而汉语 2017 年再次回归前 20 名的排行榜中，

2017 年译自汉语的翻译图书共出版 37 种。

从图书类别上看，2017 年纯文学类翻译图书共初版 3 720 种，在翻译图书中所占比重为 37.6%；2017 年有儿童和青少年类初版翻译图书 1 809 种，比 2016 年有所下降。另外一个翻译图书市场的中坚力量是连环画类图书，2017 年有 78.4% 的初版连环画图书译自其他语种，共计 1 501 种，比 2016 年增加近 100 种。

（3）版权输出

2017 年德国共输出版权 7 856 项，比 2016 年的 7 310 项增长了 7.5%，而对于近年来的版权输出业务，2007 年的业绩一直都被拿来作为参照，当年的版权输出共计 9 225 项，而自此之后，都没有超越这一成绩。从十年来的数据来看，德国的版权输出业务并不是持续稳定地增长，而是呈波浪式的趋势。十年来波动的不仅是版权输出的数量，其对象国的排名也并不稳定，2017 年排名前十位的德国版权输出对象国分别为中国、土耳其、西班牙、捷克、法国、意大利、俄罗斯、荷兰、匈牙利和韩国，其中，中国已经连续多年排名第一，其他国家的排名每年都略有不同。

就语种而言，2017 年德国版权输出对象语言排名前五位的依次是汉语、土耳其语、西班牙语、俄语和捷克语。前五名的语种在德国版权输出总量中所占份额分别为 16.1%、6.6%、6.0%、5.5% 和 4.8%，汉语连续五年位列第一，但 2017 年在德国版权输出总量中所占份额比 2016 年有所降低。

就图书类别而言，2017 年儿童和青少年类图书依然是德国版权输出的重要支柱，为 3 037 项，其中所占份额最大的图画书为 1 236 项，基本保持了 2016 年的水平；另外一个重要的种类是非小说类通俗读物（包括图画书），共输出 453 项，比 2016 年有所降低。而纯文学类图书的版权输出由 2016 年的 1 157 项增长至 1 294 项，其中主要被译作英语 104 种、土耳其语 77 种、法语 92 种和意大利语 119 种。

就地域而言，2017 年德国向欧洲输出的版权数量有所增加，由 2016 年的 4 644 项增加至 2017 年的 5 358 项。作为德国出版社最大的版权输出伙伴，欧洲一直保持着其不可撼动的地位，占据德国版权输出总数的 68.2%。2017 年，土耳其超过西班牙，成为德国在欧洲市场的第一版权输出国，共输出 522 项，而 2016 年还为 308 项，这主要是因为 2016 年 11 月，德国参加了伊斯坦布尔国际图书展，促进了德国对土耳其的版权输出业务在 2017 年的飞速发展。西班牙由 2016 年的第二名降至 2017 年的第三名，共向其输出 444 项版权；捷克继续保持第四的位置，共向其输出版权 375 种，比 2016 年略有增加；而荷兰，在 2015 年和 2016 年未排进德国前十大版权输出国，2017 年再度上榜，以 326 项位居第八位。2017 年，德国在东欧地区的版权输出业务也积极向前发展，尤其是儿童和青少年文学类图书的版权输出业务，比如 2017 年共向匈牙利输出该类图书版权 212 项，向罗马尼亚输出 195 项。东欧地区德国版权输出业务伙伴的前三名分别是土耳其、俄罗斯和匈牙利。值得一提的是 2017 年德国向爱沙尼亚共输出 107 项版权，比 2016 年的 58 项增长了 84.5%。

2017 年德国向中国的版权输出并没有再次爆发式增长，共输出版权 1 150 项，占全部版权输出的 14.6%，其中，中国对德国儿童和青少年类图书的需求为最高，2017 年德国共向中国输出此类图书版权 514 种，比 2016 年的 782 种有了明显的下降，而这一下降主要源于图画书版权输出的减少，2017 年共向中国输出 32 项，但 2016 年还为 324 项。非小说类通俗读物的需求有所增加，2017 年共向中国输出 165 项，几乎是 2016 年的两倍。

英语国家一直是德国版权贸易的重要市场，在 2015 年的增长过后，2016 年对象语言为英语的版权输出总数仅为 481 种，2017 年又有所下滑，为 369 种。其中对英国的版权输出比较稳定，为 146 种；而对美国的版权输出由 2016 年的 208 种减少至 2017 年的 168 种。纯文学类图书在英语国家的需求也有所降低，2017 年共向英语国家输出 104 种，而 2016 年还为 130 种，但是儿童和青少年文学类图书和非小说通俗类图书的需求略有提高。

4. 电子书市场情况

2017 年德国电子书的销量继续走高，但是销售额却有所降低。在过去的几年里，电子书市场的营业额持续增长，2017 年首次出现降低的情况。

2017 年德国电子书的销售额共占整个出版市场销售额的 4.6%，与 2016 年保持同样的水平。但是其绝对值相较于 2016 年下降了 1.4%。2017 年德国共出售电子书 2 910 万册，比 2016 年增加了近 100 万册，但是电子书销售额的发展与销量的发展并不是携手并肩，因为电子书的价格在不断降低。2017 年德国电子书的平均价格为 6.38 欧元，比 2016 年降低了 34 欧分，从 2010 年起，德国电子书的平均价格逐年降低，当时电子书的平均价格还为 10.71 欧元，比现在的平均价格高了将近 4 欧元。而电子书的降价也是迫于一些压力的影响，如价格低廉甚至免费的独立出版电子书、免费下载的共享作品、“统一价格模式”的一些读书平台。2017 年 6 月，电商亚马逊（Amazon）推出了“最好的阅读”（Prime Reading）为“Prime”会员提供免费的阅读服务。此外，一些新兴的电商平台也在推出一些包月付费的阅读服务。为了保护德国图书交易的多样性和防止恶性竞争，2016 年 9 月 1 日起，德国开始施行《图书价格约束法》（Buchpreisbindungsgesetz），该法案也对电子书的价格进行了约束，但是采取“统一价格模式”的平台作为例外。“统一价格模式”与大量的下载客户端也在德国的书店中带来了巨大的竞争，托里诺联盟（Tolino-Allianz）表明，如果二者能够合作，将会从电子业务的大蛋糕中分得一块。这一联盟成立于 2013 年，由德国网上书店塔利亚（Thalia）与德国胡根杜贝尔书店（Hugendubel）、德国世界报出版集团（Weltbild）、贝塔斯曼读书俱乐部共同成立，联手电子书阅读器 Tolino，共同形成了自己的阅读器系列，与亚马逊的 Kindle 形成了强烈竞争，如今德国有 2 000 家书店使用 Tolino，除此之外还有来自荷兰、比利时、奥地利、意大利和瑞士的加盟伙伴。

根据捷孚凯消费者调查的结果显示，2017 年 82% 的电子书销售额来自纯文学类电子书，儿童和青少年电子书的销售额占 5%，指导类电子书的销售额占比增加了 1 个百分点，由 2016 年的 6% 增长至 7%。非小说类通俗读物和词典类电子书的销售额占比为 5%，旅游类电子书的销售额占比达到了 1%。（见图 1）

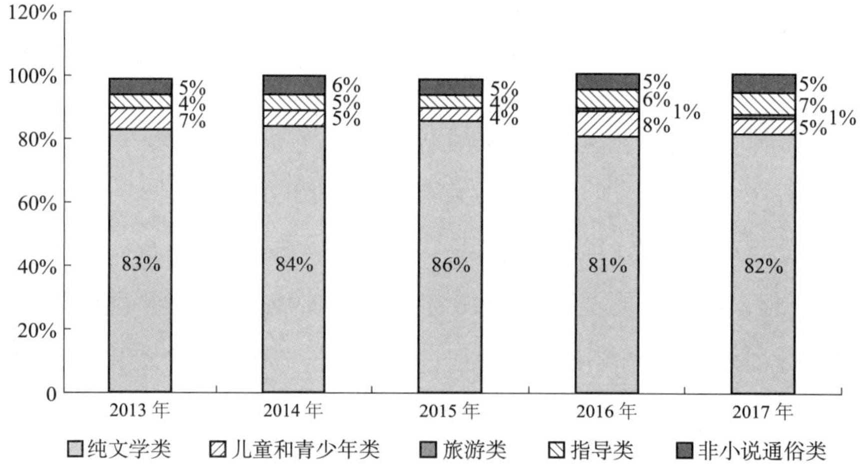

图 1　2013—2017 年电子书分类销售额占比

5. 企业数量情况

据《德语区书业黄页》（Adressbuch für den deutsch-sprachigen Buchhandel），2017年德国有约20 000家出版发行企业，其中约14 200企业为出版社或出版机构，约占四分之三。德国联邦统计局的销售税统计对年销售额（不含增值税）在1.75万欧元以上的企业进行统计调查[①]，从总体来看，无论是出版社、图书零售企业还是图书和专业期刊零售企业，总体数量都有所减少。2016年德国有缴税义务的图书出版社共2 034家，其中，455家出版社年销售额在1.75万~5万欧元之间，属于销售额最低的级别；20家出版社年销售额在5 000万欧元以上，属于销售额最高的级别。2016年德国有缴税义务的图书零售企业共3 682家。其中有将近一半的企业集中在销售额10万~25万欧元和25万~50万欧元之间，分别为929家和902家；销售额较低级别的图书零售企业也不在少数，销售额在1.75万~10万欧元之间的图书零售企业共有887家，而仅有9家企业年销售额超过5 000万欧元。2016年德国有缴税义务的图书和专业期刊零售企业共7 297家。其中有3 848家企业年销售额在10万~50万欧元之间；有27家企业年销售额在500万~1 000万欧元这一高销售级别。（见表10）

表10 2016年有缴税义务的出版发行企业情况[②]

单位：欧元

销售额级别	图书出版社	图书零售商	图书和专业期刊零售企业
1.75万~5万	455	457	1 005
5万~10万	337	430	1 071
10万~25万	426	929	2 143
25万~50万	244	902	1 705
50万~100万	192	625	895
100万~200万	127	196	295
200万~500万	110	79	112
500万~1 000万	60	24	—

① 此数据只更新至2016年。

② 不包括销售额（不含增值税）在1.75万欧元以下的企业。

续表

销售额级别	图书出版社	图书零售商	图书和专业期刊零售企业
1 000 万~2 500 万	46	24	27
2 500 万~5 000 万	17	7	—
5 000 万及以上	20	9	—
总计	2 034	3 682	7 297

资料来源：《图书与图书贸易数据》

而从地域来看，首都柏林和慕尼黑两座城市在出版发行机构数量上仍然齐头并进的时代已经过去了，2016 年柏林有出版机构 146 家、慕尼黑有出版机构 114 家。2016 年柏林有发行机构 236 家、慕尼黑 123 家，紧随其后的还有汉堡 112 家。

（二）细分出版市场情况

从版本分类来看，德国数字调研先驱媒体控制公司（Media Control）给出的数据显示，2017 年，德国图书出版业的领军者依然是精装书，另外，同样价格较高的平装书与精装书一起，在德国图书出版市场占据着大部分份额。2017 年精装书 / 平装书占全部市场份额的 75.1%，2016 年为 74.8%，2015 年还为 73%，两年内增长了两个百分点。在过去的几年里，精装书 / 平装书的销售额发展也具有波动性，通常与定价和热销书籍有关，比如 2016 年的《哈利 · 波特与被诅咒的孩子》销售 80 万册，但 2017 年则缺少具有如此冲击力的书籍。2017 年口袋书在总销售额中所占的份额有轻微的降低，由 2016 年的 21.9% 下降至 21.8%，其营业额相较于 2016 年下降了 6.8%，这一下降背后的原因主要来自电子书的竞争。同样下降的还有有声读物的市场份额，由 2016 年的 3.3% 下降至 3.1%。

从内容分类上看，2017 年德国图书出版业总销售额中，纯文学类图书占 31.9%，比 2016 年略有提升，纯文学类图书也是口袋书销售的一个最重要的支柱，约占口袋书总销售额的近七成，同时占有声读物总销售额的四成左右；儿童和青少年类图书占 16.3%，占精装书 / 平装书总销售额的 17.1%，在有声读物总销售额中占 43.9%；指导类图书共占 14.3%，在精装书 / 平装书总销售额中的比重约占 17.1%；教材教辅占总销售额的 11% 左右，非小说类通俗读物约占 10%，在精装书 / 平装书总销售额中的比

重均超过一成。（见表 11）

表 11 2015—2017 年各类图书在总销售额中所占比重①（按版本划分）

单位：%

类别	总计			精装书 / 平装书			口袋书			有声读物		
	2015 年	2016 年	2017 年	2015 年	2016 年	2017 年	2015 年	2016 年	2017 年	2015 年	2016 年	2017 年
纯文学类	32.0	31.5	31.9	20.1	20.4	21.0	68.1	68.4	68.2	40.0	39.6	40.3
儿童和青少年类	15.3	16.5	16.3	15.7	17.2	17.1	9.7	9.9	9.9	42.7	44.0	43.9
旅行类	5.7	5.7	5.9	7.2	6.9	7.1	2.0	2.4	2.4	0.4	0.4	0.4
指导类	14.8	14.5	14.3	17.9	16.9	16.6	6.7	7.4	7.4	5.7	6.0	6.1
人文、艺术、音乐类	4.3	4.8	4.6	5.2	5.8	5.5	1.5	1.6	1.6	3.5	3.8	3.6
自然科学、医药、信息和技术类	4.3	3.8	3.8	5.8	4.9	4.9	0.3	0.3	0.3	0.2	0.2	0.2
社会科学、法律和经济类	2.8	2.5	2.5	3.0	2.9	2.9	2.7	1.7	1.7	0.4	0.3	0.2
教材教辅	10.4	10.9	10.9	13.9	14.3	14.2	0.6	0.8	0.8	3.1	2.7	2.5
非小说类通俗读物	10.3	9.8	9.8	11.3	10.8	10.7	8.2	7.5	7.8	3.9	3.0	2.9
总计	100.0	100.0	100.0	100.0	100.0	100.0	100.0	100.0	100.0	100.0	100.0	100.0

资料来源：《图书与图书贸易数据》

具体说来，纯文学类图书占德国图书市场销售额的 31.9%，稳居第一位。

在纯文学类图书市场上，叙事文学分别占精装书 / 平装书、口袋书和有声读物的五成左右，悬疑类图书占精装书 / 平装书的两成，占口袋书和有声读物的三成。2017 年在纯文学类图书市场中，叙事文学占 52.7%，基本保持着 2016 年的水平。排在第二位的悬疑类图书的市场份额大约是前者的一半，为 25.0%，也比 2015 年有所下降。悬疑类图书的市场份额基本也保持了 2016 年的水平，为 5.5%，而这一类别的图书市场潜力还很大。另外，2017 年连环画、卡通、幽默和讽刺类图书也扮演着重要的角色，其市产份额占到了 8.5%。（见表 12）

① 仅包含零售图书贸易、百货商店现金销售额和电子商务。

表 12　2015—2017 年纯文学类图书内部销售额比重 ①

单位：%

类别	总计			精装书 / 平装书			口袋书			有声读物		
	2015 年	2016 年	2017 年	2015 年	2016 年	2017 年	2015 年	2016 年	2017 年	2015 年	2016 年	2017 年
叙事文学	53.4	52.1	52.7	53.4	50.3	50.9	54.1	54.6	55.2	46.3	44.4	46.0
悬疑类	26.4	25.6	25.0	20.7	21.5	20.3	31.1	29.1	29.5	32.0	32.3	32.1
科幻类	5.1	5.5	5.5	4.3	4.6	4.8	6.0	6.4	6.1	4.4	6.9	6.6
混合选集	0.1	0.1	0.2	0.1	0.1	0.2	0.1	0.1	0.1	0.3	0.6	0.4
抒情诗、剧本	1.0	1.1	1.1	1.0	1.0	1.1	1.1	1.2	1.2	0.7	0.7	0.6
双语类	0.3	0.4	0.4	0.5	0.6	0.5	0.2	0.3	0.3	0.1	0.1	0.1
连环画、卡通、幽默和讽刺类	7.7	8.4	8.5	8.1	8.9	9.5	6.6	7.4	6.8	15.7	14.8	14.0
礼品书	5.9	6.8	6.6	12.0	13.0	12.7	0.7	1.0	0.7	0.5	0.3	0.3
总计	100.0	100.0	100.0	100.0	100.0	100.0	100.0	100.0	100.0	100.0	100.0	100.0

来源：《图书与图书贸易数据》

排名第二位的依然是儿童和青少年类图书，2017 年其销售额比 2016 年减少了 0.2%，仍是除纯文学类图书外德国图书出版业中最重要的图书种类之一。在这一大类别下，11 岁以下（含 11 岁）儿童读物所占份额最高，为 28.2%；图画书超过了 12 岁以上（含 12 岁）青少年读物，排在第二位，占全部儿童和青少年类图书的 21.4%；12 岁以上青少年读物所占比重有所下降，由 21% 下降至 18%。另外，非小说类通俗读物 / 图画书的市场份额有所提升，由 9.3% 增长至 10.1%。（见表 13）

表 13　2015—2017 年儿童和青少年图书类内部销售额比例 ②

单位：%

类别	总计			精装书 / 平装书			口袋书			有声读物		
	2015 年	2016 年	2017 年	2015 年	2016 年	2017 年	2015 年	2016 年	2017 年	2015 年	2016 年	2017 年
图画书	19.1	19.6	21.4	24.5	24.2	26.4	2.2	2.7	2.6	4.5	4.0	4.4
朗读类图书、童话、寓言、韵文、歌曲类图书	6.6	6.3	6.2	5.3	5.1	5.1	1.1	1.1	1.1	23.7	24.1	24.0

① 仅包含零售图书贸易、百货商店现金销售额，以及电子商务。

② 仅包含零售图书贸易、百货商店现金销售额，以及电子商务。

续表

类别	总计			精装书 / 平装书			口袋书			有声读物		
	2015 年	2016 年	2017 年	2015 年	2016 年	2017 年	2015 年	2016 年	2017 年	2015 年	2016 年	2017 年
婴幼儿读物、学前读物	6.6	5.7	5.6	7.0	6.1	6.1	1.6	1.5	1.5	10.5	8.9	7.6
11 岁以下（含 11 岁）儿童读物	27.9	27.4	28.2	24.6	24.2	25.6	31.3	32.3	30.7	46.8	48.4	49.0
12 岁以上（含 12 岁）青少年读物	21.6	21.0	18.0	15.8	16.7	12.9	59.9	55.5	54.7	8.8	8.0	7.9
自传类读物	0.2	0.1	0.1	0.2	0.1	0.1	0.2	0.1	0.2	0.1	0.1	0.1
非小说类通俗读物 / 图画书	9.0	9.3	10.1	11.2	11.2	12.0	1.1	1.4	1.8	3.9	4.8	5.2
游戏类图书、学习类图书	9.1	10.5	10.4	11.4	12.4	11.7	2.7	5.3	7.6	1.7	1.7	1.7
总计	100.0	100.0	100.0	100.0	100.0	100.0	100.0	100.0	100.0	100.0	100.0	100.0

资料来源：《图书与图书贸易数据》

指导类图书的市场份额在 2017 年继续下降。在指导类图书中，饮食类图书一直是最重要的门类，2017 年饮食类图书在指导类图书中所占份额为由 2014 年的 31.4% 下降至现在的 25.6%。在饮食类图书中，主题食谱的销售额所占份额最大，占饮食类图书的 41.7%；排名第二位的是健康饮食类图书，所占份额为 18.8%，而 2015 年还为 13.7%；排在第三位的是综合烹饪类 / 基础烹饪类图书，所占份额为 11.6%；除了饮食类图书外，指导类图书中比较重要的几类图书为健康类图书、生活帮助 / 日常类图书、爱好 / 房屋类图书。（见表 14）在爱好类图书中，成人绘画指导图书在过去的两年里成为指导类图书最受欢迎的主题。

表 14　2015—2017 年指导类图书内部销售额比例[①]

单位：%

类别	总计			精装书 / 平装书			口袋书			有声读物		
	2015 年	2016 年	2017 年	2015 年	2016 年	2017 年	2015 年	2016 年	2017 年	2015 年	2016 年	2017 年
爱好、房屋	13.1	14.5	13.1	14.4	16.0	14.6	3.9	4.0	3.3	0.9	0.6	0.6
自然	9.2	9.5	9.5	10.1	10.5	10.6	2.2	2.6	1.9	1.0	1.0	0.9

① 仅包含零售图书贸易、百货商店现金销售额，以及电子商务。

续表

类别	总计			精装书 / 平装书			口袋书			有声读物		
	2015 年	2016 年	2017 年	2015 年	2016 年	2017 年	2015 年	2016 年	2017 年	2015 年	2016 年	2017 年
汽车、飞机、船、太空飞行	3.0	3.0	3.0	3.4	3.4	3.4	0.3	0.3	0.3	0.0	0.0	0.0
体育	3.6	4.0	3.6	3.9	4.2	4.2	1.8	2.6	2.9	0.4	0.4	0.3
饮食	30.8	26.5	25.6	34.4	29.9	28.9	4.2	3.4	3.1	0.9	1.3	0.6
健康	18.3	17.7	18.4	17.2	16.9	17.6	22.9	21.1	21.3	48.1	46.6	43.2
精神方面	4.4	4.4	4.1	3.6	3.6	3.4	10.3	9.4	8.5	15.0	14.2	13.1
生活帮助、日常	14.7	17.3	19.4	10.5	12.8	14.8	47.7	50.2	52.3	32.0	34.4	39.7
法律、职业、经济	2.9	3.1	3.2	2.4	2.8	2.9	6.7	6.3	6.3	1.7	1.5	1.6
总计	100.0	100.0	100.0	100.0	100.0	100.0	100.0	100.0	100.0	100.0	100.0	100.0

资料来源：《图书与图书贸易数据》

在非小说类通俗读物中，受特朗普执政、贸易战、移民政策讨论和右派民粹主义等热点时政话题的影响，政治、社会和经济类图书成为需求较大的图书，所占份额为 31.3%，比 2016 年又有所增长。历史类图书在 2017 年的市场份额又有增长，由 2016 年的 16.5% 增长至 2017 年的 18.8%。词典和工具类图书在全部非小说类通俗读物中所占的份额逐年下降，由 2016 年的 11.5% 下降至 2017 年的 11.1%。自然与科技类图书比 2016 年有轻微的增长，为 10.3%，排在非小说类通俗读物中的第四位。（见表 15）

表 15　2015—2017 年非小说类通俗读物图书内部销售额比例[①]

单位：%

类别	总计			精装书 / 平装书			口袋书			有声读物		
	2015 年	2016 年	2017 年	2015 年	2016 年	2017 年	2015 年	2016 年	2017 年	2015 年	2016 年	2017 年
词典、工具书	12.5	11.5	11.1	14.0	12.5	12.3	7.0	7.0	5.7	3.5	5.2	5.2
哲学、宗教	7.4	8.2	7.2	7.4	8.0	6.5	7.6	9.0	10.5	6.4	9.5	9.4

① 仅包含零售图书贸易、百货商店现金销售额，以及电子商务。

续表

类别	总计			精装书 / 平装书			口袋书			有声读物		
	2015 年	2016 年	2017 年	2015 年	2016 年	2017 年	2015 年	2016 年	2017 年	2015 年	2016 年	2017 年
心理学、人类学等	8.5	8.9	9.5	7.7	7.8	8.9	11.8	13.5	12.1	9.4	13.2	12.6
历史	15.3	16.5	18.8	14.7	16.8	19.1	18.1	15.4	17.1	8.3	15.7	17.3
艺术、文学	7.7	6.3	5.3	8.0	6.4	5.1	6.7	5.6	6.0	3.1	3.0	4.4
音乐、电影和戏剧	6.3	8.2	6.6	6.3	8.7	6.9	4.1	4.9	4.9	34.0	20.7	13.9
政治、社会和经济	33.1	30.5	31.3	31.8	29.1	30.5	39.3	37.5	35.2	24.8	21.5	22.5
自然和科技	9.2	10.0	10.3	10.1	10.6	10.6	5.4	7.1	8.6	10.5	11.2	14.8
总计	100.0	100.0	100.0	100.0	100.0	100.0	100.0	100.0	100.0	100.0	100.0	100.0

资料来源：《图书与图书贸易数据》

（三）细分发行市场情况

2017 年德国图书市场总销售额按最终零售价格估算为 91.31 亿欧元，同比下降 1.6%。根据德国图书交易协会每年进行各类图书零售渠道的统计，主要涉及综合性图书零售点、出版社直销、邮购图书贸易（含互联网图书贸易）、其他销售点、百货商场和会员制图书俱乐部。主要情况如下：

综合性图书零售点在经过 2016 年销售额的下降之后，2017 年销售额继续下滑，同比下降 2%，销售额共计 43.04 亿欧元，占德国图书市场总销售额的 47.1%。2017 年出版社直销渠道销售额保持了 2016 年的水平，以 19.42 亿欧元的销售额成为第二大销售渠道；邮购图书贸易（含互联网图书贸易）销售额比 2016 年有所下滑，其中只有互联网图书贸易的销售额在 2017 年增长了 1.5%，也是 2017 年德国图书贸易各销售渠道中唯一有增长的渠道，而传统的邮寄图书（不含电商）销售额在 2016 年大幅增长了 37.5% 后，2017 年又下降了 20.9%。（见表 16）

表 16　2016—2017 年图书贸易企业销售额[①] 及份额

单位：亿欧元

类别	2016 年		2017 年	
	销售额	份额	销售额	份额
综合性图书零售点	43.92	47.3%	43.04	47.1%
其他销售点	9.35	10.1%	8.92	9.8%
百货商场	1.31	1.4%	1.27	1.4%
邮购图书贸易（含互联网图书贸易）	18.49	19.9%	18.41	20.2%
出版社直销	19.42	20.9%	17.12	18.8%
会员制图书俱乐部	0.27	0.3%	0.26	0.3%
共计	92.76	100%	91.31	100%

资料来源：《图书与图书贸易数据》

百货商场 2016 年销售额结束了连续几年来下滑的局面，同比增长了 16.3%，占全部图书销售市场的 1.4%，但 2017 年其销售额又有所下降，比 2016 年下降了 3.7%，但在全部图书销售额中所占的比例不变。会员制图书俱乐部销售额也有轻微的下降，但其下降的速度远低于前几年，2017 年约减少了 5%。其他销售点，如折扣店、超市或加油站，2017 年销售额比 2016 年也降低了 4.6%，在全部图书销售额中所占的份额也由 2016 年的 10.1% 降至 9.8%。

德国火车站的图书销售在过去几年中基本保持着稳定的增长，但是 2017 年其销售额有所下降，根据德国铁路股份有限公司（Deutschen Bahn AG）的报告，2017 年德国火车站图书贸易销售额共计 4.14 亿欧元，同比减少 2.1%，但火车站图书贸易企业数量和营业面积相较于 2016 年都有所减少，分别为 289 家和 52 969 平方米。在众多公司中，瓦罗拉公司（Valora）依然是德国火车站和飞机场图书贸易的领跑者，共有 160 家书店，并在持续进行着同一渠道的收购，对于这家鲁尔区有着百年历史的公司的收购行为，也表明了图书行业的集中化进程。（见表 17）

① 按最终零售价格计算。

表 17　2013—2017 年德国火车站图书贸易情况

年份	企业数量	营业面积（平方米）	企业平均营业面积（平方米）	营业额（百万欧元）	企业平均营业额（千欧元）
2013	319	55 937	175.4	432	1 353
2014	309	54 850	177.5	408	1 320
2015	306	57 420	187.6	416	1 359
2016	301	54 219	180.1	423	1 405
2017	289	52 969	183.3	414	1 432

资料来源：《图书与图书贸易数据》

三、期刊业发展状况

根据德国期刊出版商协会（Verband Deutscher Zeitschriftenverleger，简称 VDZ）的年度大会报告，2017 年在德国 14 岁以上的公民中有 94% 的受访者阅读期刊，其中 14~19 岁的青少年中有 87% 的受访者经常阅读期刊，期刊阅读是除了电视之外受众最广的活动。

（一）公共期刊

在对 57 种杂志品牌的调查中，平均每期纸质期刊有 218 万读者，每期电子期刊有 209 万读者，其中有 24.2 万读者会同时阅读两种版本的期刊，此三项数据相较于 2016 年都有所增长。2017 年德国共售出公共期刊 17 亿册，平均每个德国人在 2017 年购买 20 册公共期刊。

2017 年德国共出版公众期刊 1 607 种，其中 90 种为初版期刊，37 种停刊。据统计，2017 年德国公众期刊每季度平均发行量（包括电子期刊）为 9 170 万册，比 2016 年同比下降 3%，其中定期订阅总量为 4 410 万册，单期零售总量为 3 390 万册，分别比 2016 年下降了 0.1% 和 3.9%。

2017 年，公共期刊出版社的营业额共计 27 亿欧元，期刊出版社的营业额中有 57% 来自纸质期刊，20% 来自数字期刊，23% 来自其他业务，2018 年期刊出版社期望扩大其营业额的来源，特别是数字期刊和其他业务的业务领域。从期刊出版社 2018 年的发行计划来看，有 46% 的出版社将会发行新的纸质期刊，27% 的出版社会发行阶段性期刊。

2017 年德国期刊出版社的广告业务面临更加严峻的竞争。根据媒体研究企业尼尔森公司（Nielsen GmbH）对于德国媒体广告宣传支出的市场份额的调查，2017 年德国媒体市场广告总支出约为 318.67 欧元，其中排名第一位的依然是电视，共计 153.07 亿欧元，同比增长 1.4%；第二是报刊，共计 49.03 亿欧元，同比下降 0.5%；第三位是公共期刊，共计 34.03 亿欧元，同比下降 1.6%；第四位是互联网，共计 29.92 亿欧元，同比增长 2.3%；户外、广播、专业期刊和手机的媒体市场广告花费都有所增加，特别是手机广告花费比 2016 年增长了 39.3%。

（二）专业期刊

2017 年德国专业媒体继续发展，根据德国专业期刊联合会（Deutsche Fachpresse）公布的数据，德国专业媒体出版社营业额相比去年增长 4.6%，共计 76.5 亿欧元，但其中纸质专业期刊的营业额有所下降，为 42.6 亿欧元，同比下降 0.9%；数字化专业期刊、展会业务和服务业务增长强劲，营业额分别为 24.2 亿欧元、5.8 亿欧元和 2.4 亿欧元，比 2016 年分别增长 12.5%、17.9% 和 12.6%。

2017 年德国共新增初版专业期刊 5 627 种，同比增长 2.2%，共发行专业期刊 5.14 亿册，同比增长 1.1%。2017 年德国专业期刊共发行 6.36 亿册，比 2016 年下降 0.3%。

（三）大宗期刊批发

德国联邦书报杂志批发商协会（Bundesverband Deutscher Buch-，Zeitungs-und Zeitschriften-Grossisten e.V.，Presse-Grosso）[①] 的年度调查显示，2017 年德国大宗期刊批发传媒公司共有 46 家，其中西部 32 家，东部 14 家；直接参与期刊出版的公司有 11 家，其中西部 5 家，东部 6 家。2017 年年度期刊大宗批发销售总额为 20.26 亿欧元，与去年相比减少了 6.1%，其中，西部期刊大宗批发销售总额为 16.97 亿欧元，东部为 3.29 亿欧元。全国平均每家公司销售额为 4.4 亿欧元，销售总量为 15.83 亿册，同比下降 10.7%；期刊供货销售点总量为 104 438，期刊总类约 6 000 种，平均现货种类约为 1 850 种；单期杂志平均价格为 1.28 欧元。

① 联邦书报杂志批发商协会于 1950 年 7 月 20 日在科隆成立，其成员都是在经济领域从事批发业务的媒体批发商。该协会旨在维护其成员在应对公共机构、供应商、零售业务伙伴以及相关协会时的权益，包括精神权益、经济权益和媒体政治权益。

参考文献

1.《图书与图书贸易数据》（Buch und Buchhandel in Zahlen）.

2.《德国印刷媒体工业联盟年度报告 2016—2017》（Bvdm Jahresbericht 2016—2017）.

3. Verband Deutscher Zeitschriftenverleger.www.vdz.de.

4. Deutsche Fachpresse.www.deutsche-fachpresse.de.

5. Bundesverband DeutscherBuch-，Zeitungs-und Zeitschriften-Grossisten e.V.www.pressegrosso.de.

6. 德国联邦统计局官网 www.destatis.de.

［作者单位：戴姆勒集团（中国）］

2017 年俄罗斯出版业发展报告

王卉莲

一、出版业发展背景

2014 年经济危机的影响犹在，俄罗斯民众生活水平下降，实际收入减少，各类开支缩减。近年来，在居民媒体使用时间方面，图书阅读时间有所增加，杂志阅读时间略有下降。与此同时，俄罗斯网民快速增加，主要动力来源于各地区和中老年群体，网民青睐手机阅读和听书。互联网、移动客户端等新媒体给传统出版业带来了一定的冲击。为帮助出版业健康发展，应对不利的市场环境，适应新的市场竞争，俄罗斯政府相继出台了一系列出版发行领域、文学领域、阅读相关领域的扶持政策，对上述领域进行重点扶持，取得了较好的成效。

（一）经济环境

俄罗斯科学院社会中心的数据显示，47% 的受访者表示，2014—2016 年经济危机给他们带来了重要的或惨重的损失，50% 的受访者总体生活水平下降，40% 的受访者不再休假，近三分之一的受访者就医次数减少；2017 年，表示不再节约的受访者比例有所增加，为 10%，经济状况良好的受访者比例由前一年的 35% 降至 28%，青年受访者经济状况良好的比例为 39%，为 2014 年 10 月以来的最低值，这首先跟自 2017 年春居民实际收入减少有关；与经济危机前相比，50% 的受访者表示，生活水平下降是经济危机带来的主要变化，受访者中有 47% 减少了服装鞋子的支出，有 44% 减少了休养旅行的支出，有 39% 减少了可长期使用的贵重物品的支出，有超过三分之一减少了食品与休闲的支出。

（二）政策环境

1. 出版发行领域扶持政策

在联邦目标纲要《俄罗斯文化（2012—2018）》框架下，多年来联邦出版与大众传媒署对出版领域具有重要社会意义的项目、对俄罗斯作者作品译成外语提供国家资助。2017 年对出版领域具有重要社会意义的项目资助总额共计 10 338 万卢布，资助了来自 34 个地区的 248 家出版社，共计 526 项具有重要社会意义的图书出版项目，其中文化艺术类图书 68 种，少年儿童图书 63 种，科学类与科技类图书 88 种，教材与教学法类图书 21 种，文化艺术类图书 94 种，社会题材图书 90 种，参考类、百科全书类图书 18 种，纪念日类图书 51 种，共和国民族自治出版机构的图书 33 种。2017 年共拨款 6 160 万卢布，资助涉及 33 种俄联邦各民族语言的 116 部作品翻译成外语。此外，还拨款 2 240 万卢布用来提升俄罗斯文学艺术类作品在国外的影响力。

在国家纲要《信息社会（2011—2020 年）》框架下，联邦出版与大众传媒署为推广本国文学和阅读提供财政支持，共计开展 167 项相关活动，其中包括：国家图书竞赛“年度图书”、第 13 届全俄各地区各州图书竞赛“故乡”、第 10 届全俄图书插图竞赛“图书样式”、第 14 届独联体成员国国际竞赛“图书艺术”、国际青年朗诵者竞赛“生动的经典”、全俄竞赛“最佳阅读地区”、圣彼得堡国际图书沙龙、莫斯科国际图书博览会，等等。

2017 年，联邦出版与大众传媒署组织国内出版机构赴国外参加各类书展，如明斯克国际图书博览会、伦敦国际书展、华沙国际书展、德黑兰国际书展、北京国际图书博览会、法兰克福国际书展、贝尔格莱德国际书展、赫尔辛基书展、巴黎图书沙龙、博洛尼亚国际儿童书展、阿斯塔纳欧亚国际图书博览会、马德里书展、布拉季斯拉夫“图书馆—教育学”国际图书博览会等。参展期间，设立俄罗斯国家展台，展示俄罗斯历史与文化类图书、古典与当代俄罗斯文学艺术作品，以及教材、教育类图书和学术图书。此外，还在境外组织三场俄罗斯文学节：2017 年 2 月至 3 月在德国举办“阅读俄罗斯作家”文学节，5 月在纽约举办俄罗斯文学节，6 月在基什尼奥夫举办国际青年作家节。

2. 文学领域扶持政策

近二十年来，俄罗斯形成了稳定的多层次的奖励资助体系。国家奖项主要资助包括作家在内的文化活动家，主要有俄罗斯联邦文学与艺术国家奖、俄罗斯联邦少儿文学与艺术作品总统奖、俄罗斯联邦文化政府奖、俄罗斯联邦扶持文学与艺术领域全国性艺术项目政府奖。鉴于俄罗斯尚未有专门扶持作家的奖项，2017 年夏，联邦出版与大众传媒署提议对俄罗斯联邦文化政府奖的章程进行修订，规定每年该奖现有 12 个奖项中的 3 个应授予那些以新颖创新著称的文学作品。此外，还有些资助文学家的非政府奖项，如"大书"（Большая книга）文学奖、"全国畅销书"（Национальный бестселлер）文学奖、"俄罗斯布克"（Русский Букер）文学奖、"启蒙者"（Просветитель）奖、"皇村"（Лицей）奖等。"皇村"奖是 2017 年新设立的奖项，由乐天集团俄罗斯分部、俄罗斯图书协会、联邦出版与大众传媒署、高尔基文学院、文学艺术类杂志协会、本国文学扶持中心、《俄罗斯报》《文学报》创立，旨在发现、鼓励有才华的青年散文家和诗人，延续普希金的文学传统。俄罗斯图书协会会长斯捷帕申任该奖监察委员会主任。

为发掘文学新秀，自 2000 年起联邦出版、广播电视与大众传媒部（后来此项工作由联邦出版与大众传媒署承担）提议在莫斯科市郊召开俄罗斯、独联体国家及国外青年作家国际论坛，在论坛框架下为来自俄罗斯各地区的青年才俊举办作家技能学校，有些青年已经成为全国知名作家，如扎哈尔·普里列宾、谢尔盖·沙尔古诺夫、阿利萨·加尼耶娃、亚历山大·斯涅吉廖夫、丹尼斯·古茨科等。后来，在此基础上，联邦出版与大众传媒署提议将对青年作家的培养制度化，成立全俄作家技能学校，通过研讨会、技能班等形式从俄罗斯各地区选拔优秀青年作家加以重点培养。

2015 年俄罗斯文学年结束后，文学年组委会重组为俄联邦文学、出版、阅读扶持组委会，国家杜马主席纳雷什金任组委会主任。该委员会提议联邦出版与大众传媒署起草各民族语言文学作品翻译学校方案，编辑出版 2016—2018 年各民族的当代散文、诗歌、儿童文学选集。后来出台了《俄罗斯联邦各民族文学作品扶持计划》，成立了联邦编辑委员会、52 个地区编辑委员会，出版、推广优秀民族文学作品。计划实施主要涉及以下三个方面：一是在俄罗斯历史上首次编辑出版俄罗斯各民族文学作品选集。2017 年 4 月出版《俄罗斯各民族当代诗歌选集》，该书收录 229 位诗人、142 位翻译者的作品，涉及 57 种民族语言。俄罗斯总统普京、俄罗斯联邦委员会主席马特维延科为选集作序；2017 年 8 月出版《俄罗斯各民族当代儿童文学选集》，该书收录 201 位作者写给 12 岁以下儿童的 870 篇作品，译自 55 种民族语言；《俄罗斯各民族当代散文选集》《俄罗斯各民族当代戏剧选集》正在编辑出版中。二是完善各民族语言文学作品翻译学校，培养专业翻译人才，与青年民族文学作家一起工作。召开各民族语言翻译者研讨会“家乡图书”，第一届于2016年9月在塔吉斯坦共和国召开，第二届于2017年9月在萨哈（雅库特）共和国召开。三是采取重要举措推广俄罗斯民族作品，将其纳入俄罗斯文化大环境中。举办各民族文学节，展示各民族优秀作品是推动作家创作最为有效的举措。2017年9月第一届各民族文学节在莫斯科国际图书博览会上举办，该文学节包含47场活动，来自24个联邦主体的各民族文学家参加，参观者超过1.25万人。2017—2018年间《俄罗斯联邦各民族文学作品扶持计划》纳入《俄罗斯国家民族政策战略实施计划》。

3. 阅读相关政策

为落实梅德韦杰夫总理2016年6月11日第ДМ—П39—3482项委托，联邦出版与大众传媒署组织教育、文化、文学、出版与图书馆领域专家起草了《〈俄罗斯联邦少年儿童阅读扶持纲要〉构想》，并于2017年6月3日获俄罗斯联邦政府第1155—p号令批准。该构想指出青少年儿童阅读领域的主要问题，提出《俄罗斯联邦少年儿童阅读扶持纲要》的基本原则、目标、任务、主要方向以及实施阶段等，旨在提升阅读地位，提高阅读积极性，改善阅读质量，培养青少年儿童高尚的国民素质和思想道德品质。

俄罗斯联邦政府责成通信与大众传媒部、联邦出版与大众传媒署与相关联邦执行机构一起起草上述构想的实施方案，并纳入国家纲要《信息社会（2011—2020年）》的子纲要。2017年底子纲要《儿童与青少年阅读》草案起草完毕，并提交相关联邦执行机构协商。2018年该草案提交俄罗斯联邦政府审议。

（三）国民阅读情况

根据Mediascope调查公司的统计数据，2017年俄罗斯16岁以上居民的媒体使用时间约为8小时42分钟/昼夜，较2012年增加了36分钟，增幅为7.4%。在媒体使用总时间中，读书占2.9%，每昼夜约15分钟；读报占1.4%，每昼夜7.2分钟；读刊占1.1%，每昼夜5.7分钟。对照该公司2012年的调查数据，5年间俄罗斯居民的书报刊阅读行为在媒体使用总时间中所占比重增加了0.6个百分点，其中图书阅读增长了1.1个百分点，报纸阅读下降了0.4个百分点，杂志阅读下降了0.1个百分点。

据莫斯科市电话局统计，2017 年上半年，图书阅读流量是上一年同期的 14 倍，浏览图书相关网站和专门的手机插件的流量超过 1 700 太字节（TB）[①] 增长最快的板块是与带有内置图书馆的手机插件相关的图书阅读流量，是上一年同期的 5 倍，占图书阅读流量总额的 30%。最受欢迎的手机插件为 MyBook、Bookmate、MTS 图书（MTC книги）。据 MTS 图书电子图书馆统计，2017 年上半年莫斯科居民读得最多的是侦探小说、现代散文和幻想类小说。增速排名第二的是听书，其所占图书阅读流量份额为 18%。据莫斯科市电话局统计，浏览量最高的图书平台是利特列斯商店、Webreading.ru 互联网图书馆、金牛座（Альдебаран）互联网图书馆。排名第三的板块是不带内置图书馆的图书插件 iBookstore、GooglePlay 和 Kindle Amazon，其图书阅读流量是上一年同期的 3 倍，占图书阅读流量总份额的 10%。

（四）互联网使用情况

据社会舆论基金会（ФОМ）统计，截至 2017 年夏，每昼夜上网一次的居民为 7 040 万人，每周上网一次的居民为 7 850 万人，每月上网一次的居民为 8 180 万人，分别较 2012 年增长 56.1%、41.2%、37.7%。俄罗斯新增网民主要来自各地区，尤其是远东联邦管区、南部联邦管区、伏尔加联邦管区，因为莫斯科和圣彼得堡互联网市场已经处于饱和状态。

据消费品市场研究公司俄罗斯调查分公司统计，2017 年，网民的增长动力主要来自中老年群体，青年群体（16~29 岁）的网络覆盖率马上接近峰值，并且中青年人都更倾向于使用智能手机上网。2015—2017 年间，网民中使用智能手机上网的由 42.1% 增至 51.5%，而使用平板电脑上网的则变化不大，一直保持在 19%。

在 16~29 岁的人群中，网络覆盖率为 98%，其中 83% 通过智能手机上网，33% 通过平板电脑上网；在 30~54 岁的人群中，网络覆盖率为 82%，其中 58% 通过智能手机上网，20% 通过平板电脑上网；在 55 岁以上人群中，网络覆盖率为 36%，其中 14% 通过智能手机上网，7% 通过平板电脑上网。

根据德勤（Deloitte）调查公司的统计数据，网民使用最多的是搜索引擎，在社交网站上浏览新闻、进行交往；其次是浏览图书、听音乐、看电影；在网上购买内容

---

① 1TB=1 000GB。

和软件的，占受访者的 39%；在网上购买电子产品的，占受访者的 22%；在网上购买日用家电的，占受访者的 22%；网上购买最少的是食品、药品和日用化学品；63% 的网民在网上搜索产品和服务，但仅 46% 的网民在网上下单购买；网民网上支出最多的是旅游和酒店费用（79.03 亿美元），其次是时髦产品和美容产品（47.83 亿美元），再次是玩具和兴趣爱好费用（41.75 亿美元）。

二、图书业发展状况

随着经济的复苏，2017 年俄罗斯传统出版业继续回暖，且形势喜人，虽然仍未达到 2008 年水平，但是各项指标同比均实现正增长，有的涨幅高达 15%。学术类、教材类和少年儿童类图书发展态势较为平稳，接近或达到 2008 年水平，而文学艺术类图书印数缩减近六成。尽管俄罗斯数字出版市场发展势头不如前几年强劲，但是其发展水平已接近欧洲平均水平。很多俄罗斯出版机构看好自助出版市场，之前自助出版的一些图书成为畅销书。畅销书作者 Top 10 榜单上，外国作家日益占据俄罗斯文学类图书半壁江山，儿童类畅销书市场则更青睐俄罗斯本土作家。俄罗斯图书发行市场终于以 2% 的增幅止跌企稳，图书平均零售价格逐渐回归正轨。

（一）出版情况

1. 整体情况

据俄罗斯书库统计，2017 年俄罗斯联邦共出版图书和小册子[①]117 359 种，较 2008 年减少 4.8%，较 2016 年增长 0.2%；总印数 4.715 亿册，较 2008 年减少 38.0%，较 2016 年增长 5.6%；总印张 53.885 亿印张，较 2008 年减少 44.6%，较 2016 年增长 14.5%；出版物平均印数 4 017 册，较 2008 年减少 34.8%，较 2016 年增长 5.4%；出版物平均印张数 11.43 印张，较 2008 年减少 10.7%，较 2016 年增长 8.3%；出版物人均占有量 3.20 册，较 2008 年减少 40.2%，较 2016 年增长 5.3%。

综上，2017 年俄罗斯联邦图书和小册子出版形势喜人，除出版种数略有增长外，其他指标也都由上一年的负增长转为正增长，增幅在 5%~15%。但各项指标仍未达到 2008 年的水平。与 2008 年相比，除出版种数、出版物平均印张数降幅在 11% 以内，

① 在俄罗斯，图书和小册子的区别主要在于页数，48 页以上的称为图书，48 页以下的称为小册子。

其他指标降幅都在 40% 左右。（见表 1）

表 1 2008—2017 年图书和小册子出版情况

年份	2008	2009	2010	2011	2012	2013	2014	2015	2016	2017
出版种数（种）	123 336	127 596	121 738	122 915	116 888	120 512	112 126	112 647	117 076	117 359
总印数（百万册）	760.4	716.6	653.8	612.5	540.5	541.7	485.5	459.4	446.3	471.5
总印张（百万印张）	9 729.8	8 042.2	7 889.0	7 009.5	6 186.2	6 388.3	5 325.0	4 904.7	4 707.1	5 388.5
出版物平均印数（册）	6 165	5 616	5 371	4 983	4 624	4 495	4 330	4 078	3 812	4 017
出版物平均印张数（印张）	12.80	11.22	12.07	11.44	11.45	11.79	10.97	10.68	10.55	11.43
出版物人均占有量（册）	5.35	5.05	4.61	4.29	3.77	3.78	3.32	3.14	3.04	3.20

资料来源：联邦出版与大众传媒署、俄罗斯书库

按版次等不同口径统计的俄罗斯出版情况如下：2017 年俄罗斯出版新版书 102 922 种，较 2008 年减少 3.3%，较 2016 年增加 3.5%；印数 3.138 亿册，较 2008 年减少 44.1%，较 2016 年减少 2.9%。再版书 14 437 种，较 2008 年减少 14.8%，较 2016 年减少 18.3%；印数 1.576 亿册，较 2008 年减少 20.9%，较 2016 年增加 27.9%。系列书 51 151 种，较 2008 年减少 0.5%，较 2016 年增加 7.4%；印数 3.704 亿册，较 2008 年减少 17.0%，较 2016 年增加 17.4%。翻译类出版物 15 121 种，较 2008 年增加 6.5%，较 2016 年增加 20.8%；印数 7 020 万册，较 2008 年减少 24.5%，较 2016 年增加 28.1%。由此可见，2017 年俄罗斯新版书、系列书、翻译类出版物出版种数已接近或超过 2008 年水平，但是印数方面仍存在 20%~45% 左右的差距。

与 2008 年相比，2017 年俄罗斯新版书、再版书、翻译类出版物和系列书在出版种数所占比重方面较为稳定，分别为 87%、13%、43%、12%。2008—2017 年，在印数所占比重方面，新版书由 73.8% 降至 66.6%，再版书由 26.2% 增至 33.4%，两者增幅、降幅均为七个百分点；系列书增长幅度最大，约为 20 个百分点，由 58.7% 增至 78.6%；翻译类出版物由 12.2% 增至 14.9%，增长了近 3 个百分点。

从按印数级别统计的图书和小册子出版情况如下：2017 年 1 000 册以下的印数级别出版种数占总量的 55.1%，印数占总量的 4.4%。其中，500 册以下的印数级别出版种数占总量的 47.3%，印数占总量的 2.5%。2017 年 1 000 册以上的印数级别出版种数

占总量的41.9%，印数占总量的95.6%。其中，1 000册至5 000册的印数级别出版种数、印数都约占总量的30%；5 000册至5万册的印数级别出版种数占总量的11.6%，印数占总量的52.8%；5万至10万册的印数级别出版种数占总量的0.5%，印数占总量的14.6%。

近年来，小印数出版物种类在不断增加，印数也略有增加；大印数出版物的种类则日益减少，其印数也有较大程度的缩减。与2008年相比，2017年印数在1 000册以下的图书和小册子出版种数增加了25.8%，印数增加了3.0%。其中，印数在500册以下的图书和小册子出版种数增加了33.7%，印数增加了11.2%。印数在1 000册以上的图书和小册子出版种数减少了30.8%，印数减少了39.1%。其中，印数在5 000册至5万册的图书和小册子出版种数减少了53.7%，印数减少了40.4%。（见表2）

表2　2016—2017年图书和小册子出版情况（按印数级别统计）

印数级别	种数（种）		2017年较2016年（%）	2017年较2008年（%）	印数（百万册）		2017年较2016年（%）	2017年较2008年（%）
	2016年	2017年			2016年	2017年		
500册以下	56 379	55 546	−1.5	33.7	12.0	11.9	−0.8	11.2
500~1 000册	8 567	9 131	6.6	−7.4	8.2	8.8	7.3	−6.4
1 000~5 000册	31 584	35 011	10.9	−12.8	111.1	133.0	19.7	−3.8
5 000~1万册	8 401	8 202	−2.4	−52.0	75.1	81.0	7.9	−42.4
1万~5万册	5 941	5 409	−9.0	−56.1	157.8	167.9	6.4	−39.4
5万~10万册	505	441	−12.7	−53.0	41.4	47.8	15.5	−31.3
10万册以上	160	85	−46.9	−84.6	40.7	21.1	−48.2	−81.7
未注明印数	5 539	3 534	−36.2	293.5	—	—	—	—
合计	117 076	117 359	0.2	−4.8	446.3	471.5	5.6	−38.0

资料来源：联邦出版与大众传媒署、俄罗斯书库

2. 翻译图书出版情况

翻译类出版物一般包括译自外语和民族语言的作品、以外语和民族语言出版的作品。2017年俄罗斯出版的翻译类出版物15 121种，占总出版种数的12.9%，所占比重较2008年减少5个百分点以上；印数7 020万册，占总印数的14.9%，所占比重较2008年增加约1个百分点；涉及外语和民族语言105种，较2016年增加语言9种。

涉及的外语排名前三的依然是英语、法语和德语。在翻译类出版物中，译自英语的作品 9 226 种，印数 4 960 万册，占该类出版物总出版种数和总印数的 60%~65%；译自法语的作品 982 种，印数 530 万册，约占该类出版物总出版种数和总印数的 8%~9%；译自德语的作品 647 种，印数 280 万册，约占该类出版物总出版种数和总印数的 4%~6%。

除译自外语的作品外，2017 年俄罗斯出版 1 563 种由俄语译成其他语种的作品，印数 200 万册；3 393 种以俄罗斯各民族语言和外语出版的作品，涉及语种 85 种，其中出版最多的语种依然是英语，出版 1 108 种，印数 240 万册。

在俄罗斯，可以书写的民族语言约有 100 种。其中，用来出版图书、报纸和杂志的约有 60 种民族语言。用 55 种民族语言出版的作品有 1 048 种，印数 215.89 万册；译自 39 种民族语言的作品 171 种，印数 24.91 万册。上述两类作品中，排名前三的语种均为鞑靼语、巴什基尔语和雅库特语。

3. 细分市场情况

按目的功用划分，俄罗斯出版物主要分为学术类、教材类、文学艺术类和少年儿童类等。2008—2017 年十年间，发展态势最为平稳的是学术类和教材类出版物，出版种数分别保持在 2 万余种、4 万种左右，印数维持在 1 000 万册、2 亿册左右；发展态势较为平稳的是少年儿童类出版物，出版种数保持在 1 万余种，自 2015 年起连续三年品种增长，品种数量超过 2008 年，其印数虽然十年间缩减超过 30%，但是自 2011 年起印数发展趋向稳定，基本维持在 1 亿册左右；发展态势较差的是文学艺术类出版物，印数降幅最大，自 2008 年起一路下滑，缩减近六成，2017 年印数止跌起涨，其出版种数在 2014 年前呈下降趋势，自 2015 年起连续三年品种增长，但均未超过 2008 年水平。

2017 年，俄罗斯出版学术类出版物 23 393 种，较 2008 年增长 12.6%，较 2016 年减少 7.6%，印数 860 万册，较 2008 年减少 14.9%，较 2016 年减少 5.5%；出版教材类出版物 39 039 种，较 2008 年增加 3.7%，较 2016 年减少 3.4%，印数 2.34 亿册，较 2008 年减少 4.1%，较 2016 年增加 18.3%；出版文学艺术类出版物 19 169 种，较 2008 年减少 4.8%，较 2016 年增加 9.3%，印数 6 380 万册，较 2008 年减少 58.6%，较 2016 年增加 13.7%；出版少年儿童类出版物 13 531 种，较 2008 年增加 19.8%，

较 2016 年增加 21.3%，印数 1.027 亿册，较 2008 年减少 31.4%，较 2016 年增加 26.5%。（见表 3、表 4）

表 3　2008—2017 年各类出版物出版种数情况

单位：种

年份 类别	2008	2009	2010	2011	2012	2013	2014	2015	2016	2017
学术类	20 772	24 671	24 070	26 411	25 491	27 120	25 411	26 477	25 308	23 393
教材类	37 659	40 978	39 309	40 446	39 592	41 067	36 860	37 037	40 428	39 039
文学艺术类	20 138	18 729	18 131	18 305	16 624	17 293	14 874	16 303	17 540	19 169
少年儿童类	11 296	10 866	10 938	10 023	10 413	10 950	10 599	10 825	11 159	13 531

资料来源：联邦出版与大众传媒署、俄罗斯书库

表 4　2008—2017 年各类出版物印数情况

单位：百万册

年份 类别	2008	2009	2010	2011	2012	2013	2014	2015	2016	2017
学术类	10.1	11.3	10.0	11.2	10.0	10.1	10.0	10.5	9.1	8.6
教材类	243.9	218.3	229.6	238.8	242.1	244.0	228.6	210.0	197.8	234.0
文学艺术类	154.2	130.8	120.6	106.5	83.2	82.5	61.4	60.2	56.1	63.8
少年儿童类	149.8	145.3	132.0	102.7	99.5	98.5	98.6	100.6	81.2	102.7

资料来源：联邦出版与大众传媒署、俄罗斯书库

4. 畅销书情况

2017 年畅销书作者 Top 10 排行榜排名较 2016 年变化不大。文学类畅销书作者 Top 10 排行榜上，仅有三位作者发生变化：英国小说家莫伊斯、英国侦探小说家契斯、澳大利亚作家罗伯茨被俄罗斯老牌侦探小说作家马里宁娜、美国畅销书作家丹・布朗、美国科幻小说家丹尼尔・凯斯所替代。儿童类畅销书作者 Top 10 排行榜上，仅有两位作者发生变化：丹麦童话作家安徒生、苏俄作家沃尔科夫被苏俄作家乌斯片斯基、俄罗斯儿童作家马利亚连科所替代。

2017 年畅销书作者 Top 10 排行榜若与 2008 年榜单相比，则保留了 5~6 位俄罗斯本土作家。文学类畅销书作者有东佐娃、马里宁娜、乌斯季诺娃、波利亚科娃、维

尔蒙特，儿童类畅销书作者有丘科夫斯基、古里娜、布拉托、斯捷潘诺夫、马尔沙克、诺索夫。

近年来，外国作家日益占据俄罗斯文学类畅销书作者 Top 10 排行榜半壁江山，2016—2017 年上榜外国作者过半数。儿童类畅销书市场似乎更青睐俄罗斯本土作家，上榜外国作家屈指可数，如大仲马、格林兄弟、安徒生、林格伦、J.K. 罗琳等，一次上榜最多不超过 3 人。

文学类畅销书作者榜单上，2017 年排名第一的作者图书出版量仅与 2008 年排名第十的作者相当。2017 年，东佐娃出版图书 98 种，较 2008 年减少 33.3%，印数 134.9 万册，较 2008 年减少 86.2%。与之相比，儿童类畅销书作者的图书出版量变化幅度没有那么大，增减不均。2017 年丘科夫斯基出版图书 181 种，较 2008 年增加 9%，印数 224.5 万册，较 2008 年减少 22.7%。（见表 5、表 6）

表 5　2008 年、2017 年印数最大的文学类畅销书作者排名情况

排名	2008 年	出版种数	总印数（千册）	2017 年	出版种数	总印数（千册）
1	东佐娃（Донцова Д.）	147	9 764.7	东佐娃	98	1 349.0
2	希洛娃（Шилова Ю.）	117	3 748.0	斯蒂芬・金（КингС.）	157	1 259.0
3	乌斯季诺娃（Устинова Т.）	100	3 210.9	布莱伯利（Брэдбери Р.）	106	765.5
4	波利亚科娃（Полякова Т.）	102	2 254.2	马里宁娜	56	752.5
5	阿库宁（Акунин Б.）	79	2 118.0	乌斯季诺娃	45	667.0
6	保罗・柯艾略（Коэльо П.）	40	1 516.0	波利亚科娃	77	637.0
7	维尔蒙特（Вильмонт Е.）	79	1 504.4	雷马克（Ремарк Э.М.）	64	623.5
8	布什科夫（Бушков А.）	93	1 248.7	维尔蒙特	44	589.1
9	马里宁娜（Маринина А.）	102	1 111.2	丹・布朗（Браун Д.）	13	547.0
10	克雷切夫（Колычев В.）	86	1 104.2	丹尼尔・凯斯（Киз Д.）	32	491.0

资料来源：联邦出版与大众传媒署、俄罗斯书库

表 6　2008 年、2017 年印数最大的儿童类畅销书作者排名情况

排名	2008 年	出版种数	总印数（千册）	2017 年	出版种数	总印数（千册）
1	斯捷潘诺夫（Степанов В.）	97	2 903.0	丘科夫斯基	181	2 245.1
2	丘科夫斯基（Чуковский К.）	166	2 612.7	霍利・威布（Вебб Х.）	62	1 234.0

续表

排名	2008 年	出版种数	总印数（千册）	2017 年	出版种数	总印数（千册）
3	布拉托（Барто А.）	109	1 592.8	古里娜	71	871.0
4	古里娜（Гурина И.）	54	1 539.0	乌斯片斯基（Успенский Э.）	88	824.0
5	J.K. 罗琳（Ролинг Дж.）	10	970.2	布拉托	82	736.7
6	米哈尔科夫（Михалков С.）	58	740.1	普希金（Пушкин А.）	101	662.4
7	诺索夫（Носов Н.）	45	606.2	斯捷潘诺夫	60	657.0
8	马尔沙克（Маршак С.）	52	570.0	马尔沙克	99	643.0
9	克雷洛夫（Крылов И.）	57	553.1	马利亚连科(Маляренко Ф.)	25	601.0
10	叶梅茨（Емец Д.）	46	546.2	诺索夫（Носов Н.）	69	571.7

资料来源：联邦出版与大众传媒署、俄罗斯书库

2017 年俄罗斯排名前十位的各类纸质畅销书情况见表 7、表 8、表 9 和表 10。

表 7　2017 年排名前十的本土文学艺术作品情况

排名	作者	书名	出版社	年销量
1	Яхина Г.	Зулейха открывает глаза	阿斯特、叶列娜・舒宾娜编辑部	1 954
2	Рубина Д.	Бабий ветер	埃克斯摩	1 822
3	Акунин Б.	Седмица Трехглазого	阿斯特、风格（Жанры）	1 674
4	Глуховский Д.	Текст	阿斯特	1 188
5	Пелевин В.	iPhuck 10	埃克斯摩	1 140
6	Вильмонт Е.	Вафли по-шпионски	阿斯特	705
7	Водолазкин Е.	Лавр	阿斯特、叶列娜・舒宾娜编辑部	476
8	Маринина А.	Цена вопроса. Том 1	埃克斯摩	463
9	Цыпкин А.	Дом до свиданий и новые беспринцыпные истории	阿斯特、阿斯特列利—圣彼得堡	450
10	Цыпкин А.	Женщины непреклонного возраста и др. Беспринцыпные рассказы	阿斯特	423

资料来源：www.pro-books.ru.

表 8　2017 年排名前十位的外国文学艺术作品情况

排名	作者	书名	出版社	年销量
1	乔治·奥威尔	1984	阿斯特、新古典主义（Neoclassic）	3 010
2	格里高利·罗伯兹	项塔兰（两卷本）	字母、字母—阿季古斯	2 457
3	赫胥黎	美丽新世界	阿斯特、新古典主义	1 188
4	尤·奈斯博	焦渴者	字母	1 057
5	丹尼尔·凯斯	献给阿尔吉侬的花束	埃克斯摩、多米诺（Домино）	898
6	尼尔·盖曼	美国众神	阿斯特	708
7	丹尼尔·凯斯	24 个比利（*The Minds of Billy Milligan*）	埃克斯摩	684
8	格里高利·罗伯兹	山之影（全套两本）	字母、字母—阿季古斯	682
9	萨普科夫斯基（Сапковский А.）	魔法师（Ведьмак）	阿斯特列利、新古典主义、阿斯特	655
10	贝尔顿	我是胖吉猫	埃克斯摩	654

资料来源：www.pro-books.ru.

表 9　2017 年排名前十位的非小说作品情况

排名	作者	书名	出版社	年销量
1	Лабковский М.	Хочу и буду.Принять себя,полюбить жизнь и стать счастливым	阿里平纳	4 854
2	Ильяхов М.,Сарычева Л.	Пиши,сокращай.Как создавать сильный текст	阿里平纳	2 207
3	Викинг М.	Hegge.Секрет датского счастья	蜂鸟（КоЛиБри）	2 108
4	Марш Г.	Не навреди.Истории о жизни,смерти и нейрохирургии	埃克斯摩	2 001
5	Рэнд А.	Анлант расправил плечи（комплект из 3 книг）	阿里平纳	1 528
6	Кови С.Р.	Семь навыков высокоэффективных людей.Мощные инструменты развития личности	阿里平纳	1 476
7	Кехо Дж.	Подсознание может все!	集成曲（Попурри）	1 245
8	Петрановская Л.	Тайная опора.Привязанность в жизни ребенка	阿斯特	1 230
9	Мэнсон М.	Тонкое искуссво пофигизма.Парадоксальный способ жить счастливо	阿里平纳	1 218
10	Эндерс Д.	Очаровательный кишечник.Как самый могущественный орган управляет нами	埃克斯摩	1 092

资料来源：www.pro-books.ru.

表 10 2017 年排名前十位的儿童类作品情况

排名	作者	书名	出版社	年销量
1	Ренцетти Р.,Хирш А.	Гравити Фолз. Дневник 3	埃克斯摩、自由（Freedom）	3 350
2	Пайнс Д.,Пайнс М.	Гравити Фолз.Дневник Диппера и Мэйбл. Тайны,приколы и веселье нонстоп!	埃克斯摩	1 632
3	Стовелл Л.	Секреты человека(детская энциклопедия)	知更鸟（Робинс）	1 162
4	Роулинг Дж.К.,Тиффани Дж.,Торн Д.	Гарри Поттер и проклятое дитя.Части 1 и 2.Специальное репетиционное издание сценария	黄凤蝶	1 014
5	Бундин В.	Куда торопятся машины?	言语（Речь）	828
6	Ульева Е.	Энциклопедия для малышей в сказках.Все,что ваш ребенокдолжен узнать до школы	凤凰、提示人（Суфлер）	771
7	Пушкин А.	Сказки	罗斯曼	737
8	Гераскина Л.	В стране невыученных уроков	罗斯曼	687
9	—	Школьные «приколы»(сборник рассказов)	茶炊	607
10	Флит М.В.	Гав	黄凤蝶、字母—阿季古斯	607

资料来源：www.pro-books.ru

www.pro-books.ru 网站在奥逊和利特列斯销售数据基础上进行了汇总分析，得出的 2017 年俄罗斯排名前十位的电子书情况见表 11。

表 11 2017 年排名前十位的电子书情况

排名	作者	书名	出版社
1	Талеб Н.Н.	Антихрупкость. Как извлечь выгоду из хаоса	字母—阿季古斯
2	乔希·考夫曼	在家就能读 MBA（Сам себе MBA.Самообразовение на100%）	马恩、伊万诺夫与费伯尔
3	Батырев М. (Комбат)	45 татуировок менеджера.Правила российского руководителя	马恩、伊万诺夫与费伯尔
4	Рэнд А.	Атлант расправил плечи	阿里平纳
5	Левитае А.М.	Экспресс-маркетинг.Быстро,конкретно,прибыльно	马恩、伊万诺夫与费伯尔
6	Саттон Р.	Не работайте с м*даками.И что делать,если они вокруг вас	马恩、伊万诺夫与费伯尔
7	尤·奈斯博	雪人（Снеговик）	外国文学（Иностранка）、字母—阿季古斯
8	萨普科夫斯基	魔法师	阿斯特列利、新古典主义、阿斯特
9	格里高利·罗伯兹	项塔兰	字母—阿季古斯
10	罗伯特·清崎（Кийосаки Р.）	富爸爸穷爸爸（Богатый папа,бедный папа-Чему учат детей богатые родители-и не учат бедные!）	文摘媒体（Digest Media）、集成曲

资料来源：www.pro-books.ru

（二）数字出版情况

俄罗斯数字出版市场由 B2C 和 B2B 两部分构成。B2C 领域涵盖电子书和听书，B2B 涵盖电子图书馆系统。2017 年俄罗斯数字出版总量约占俄罗斯纸质图书和电子图书市场总量的 4.6%，其发展水平已接近欧洲平均水平（5%~6%）。尽管如此，由于俄罗斯电子书市场增速放缓，电子图书馆系统市场发展不景气，整个数字出版市场发展势头不如前几年强劲。根据《书业》杂志的调查数据，2017 年俄罗斯数字出版市场总量为 35.7 亿卢布，较上一年增长 14.4%。其中，电子书市场总量 24.7 亿卢布，较上一年增长 12.3%；听书市场总量 6.5 亿卢布，较上一年增长 54.8%；电子图书馆系统市场总量 4.5 亿卢布，较上一年减少 10%。

1. 电子书市场情况

2017 年电子书销售在各地区都实现了快速增长，其中克拉斯诺达尔边疆区、萨马拉州、鞑靼斯坦、巴什基尔斯坦、阿尔泰边疆区和萨尔托夫州尤为突出。莫斯科和圣彼得堡依然是电子书销量的领头羊。电子书出版市场上的两大巨头依然是利特列斯和 Google Play。

利特列斯公司拥有约 87 万种电子书（文本类电子书 85.3 万种，听书 1.3 万种），其中 25%~30% 为俄语图书。文学艺术类图书是其供货目录的基础，约占总品种的 51%。2017 年最受读者欢迎的电子书为侦探小说、幻想小说和现代诗歌；听书中非小说类题材最受青睐，包括商务类图书、心理类图书和健康类图书等。2017 年电子书每周浏览量约为 45 万次（文本类电子书 41.1 万次，听书 3.5 万次），其中 14.8 万浏览量为付费内容。公司开展旨在推广文学与阅读的社会教育类项目，在莫斯科、圣彼得堡以及各地区的大型火车站、地铁站等设有手机图书馆，用户只需扫描二维码或登录链接就阅读文学作品。

2011—2017 年俄罗斯电子书平均售价一直低于纸质图书平均售价，约为纸质图书平均售价的一半。近年来，由于电子书平均售价涨幅大于纸质图书，两类图书之间的价格差距不断缩小。2017 年纸质图书平均定价约为 225 卢布，纸质图书平均售价约为 266 卢布，电子书平均售价约为 174 卢布。近年来纸质图书和电子书价格情况见表 12。

表 12　2011—2017 年俄罗斯纸质图书和电子书价格情况

单位：卢布

年份	纸质图书平均定价	纸质图书平均售价	电子书平均售价	纸质图书平均售价 / 电子书平均售价（%）
2011	101.70	158.71	72.46	219
2012	104.21	160.83	78.60	205
2013	107.73	164.84	92.68	178
2014	124.43	191.09	97.65	177
2015	157.40	217.18	99.00	219
2016	189.58	256.87	113.90	225
2017	225.10	266.36	173.52	153

资料来源：《俄罗斯图书市场 2010—2020》项目数据、2011—2018 年每年 8—9 月或 2 月的专家调研、《书业》杂志分析

2. 听书市场情况

听书日益成为俄罗斯数字出版市场上最具发展潜力的板块。2017 年，瑞典互联网—听书订阅服务商 Storytel 登陆俄罗斯，月订阅服务费 449 卢布。Storytel，2009 年成立，截至 2017 年 7 月项目受众共计约 50 万人，2017 年第一季度公司盈利 2 000 万美元，资本总额约 4.01 亿美元。公司俄罗斯分部致力于推出俄语内容，俄罗斯合作伙伴有阿里平纳、里波尔—经典作家、字母—阿季古斯以及埃克斯摩—阿斯特出版集团旗下的听书项目等。

3. 电子图书馆系统情况

相对于数字出版 B2C 领域的快速增长，俄罗斯电子图书馆系统发展遭遇瓶颈期，市场总量连年下降，近 5 年来该市场总量基本上以每年缩减 5 000 万卢布的态势不断缩减。

2017 年俄罗斯电子图书馆系统的主要市场参与者有直接媒体有限责任公司（ООО Директ Медиа）旗下的大学图书馆在线（Университетская библиотека онлайн）、Гэотар 媒体公司旗下的学生答疑（Консультант студента）电子图书馆、因夫拉—姆出版社旗下的 ZNANIUM.Com、IPR 媒体有限责任公司旗下的 IPRbooks、电子图书馆（eLibrary）、兰（Лань）出版社旗下的电子图书馆等。

据 2018 年 2 月《书业》杂志的专家调查显示，最活跃的电子图书馆系统订户有莫斯科维特大学、俄罗斯国立社会大学、奥伦堡国立大学、秋明国立大学、车里雅宾

斯克国立大学、维亚特卡国立大学。

4. 自助出版情况

近年来，俄罗斯自助出版获得了快速发展，但尚未对传统出版构成威胁。据《生意人》出版社专家估算，俄罗斯自助出版市场总量在 1 000 万至 1 亿卢布之间。

Ridero 是俄罗斯自助出版市场的新秀，2013 年成立，提供图书制作、发行服务，帮助作者在线上对图书进行排版，在利特列斯、亚马逊、Bookmate 等平台进行数字化分销，在奥逊网上书店进行按需印刷销售。Ridero 创立者卡西亚年科表示，公司的投资目前尚未能收回。公司经营采取免费增值模式，即包括模板、电子书格式转换、分销形式选择等服务可免费享受，印制、校对、封面设计、插图、有声书录制等附加服务需额外收取费用。公司订单平均收费约 60 欧元（约合 4 100 卢布）。公司成立三年来共出版图书 2.28 万种，其中 17.9% 来自国外订单。2016 年服务盈利 66.5 万欧元（约合 4 940 万卢布），2017 年上半年收入快速增加，是 2016 年上半年的 3.6 倍。盈利中 45% 来自订单的印刷费用，22% 来自电子书和纸质书在网上书店的销售费用（其中纸质书占 26%，电子书占 74%）。2017 年 8 月公司排名前 100 的畅销书月均销量为 128 册，最高销量为 1 000 册，半年最高销量为 7 700 册；销售提成平均为 6 300 卢布，最高的达到 5.94 万卢布。

尽管自助出版市场销售指标不高，但是很多俄罗斯出版机构看好这一市场。2016 年，俄罗斯电子书市场巨头利特列斯进入该市场。目前，自助出版约占该公司销售额的 4%。起初，自助出版商直接与作者联系，随着出版机构对自助出版的逐步接纳，利特列斯公司开始转向与出版机构签订合同，获取图书的封面、翻译方面的电子出版权，并开始调整定价政策。仅在纸质书不再出版或出版机构不打算再版的情况下才与作者直接联系。

在出版机构的助力下，之前自助出版的一些图书成为畅销书。埃克斯摩—阿斯特出版集团出版的化名 Эли Фрей 和 Кристина Старк 的图书就是佐证。两位女作家在社交网站“链接”（ВКонтакте）上出版作品，并形成了自己的小圈子。阿斯特决定出版图书时，小圈子各有 3 000 名订户，之后分别有 2.7 万、2.2 万名订户。出版后，Эли Фрей 的《我的最佳敌人》（Мой лучший враг）印数达 3.5 万册，后续还在不断加印。Кристина Старк 的《翅膀》（Крылья）印数为 2 万册。

（三）发行情况

1. 整体情况

据《书业》杂志统计，2017 年俄罗斯纸质图书市场总量（不含财政补助机构采购额）约为 576.7 亿卢布，较上一年增长 3.12%，依然得益于传统书店和网上书店销售的 11% 的增长，虽然增幅较上一年有所放缓，两者都下降了近 10 个百分点；俄罗斯纸质图书市场总量（含财政补助机构采购额）为 739 亿卢布，较上一年增加 2.4%，主要原因在于图书馆、中小学、高校等财政补助机构销售渠道指标的增长；图书市场总量（含纸质图书和电子图书）共计 774.7 亿卢布，较上一年增加 2.9%。（见表 13）

表 13　2011—2017 年俄罗斯图书市场总量

单位：亿卢布

渠道＼年份	2011	2012	2013	2014	2015	2016	2017
书店（含地区连锁书店）	268.5	260.2	272.9	269.8	300.3	315.7	310.9
联邦连锁书店	109.8	88.7	78.6	80.3	72.2	85.2	94.9
网上书店	54.9	59.3	62.7	69.3	79.7	96.4	107.4
报刊亭	38.6	39.7	29.9	21.3	11.3	8.1	7.9
非专业图书零售（含超市）	64.7	69.5	59.6	66.7	54.8	53.8	55.6
小计	536.5	517.4	503.7	507.4	518.3	559.2	576.7
财政补助机构（图书馆、中小学、高校）	205.3	204.2	219.3	196.4	179.5	147.2	149.8
其他销售（直销、团体客户、订购出版物、订阅出版物、俱乐部等）	64.0	66.5	56.9	51.3	37.8	15.1	12.5
小计	805.8	788.1	779.9	755.1	735.6	721.5	739.0
数字出版（B2B+B2C）	3.15	5.6	11.0	15.0	22.5	31.2	35.7
合计	809.0	793.7	790.9	770.1	758.1	752.7	774.7

资料来源：《书业》杂志

近年来，俄罗斯纸质图书发行市场总量在 750 亿至 800 亿卢布上下浮动，2016 年较 2011 年减少 10.5%，年均降幅在 2% 左右，2017 年终于以 2% 的增幅止跌企稳。尽管俄罗斯纸质图书发行市场呈萎缩态势，但是市场表现一直比较稳定，这有赖于图书价格的持续上涨。2011—2013 年各类图书平均零售价格年均涨幅保持在 2% 左右，2014—2016 年受经济危机、卢布贬值的影响，图书平均零售价格快速上涨，年均涨幅在 15% 左右。2017 年随着经济的复苏，图书平均零售价格逐渐回归正轨，涨幅为 3.7%，接近经济危机爆发前的增长幅度。近年来图书市场各渠道和各主题板块图书平均零售价格情况见表 14、表 15。

表 14　2011—2017 年图书市场平均零售价格情况

单位：卢布

渠道（不含财政补助机构采购）\年份	2011	2012	2013	2014	2015	2016	2017
书店	160.27	161.08	164.32	193.86	221.25	263.23	275.57
网上书店	198.36	204.14	196.21	238.72	260.82	298.28	285.05
非专业图书零售（含超市）	111.34	115.87	116.02	123.57	132.10	151.33	175.82
平均零售价格	158.71	160.83	164.84	191.09	217.18	256.87	266.36
较上一年变动幅度	—	1.3%	2.5%	15.9%	13.7%	18.3%	3.7%

资料来源：埃克斯摩出版社、《书业》杂志

表 15　2015—2017 年主题板块和市场渠道的平均零售价格情况

单位：卢布

主题板块	独立书店						超市			网络渠道		
	地区[①]			莫斯科								
	2015 年	2016 年	2017 年	2015 年	2016 年	2017 年	2015 年	2016 年	2017 年	2015 年	2016 年	2017 年
文学类作品	247.79	271.88	294.40	308.22	315.76	404.83	121.09	127.12	125.49	326.95	314.76	301.24
儿童类作品	176.66	199.81	209.42	269.46	264.96	319.55	113.13	146.58	186.30	328.95	345.40	322.09
实用类作品[②]	212.13	290.51	305.68	406.43	430.60	485.64	183.00	197.33	236.02	277.44	269.21	263.01
教育类作品[③]	230.73	271.61	207.55	412.82	392.28	360.84	230.89	192.39	210.06	219.01	240.91	253.37
专业类作品	172.25	198.65	280.92	302.56	251.04	355.72	119.73	99.84	113.51	289.62	292.52	288.32

资料来源：埃克斯摩出版社、《书业》杂志

2017 年，俄罗斯图书发行市场上，儿童类作品、文学类作品、教育类作品表现最好，分别占据四分之一左右的市场份额，专业类作品和实用类作品各占 10% 的市场份额。

---

① 远东联邦管区、西伯利亚联邦管区、伏尔加联邦管区、中央联邦管区、西北联邦管区、南部联邦管区、乌拉尔联邦管区。

② 包括居家—生活—休闲、烹饪、心理、医学、秘籍。

③ 包括中小学教材、大学教材、科普图书、词典。

五年间，教育类作品、儿童类作品发展态势喜人，所占发行市场份额分别增加了 10 个和 5 个百分点，而文学类作品、专业类作品和实用类作品所占市场份额则各减少了 2 个百分点。（见表 16）

表 16　2013—2017 年各主题板块图书占据发行市场份额情况

单位：%

主题板块＼年份	2013	2014	2015	2016	2017
文学类作品	27.93	24.15	25.90	26.14	25.86
儿童类作品	21.25	22.90	25.00	24.23	26.28
教育类作品	13.56	15.56	20.77	24.17	23.92
实用类作品	11.80	12.22	8.65	8.99	9.86
专业类作品	12.21	11.46	10.60	10.74	10.24
其他	13.25	13.71	9.08	5.73	3.83

资料来源：埃克斯摩出版社、《书业》杂志

2. 各发行渠道情况

俄罗斯图书发行渠道主要分批发和零售两大块。俄罗斯的图书批发职能实际上是由图书批发公司、图书零售企业、出版机构共同完成的。目前，一些俄罗斯大型图书批发公司兼做馆配、零售或网上书店业务。俄罗斯主要的图书批发商和馆配商情况见表 17。

表 17　俄罗斯主要的图书批发商和馆配商

城市	名称	经营范围	品种数			
			2009.4	2016.2	2017.2	2018.1
莫斯科	阿马杰乌斯（Амадеос）	零售、批发	20 000***	约 45 000**	约 45 000**	约 45 000**
	36.6 图书俱乐部（Книжный клуб«36.6»）	批发	21 500***	超过 30 000**	超过 30 000**	超过 30 000**
	因夫拉—姆（Инфра-М）	批发、馆配	50 547*	23 701*	超过 20 000**	超过 20 000**
	林荫道（Лабиринт）	批发、零售	143 635*	超过 100 000**	超过 100 000**	超过 100 000**
	欧米伽—尔（Омега-Л）	批发、馆配、网上书店	48 594*	200 568*	196 054*	158 461*
	格兰德—法伊尔（Гранд-Фаир）	馆配	40 000***	约 100 000**	约 100 000**	约 100 000**
	图书馆中央配送处（Бибком）	馆配	超过 100 000**	超过 100 000**	超过 100 000**	超过 100 000**

续表

城市	名称	经营范围	品种数			
			2009.4	2016.2	2017.2	2018.1
莫斯科	阿布里斯（Абрис）	批发	30 000***	超过 25 000**	超过 30 000**	超过 30 000**
	尤拉伊特（Юрайт）	批发	15 070*	超过 50 000**	不详	不详
圣彼得堡	商务—报刊(Бизнес-Пресса)	批发、零售、馆配	80 000***	595 261*	595 261*	595 261*
阿尔汉格尔斯克	阿夫弗图书（АВФ-книга）	批发	80 000***	超过 80 000**	超过 80 000**	超过 80 000**
顿河畔罗斯托夫	罗斯托夫图书(Ростовкнига)	批发	75 000**	55 000**	55 000**	55 000**
	大师（Магистр）	零售	96 063**	79 339**	92 003**	97 398**
沃罗涅日	阿米塔利（Амиталь）	零售、批发	81 700**	61 369**	62 947**	超过 60 000**
萨马拉	基维（Киви）	零售、批发	80 000***	191 445**	184 710*	6 195*
	梅季达（Метида）	零售、批发	54 278*	83 851*	363 059*	373 287*
车里雅宾斯克	国际服务（Интерсервис）	零售、批发	55 719*	52 020*	45 967*	约 30 000*
叶卡捷琳堡	柳姆纳（Люмна）	零售、批发	60 000***	75 000**	37 397*	36 953*
新西伯利亚	埃科尔图书（Экор-книга）	零售、批发	54 832*	超过 50 000**	不详	不详
伊尔库斯克	普罗达利特（ПродаЛитЪ）	零售、批发	90 000***	超过 200 000*	超过 200 000*	约 200 000*
哈巴罗夫斯克	米尔斯（Мирс）	零售、批发	30 000***	282 355*	357 313*	411 707*
彼得罗巴甫洛夫斯克—勘察加	奇普 科然（ЧП «Кожан С.П.»）	零售、批发	60 000**	不详	不详	不详

*——公司可供书目、报价单、公司网站上的品种数

**——公司对外宣称所拥有的品种数

***——专家估算

资料来源：公司资料、专家估算

俄罗斯图书零售发行渠道主要涉及书店、联邦连锁书店、报刊亭、非专业图书零售机构、网上书店五大块。据《书业》杂志对 2017 年俄罗斯图书零售渠道所占市场份额的统计，书店依然占据市场主导地位，占 53.9%，较上一年减少 2.5 个百分点；网上书店占 18.6%，较上一年增加 1.4 个百分点，稳居第二；联邦连锁书店占 16.5%，较上一年增加 1.3 个百分点；非专业图书零售机构份额保持不变，占 9.6%；报刊亭零售网络略有下降，占 1.4%。

2017 年，俄罗斯书店（含地区连锁书店）市场总量为 310.9 亿卢布，同比减少 1.5%；联邦连锁书店市场总量为 94.9 亿卢布，同比增加 11.4%。联邦连锁书店主要由隶属大型出版机构或发行机构的图书连锁店构成。2009—2018 年间，表 18 所列主要

连锁书店数量由 845 家增至 1 151 家，增长了 36%。2013—2014 年由于字母连锁书店的大规模关闭，连锁书店总数减少了 25%。2014—2015 年连锁书店新开分店数量寥寥可数，仅增加了 5%。2016—2017 年连锁书店新增分店数量快速增长，主要得益于阅读吧—城市—咬文嚼字者连锁书店的扩张，2016 年 2 月至 2017 年 2 月他们新开书店 87 家，2017 年 2 月至 2018 年 1 月他们新开书店 101 家。

就门店数量而言，目前排名前三的图书连锁店出资方依然是埃克斯摩、图书林荫道、米尔斯，截至 2018 年 1 月，分别拥有 528 家、88 家、63 家门店。目前俄罗斯主要的连锁书店情况见表 18。

表 18　俄罗斯主要的连锁书店

排序	出资方	品牌	门店数量				
			2009.4	2015.2	2016.2	2017.2	2018.1
1	埃克斯摩	新书屋—阅读吧城市—咬文嚼字者（Новый книжный-Читай-город-Буквоед）	131	295	359	439	528
		其中：新书屋（Новый книжный）	66	33	19	12	—
		其中：咬文嚼字者（Буквоед）	35	75	91	116	139
		其中：阅读吧—城市（Читай—город）	30	175	249	311	389
		非品牌商店	—	12	—	—	—
2	阿斯特	字母（Буква）、从 А 到 Я（От А до Я）	314	122	102	—	—
3	图书林荫道（Книжный Лабиринт）	图书林荫道	30	36	84	95	88
4	莫斯科市政府（Правительство Москвы）	莫斯科图书之家联合中心（ОЦ Московский Дом книги）	38	42	31	26	24
5	瓦季姆 · 德莫夫（Учредитель Вадим Дымов）	共和国（Республика）	8~9	16	20	24	29
6	图书铺（Книжная лавка，加里宁格勒）	图书铺	18	25	28	24	30
7	阿夫弗图书（АВФ-книга，阿尔汉格尔斯克）	中央图书之家（Центральный дом Книги）、铅笔（Карандаши）、专用文献（Спецлит）、读书人（Грамотей）、图书码头（Книжная пристань）	20	13	18	18	18
8	阿米塔利（Амиталь，沃罗涅日）	阿米塔利	31	36	36	36	31
9	大师（Магистр，顿河畔罗斯托夫）	大师	23	21	24	25	27
10	罗斯托夫图书（Ростовкнига，顿河畔罗斯托夫）	火炬（Факел）、图书铺（Книжная Лавка）、图书之家（Дом Книги）、图书（Книги）、图书世界（Книжный Мир）、知识（Знание）	15	15	14	14	14
11	阿伊斯特—普列斯（Аист-Пресс，喀山）	阿伊斯特—普列斯、最爱图书（Любимый книжный）	25~30	21	36	35	37

续表

排序	出资方	品牌	门店数量				
			2009.4	2015.2	2016.2	2017.2	2018.1
12	佩加斯（Пегас，喀山）	图书之家、图书+（Книга+）	34	42	45	49	54
13	梅季达（Метида，萨马拉）	梅季达	17~18	18	20	20	23
14	恰科纳（Чакона，萨马拉）	恰科纳	12	24	27	31	37
15	柳姆纳（Люмна，叶卡捷琳堡）	生动语言（Живое слово）	10	18	23	24	26
16	亚里士多德（Аристотель，新西伯利亚）	BOOK-LOOK、BOOK`ля、伊凡·费尔多罗夫（Иван Фёдоров）、马可·奥勒留（Марк Аврелий）、柏拉图（Платон）、小普林尼（Плиний Младший）、老普林尼（Плиний Старший）、索克拉特（Сократ）、西塞罗（Цицерон）、笛卡尔（Декарт）	4	22	22	22	23
17	普罗达利特（ПродаЛитЪ，伊尔库茨克）	普罗达利特	37	45	47	51	54
18	米尔斯（Мирс，哈巴罗夫斯克）	米尔斯、知识（Знание）、书写与阅读（Пиши-Читай）	38	45	55	57	63
19	海滨图书之家（Приморский дом Книги，海参崴）	海滨图书之家	32	39	46	44	39

资料来源：上述公司数据

图 1　俄罗斯连锁书店“阅读吧—城市”

2017 年报刊亭售书市场总量为 7.9 亿卢布，同比减少 2.5%，缩减幅度放缓，发展态势趋向稳定。近年来报刊亭数量大幅减少，报刊亭售卖商品定价较低是影响这一渠道发展的主要因素。与出版商合作的报刊亭运营商主要有：阿里阿—证据与事实（АРИА-АиФ）、共青团真理报、地铁普列斯—第一带（Метропресс-Первая полоса）、铁路普列斯—格普（Желдорпресс-ГП）、好消息（Хорошие новости）、罗斯印刷（Роспечать）等。

2017 年非专业图书零售机构市场总量为 55.6 亿卢布，同比增加 3.3%。非专业图书零售机构一般位于超市、儿童用品连锁店和兴趣用品连锁店等。其图书品种主要为儿童类和文学艺术类图书，占该渠道图书零售额的七成。（见表 19）儿童类图书平均零售价格约为 178 卢布，文学艺术类图书平均零售价格约为 123 卢布。（见表 20）中小学知识考点参考书、袖珍侦探小说和健康生活类图书是较受欢迎的类别。2017 年该渠道图书销售册数减少 13.7%，依赖各主题板块图书价格的飙升，市场总量才较上一年略有增长。在非专业图书零售机构这一渠道在出版机构总销售额中所占比重方面，尽管字母—阿季古斯、三叶草（Клевер）、埃克斯摩、阿斯特、俄罗斯埃格蒙特等主流出版社的平均值为 14%~15%，但是很多出版机构预计 2018—2019 年减少这一渠道的图书推广力度，集中力量做好传统书店和网上书店这两个渠道。

表 19　2017 年快速消费品连锁店中各类图书销售额比重情况

单位：%

图书类别	比重
儿童类	38.9
文学艺术类	32.8
实用类	18.3
教育类	5.1
专业类	1.7
其他	3.2
合计	100

资料来源：埃克斯摩出版社

表 20　2014—2017 年快速消费品连锁店中图书平均零售价格情况

单位：卢布

图书类别	欧尚				麦德龙				OK			
	2014	2015	2016	2017	2014	2015	2016	2017	2014	2015	2016	2017
社会政治类	101.77	61.88	92.02	90.48	264.18	211.37	136.94	504.46	33.80	85.94	78.40	68.62
儿童类	121.91	118.52	144.69	210.16	119.74	107.88	160.69	173.18	81.09	113.00	136.27	151.68
实用类	151.18	142.23	190.49	247.04	212.20	236.75	231.04	269.85	178.27	170.02	177.29	180.14
教育类	126.07	299.81	238.30	226.95	171.15	286.07	168.75	246.22	73.52	106.80	124.22	140.13
文学艺术类	112.5	118.97	130.63	133.65	117.82	125.68	128.26	122.82	102.19	118.61	118.97	111.82

资料来源：埃克斯摩出版社、《书业》杂志

在俄罗斯，目前大多数大中型出版机构一般通过大型图书批发商或零售商与欧尚、麦德龙（Metro）、OK（О.КЕЙ）、纽带（Лента）、马格尼特（Магнит）、地球仪（Глобус）等非专业图书零售机构合作。欧尚在俄罗斯有 308 家卖场，2017 年新开 2 家商店，主要在中央联邦管区、伏尔加联邦管区和南部联邦管区拓展业务。麦德龙在俄罗斯 50 个地区设有 89 家卖场。马格尼特有 237 家超市，主要分布在南部联邦管区、北高加索联邦管区、中央联邦管区和伏尔加联邦管区，卖场设有专门的印刷类出版物销售区。OK，32 家冠名 OK 的大型超市，位于 11 个城市，将并入 X5 零售集团旗下的“交叉点”（Перекресток）大型超市，根据 2017 年 12 月 15 日联邦反垄断局批准的交易，OK 集团公司将拓展 ДА! 折扣店，2018 年计划新开 30 家折扣店。儿童世界（Детский мир）在俄罗斯和哈萨克斯坦 178 个城市设有 500 家商店，2017 年新开 104 家商店。纽带在俄罗斯 77 个城市设有 190 家大型超市，其中莫斯科 50 家。

2017 年网上书店市场总量为 107.4 亿卢布，同比增长 11.4%。该市场呈现下列特点：顾客每单购书额保持较高水平，平均为 1 850 卢布；在平均零售价格涨势不利的情况下，纸质图书品种持续扩充；打折活动相继推出、客户服务水平不断提高：邮递到家、出版社纪念日活动、通过博客和社交网络营销、定期向注册用户发送新书信息、网站推出主题图书周、亲子图画作文大赛等。

尽管当前俄罗斯出版机构把互联网销售作为重要发展方向，但是并非所有出版机构都与专业发行商合作，一些出版机构仅依靠自己的网站上进行推广销售。大中型出版机构的互联网销售额约占总销售额一至三成，如彼得堡占 29%、里波尔经典作家占 25%、字母—阿季古斯占 22%、埃克斯摩占 20.3%、阿斯特—普列斯占 19%、罗斯曼占 9%、阿斯特占 8.5%。像滑板车（Самокат）、阿里平纳（Альпина паблишер）、三叶草等发展迅速的出版机构的互联网销售额占到总销售额的 35%~48%。教材出版机构则不太注重互联网销售渠道。像瓦科（Вако）、军团（Легион）等教材出版机构则仅占总销售额的6%~7%，越是大型教材出版机构这一渠道销售额所占比重越小，如教育、文塔纳—格拉夫、德罗法等教材出版巨头仅占总销售额的 3% 左右。2017 年俄罗斯互联网销售渠道各主题板块图书种数较多的有儿童类作品（占 29.5%）、文学类作品（占 24.2%）、教育类作品（占 21.2%）。俄罗斯主要网上书店情况见表 21。

表 21 俄罗斯主要的网上书店

名称	网址	图书品种数			拥有者	创建年份
		2011	2017.2	2018.1		
俄罗斯图书（Books.ru）	www.books.ru	128 906	5 397 842	5 704 349	象征—加号有限责任公司（ООО Символ-Плюс）	1996
奥逊（Ozon）	www.ozon.ru	790 000	3 200 000	3 850 000	巴林·沃斯托克私募股权投资基金（Baring Vostok Private Equity Fund）	1998
Book 24*（Read.ru）	www.book24.ru	超过 200 000	207 733	38 145	埃克斯摩商厦有限责任公司（ООО Торговый Дом Эксмо）	2009
我的商店（My-shop.ru）	www.my-shop.ru	不详	700 458	633 306	不详	2003
图书—地球仪（Библио-глобус）	www.bgshop.ru	250 000	250000	250 000	图书—地球仪控股公司	2000
比布利翁（Библион）	www.biblion.ru	220 000	约 250 000	关闭	比布利翁—俄罗斯图书股份公司（ЗАО Библион-Русская книга）	1999
莫斯科图书大厦（Московский дом книги）	www.mdk-arbat.ru	平均 179 000	平均 179 000	平均 179 000	莫斯科图书大厦	2009
林荫道（Лабиринт）	www.labirint-shop.ru	84 090	147 510	159 777	林荫道有限责任公司（ООО Лабиринт）	2005
“莫斯科”图书商厦（ТДК Москва）	www.moscowbooks.ru	—	约 36 000	23 941	“莫斯科”图书商厦有限责任公司（ООО ТДК Москва）	2012

*Read.ru 网上书店域名改成 book24.ru 网上书店名下，该书店隶属埃克斯摩商厦有限责任公司

资料来源：上述公司资料，俄罗斯商务咨询公司，专家评估

（四）国际贸易情况

2017 年，俄罗斯印刷品出口的主要对象有印度、孟加拉国、越南、白俄罗斯、哈萨克斯坦、拉脱维亚、美国等，俄罗斯印刷品进口的主要对象有瑞士、英国、中国、乌克兰、波兰、芬兰、拉脱维亚等。与 2016 年相比，印刷类图书、小册子等排名前

十位的进出口对象变化较大，出口对象新加入了孟加拉国、越南和埃及，进口对象新加入了瑞士、芬兰、墨西哥和白俄罗斯；报纸、杂志和其他定期出版物进排名前十位的进出口对象，除进口对象中立陶宛为罗马尼亚所替代外，基本上只是次序发生变化。俄罗斯印刷品进出口对象具体情况见表 22、表 23。

表 22　2016、2017 年俄罗斯出口印刷产品情况

排序	2016 年	净重（公斤）	统计价值（美元）	2017 年	净重（公斤）	统计价值（美元）
印刷类图书、小册子、传单、类似的印刷材料						
1	印度	10 322	70 480 260	印度	8 812	114 132 424
2	中国	12 042	22 841 510	孟加拉国	1 802	37 541 128
3	伊朗	2 514	17 028 711	越南	1 551	36 088 854
4	美国	203 740	13 993 472	伊朗	2 019	17 869 928
5	委内瑞拉	905	10 441 011	美国	1 599 702	16 759 568
6	哈萨克斯坦	1 859 192	9 689 523	哈萨克斯坦	446 225	12 687 039
7	芬兰	5 725	7 383 719	中国	5 574	10 986 051
8	缅甸	313	5 344 167	白俄罗斯	1 550 372	8 580 129
9	白俄罗斯	960 343	4 908 322	阿尔及利亚	615	4 450 717
10	阿尔及利亚	965	4 585 676	埃及	1 847	4 100 290
报纸、杂志和其他定期出版物						
1	白俄罗斯	2 900 169	12 169 445	白俄罗斯	2 162 832	9 900 276
2	哈萨克斯坦	680 377	3 049 211	哈萨克斯坦	583 723	2 873 704
3	拉脱维亚	394 747	1 381 107	拉脱维亚	364 454	2 300 048
4	乌克兰	281 385	1 148 785	美国	25 685	899 955
5	阿塞拜疆	107 042	1 019 899	爱沙尼亚	206 142	870 245
6	德国	81 526	954 662	乌克兰	261 938	834 621
7	中国	9 091	827 698	德国	78 959	830 106
8	美国	23 068	806 211	摩尔多瓦	130 176	757 969
9	爱沙尼亚	219 246	798 392	中国	7 857	582 588
10	摩尔多瓦	145 779	743 197	拉脱维亚	111 850	535 424
插画书、图画本等						
1	哈萨克斯坦	176 842	1 196 299	哈萨克斯坦	188 929	1 389 185
2	白俄罗斯	165 068	1 077 626	白俄罗斯	157 842	1 153 788

续表

排序	2016 年	净重（公斤）	统计价值（美元）	2017 年	净重（公斤）	统计价值（美元）
3	美国	40 162	264 855	美国	29 545	169 599
4	拉脱维亚	18 312	139 932	乌克兰	29 759	135 607
5	乌克兰	29 105	128 749	立陶宛	9 022	131 397
6	立陶宛	6 765	89 897	阿塞拜疆	7 941	99 548
7	摩尔多瓦	14 741	86 622	以色列	21 090	97 734
8	以色列	12 061	69 163	拉脱维亚	11 856	82 669
9	乌兹别克斯坦	9 968	58 756	摩尔多瓦	10 002	64 269
10	塔吉克斯坦	51 416	56 040	爱沙尼亚	8 963	54 690

资料来源：联邦税务总局

表 23　2016、2017 年俄罗斯进口印刷产品情况

排序	2016 年	净重（公斤）	统计价值（美元）	2017 年	净重（公斤）	统计价值（美元）
印刷类图书、小册子、传单、类似的印刷材料						
1	中国	1 838 912	21 187 779	瑞士	2 123	21 537 645
2	意大利	304 310	15 674 297	英国	932 498	16 017 484
3	英国	662 418	11 506 092	中国	1 934 629	15 038 342
4	德国	203 407	11 193 937	拉脱维亚	3 273 947	987 965
5	美国	61 269	6 423 191	德国	153 542	8 919 276
6	匈牙利	233 784	6 144 368	意大利	575 915	7 083 580
7	拉脱维亚	2 201 361	6 004 074	芬兰	506 888	5 213 010
8	荷兰	22 950	5 222 676	墨西哥	2 611	4 812 337
9	爱沙尼亚	306 533	4 534 776	美国	39 360	4 492 172
10	乌克兰	1 233 374	3 458 230	白俄罗斯	769 052	4 448 582
报纸、杂志和其他定期出版物						
1	乌克兰	3 558 452	20 892 965	乌克兰	3 315 412	18 101 539
2	芬兰	6 560 611	8 763 639	波兰	4 660 071	9 091 799
3	波兰	4 982 746	8 331 086	芬兰	6 934 876	9 087 607
4	法国	383 276	3 897 565	白俄罗斯	591 889	2 746 512
5	白俄罗斯	641 100	2 892 813	法国	336 160	2 338 079
6	捷克	1 889 872	2 438 246	爱沙尼亚	993 030	1 974 963
7	爱沙尼亚	924 331	1 943 843	德国	1 144 636	1 762 611

续表

排序	2016 年	净重（公斤）	统计价值（美元）	2017 年	净重（公斤）	统计价值（美元）
8	德国	1 363 714	1 828 075	美国	151 859	1 690 058
9	立陶宛	606 663	1 226 307	罗马尼亚	345 526	1 476 035
10	美国	123 885	1 193 838	捷克	1 101 533	1 265 158
插画书、图画本等						
1	中国内地	1 518 487	5 405 457	中国内地	1 966 816	7 195 429
2	中国台湾	328 510	691 223	乌克兰	320 391	1 438 964
3	中国香港	199 619	668 803	拉脱维亚	277 497	796 783
4	乌克兰	145 358	667 653	波兰	99 989	404 874
5	拉脱维亚	116 961	327 399	中国香港	80 747	397 137
6	波兰	35 616	224 372	匈牙利	37 530	256 584
7	马来西亚	48 618	203 313	马来西亚	28 628	138 956
8	白俄罗斯	52 245	152 123	白俄罗斯	28 832	119 752
9	意大利	26 539	102 785	德国	17 293	93 908
10	印度	28 709	88 800	中国台湾	22 829	91 980

资料来源：联邦税务总局

（五）企业情况

据俄罗斯书库统计，2017 年俄罗斯有 5 775 家处于运营中的出版机构，数量基本达到 2008 年水平。目前，俄罗斯出版业主要集中在中央区，莫斯科和圣彼得堡是俄罗斯的出版中心。2017 年位于莫斯科和圣彼得堡的出版社囊括总出版种数的 67%，较 2008 年减少 2 个百分点，总印数的 93%，较 2008 年增加 4 个百分点。其中，莫斯科占总出版种数的 58% 和总印数的 89%；圣彼得堡所占总出版种数和总印数比重分别为 9% 和 4%。多年来上述指标变化不大。

根据《义务上缴文献样本法》，自 2017 年 1 月 1 日起出版机构应向俄罗斯书库和俄罗斯国立图书馆提交印刷类出版物的电子版。2017 年在 5 775 家出版机构中，因担心上缴文献被非法复制和传播，仅有 518 家出版机构按规定提交了印刷类出版物电子版，上缴电子版 2.45 万种，约占全国总出版种数的 21%。提交印刷类出版物电子版 500 种以上的出版机构有 5 家，分别为俄罗斯信息标准化、计量学及相应评价科技中心 1 929 种，字母—阿季古斯 958 种，里波尔—经典作家 874 种，学院出版中心

570 种，马恩、伊万诺夫与费伯尔 566 种。

根据俄罗斯书库编制的图书出版种数和印数前二十强出版机构名单，2017 年列入该名单的出版机构生产了全国出版品种的 33.7% 的图书，共计 3.96 万种，较 2016 年增长了 2.4 个百分点，较 2008 年增长了 6.8 个百分点；生产了全国总印数 73.0% 的图书，共计 3.44 亿册，较 2016 年增加了 17 个百分点，较 2008 年增长了 25.1 个百分点。出版机构具体排名情况见表 24、表 25。

表 24　2017 年出版种数排名前 20 位的出版机构情况

排名	出版社名称	种数
1	埃克斯摩（Эксмо）	9 842
2	阿斯特（АСТ）	7 880
3	教育（Просвещение）	3 860
4	字母—阿季古斯（Азбука-Аттикус）	2 579
5	俄罗斯信息标准化、计量学及相应评价科技中心（Стандартинформ）	2 226
6	凤凰（Феникс）	1 438
7	德罗法（Дрофа）	1 196
8	俄罗斯埃格蒙特有限责任公司（Эгмонт Россия Лтд.）	1 161
9	里波尔—经典作家（РИПОЛ-Классик）	1 005
10	罗斯曼（РОСМЭН）	981
11	韦切（Вече）	938
12	考试（Экзамен）	836
13	马恩、伊万诺夫与费伯尔（Манн，Иванов и Фербер）	787
14	鹿（Лань）	721
15	文塔纳—格拉夫（Вентана-Граф）	714
16	中央印社（Центрполиграф）	705
17	红鹳（Фламинго）	689
18	出版方案（Издательские решения）	684
19	俄罗斯人民友谊大学（Российский университет дружбы народов）	669
20	文笔（Перо）	639

资料来源：联邦出版与大众传媒署、俄罗斯书库

表 25　2017 年印数排名前 20 位的出版机构情况

排名	出版社名称	印数（千册）
1	教育	100 465.8
2	埃克斯摩	51 072.6
3	阿斯特	41 849.5
4	红鹳	18 086.0
5	德罗法	17 218.7
6	字母—阿季古斯	14 843.4
7	俄罗斯埃格蒙特有限责任公司	13 943.3
8	考试	11 397.2
9	文塔纳—格拉夫	10 129.5
10	马赛克—合成（Мозаика-Синтез）	9 799.8
11	二项式 知识实验室（Бином.Лаборатория знаний）	7 992.0
12	瓦科（ВАКО）	7 212.1
13	蜀葵（Алтей）	6 909.5
14	凤凰	6 236.7
15	斯—贸易（С-Трейд）	5 791.0
16	俄罗斯词汇（Русское слово）	5 639.2
17	学术图书 / 教科书（Академкнига/Учебник）	4 428.6
18	成长（РОСТ）	3 831.5
19	国民教育（Национальное образование）	3 735.0
20	罗斯曼	3 732.4

资料来源：联邦出版与大众传媒署、俄罗斯书库

《书业》杂志对俄罗斯大型出版机构所占市场份额的调查显示，2017 年埃克斯摩占 20.72%，字母—阿季古斯占 7.68%，均较 2013 年增加近 6 个百分点；阿斯特占 13.96%，较 2013 年增加 4 个百分点；教育占 13.53%，较 2013 年增加 2.8 个百分点；罗斯曼占 3.95%，较 2013 年增加 1.5 个百分点；德罗法占 3.47%，考试占 2.11%，均较 2013 年略有下降；里波尔—经典作家占 1.16%，较 2013 年略有增加；文塔纳—格拉夫占 2.6%，凤凰占 1.34%，未掌握其 2013 年的相关数据。上述十家出版机构所占市场份额超过 70%。

目前，我们掌握的关于俄罗斯出版机构分类统计的数据截至 2014 年。排名前 10 位的文学艺术类图书、儿童类图书、教材类图书、自然科学与科技类图书、人文类图书出版机构具体情况见表 26 至表 31。

表 26 2014 年排名前 10 位的文学艺术类图书出版机构情况

排名	出版社名称	种数	印数（千册）
1	双耳罐（Амфора）	355	6 329.3
2	阿尔法—图书（Альфа-книга）	281	1 732.2
3	“图书时代”图书俱乐部（Книжный Клуб «Книговек»）	161	238.5
4	A 队（Команда А）	150	432.5
5	列宁格勒（Ленинград）	110	393.3
6	时间（Время）	75	200.8
7	文本（Текст）	36	89.3
8	文学作品（Художественная литература）	35	37.4
9	幻影普列斯（Фантом Пресс）	32	177.5
10	斑马 E（Зебра Е）	17	162.0

表 27 2014 年排名前 10 位的儿童图书出版机构情况

排名	出版社名称	种数	印数（千册）
1	红鹳	603	20 096.0
2	蜀葵	279	4 719.0
3	马赛克—合成	237	7 395.5
4	林荫道普列斯（Лабиринт Пресс）	157	1 992.9
5	儿童文学（Детская литература）	154	712.3
6	三叶草媒体集团（Клевер-Медиа-Групп）	133	671.0
7	茶炊（Самовар）	115	2 338.3
8	童年—普列斯（Детство-пресс）	114	540.6
9	胖娃（Карапуз）	81	412.0
10	米舍尔亚科夫出版社（Издательский дом Мещерякова）	59	287.8

表28 2014年排名前10位的中小学教材出版机构情况

排名	出版社名称	种数	印数（千册）
1	瓦科	460	4 689.7
2	教师（Учитель）	379	920.9
3	俄罗斯词汇	351	3 897.0
4	巴拉斯（Баласс）	235	9 598.8
5	阿伊里斯—普列斯（Айрис-Пресс）	231	1 314.5
6	弗拉多斯（Владос）	210	298.4
7	谟涅摩辛涅（Мнемозина）	206	2 712.0
8	21世纪联合会（Ассоциация XXI век）	168	5 088.0
9	活字（Литера）	162	1 098.0
10	费奥多罗夫公司（Корпорация Федоров）	146	2 039.8

表29 2014年排名前10位的高校教材出版机构情况

排名	出版社名称	种数	印数（千册）
1	大街（Проспект）	422	1 276.4
2	盖奥塔尔—媒体（ГЭОТАР-Медиа）	393	546.3
3	欧米伽—尔（ИКФ Омега-Л）	238	803.5
4	学术图书/教科书	201	5 072.0
5	鹿	189	174.8
6	论坛（Форум）	147	75.6
7	尤尼季—达纳（ЮНИТИ-ДАНА）	124	88.0
8	达什科夫与K°（Дашков и K°）	124	65.0
9	克诺鲁斯（КноРус）	117	200.0
10	学术项目（Академический проект）	88	88.5

表30 2014年排名前10位的自然科学与科技类图书出版机构情况

排名	出版社名称	种数	印数（千册）
1	火石枪（Флинта）	174	76.7
2	二项式 知识实验室	172	3 821.4
3	科学（Наука）	115	42.2
4	威廉斯（Вильямс）	86	130.9
5	布赫夫—圣彼得堡（БХВ-Санкт-Петербург）	83	132.8

续表

排名	出版社名称	种数	印数（千册）
6	KMK 学术出版物公司（Товарищество научных изданий КМК）	66	34.0
7	物理数学与科技文献出版社（Физматлит）	62	29.0
8	科学远方（Дальнаука）	39	20.4
9	机械制造（Машиностроение）	37	14.1
10	利布罗科姆（ЛИБРОКОМ）	32	1.0

表 31　2014 年排名前 10 位的人文类图书出版机构情况

排名	出版社名称	种数	印数（千册）
1	青年近卫军（Молодая гвардия）	92	368.4
2	新文学评论（Новое литературное обозрение）	91	121.1
3	俄罗斯政治百科全书（РОССПЭН）	89	87.7
4	拉达米尔（Ладомир）	60	23.7
5	阿里平纳非小说（Альпина нон-фикшн）	47	154.8
6	阿列泰娅（Алетейя）	38	15.2
7	联合人文出版社（Объединенное гуманитарное издательство）	30	36.6
8	伊万·利姆巴赫出版社（Издательство Ивана Лимбаха）	14	39.5
9	巴斯格—普列斯（БСГ-Пресс）	14	31.5
10	在边缘（Ад Маргинем）	6	11.0

三、期刊业发展状况

近年来，俄罗斯期刊注册数量不断减少，期刊发行量、销售额和广告收入持续缩减，期刊市场亟待政府出台税收优惠、减免租金、订阅补贴等扶持政策来提供发展动力。

（一）市场概况

在俄罗斯，期刊属于印刷类大众传媒范畴。印刷类大众传媒分为报纸、杂志和广告类出版物等。据联邦通信、信息技术与大众传媒监督局统计，截至 2017 年 12 月 31 日，俄罗斯共注册有印刷类大众传媒 52 593 种，其中杂志 28 505 种，报纸 20 315 种，简报 1 282 种，汇编 1 615 种，丛刊 842 种，目录 7 种和指南 24 种。在上述所有印刷类大众传媒中，在全国发行的有 34 817 种，在一个或几个联邦主体发行的有 17 024 种。2017 年全年新注册印刷类大众传媒 1 347 种，停刊 1 114 种。近年来，在俄罗斯注册的印刷类大众传媒数量不断减少，具体情况见表 32。俄罗斯的主要印刷类大众传媒出版机构情况见表 33。

表 32　2008—2017 年在俄罗斯注册的印刷类大众传媒注册数量情况

单位：万种

年份	2008	2010	2012	2014	2015	2016	2017
数量	7.3	6.8	6.6	6.4	6.2	6.1	5.26

资料来源：联邦通信、信息技术与大众传媒监督局

表 33　2016、2017 年俄罗斯主要印刷类大众传媒出版机构情况（依据 AIR 指标划分）

排序	出版机构	2016 年		2017 年	
		千人	比重（%）	千人	比重（%）
1	博达（Burda）	12 762.0	21.0	10 943.7	18.0
2	赫斯特·什古廖夫出版（Hearst Shkulev Publishing）	10 688.0	17.5	9 118.0	15.0
3	鲍尔传媒（Bauer Media）	8 996.0	14.8	8 496.8	13.9
4	独立传媒（Independent Media）	8 705.5	14.3	7 416.9	12.2
5	7 天（7 дней）	6 113.0	10.0	5 200.0	8.5
6	驾车（За рулем）	5 228.5	8.6	4 645.3	7.6
7	牧场（Толока）	4 758.4	7.8	4 234.6	6.9
8	环球（Вокруг света）	3 415.6	5.6	3 151.7	5.2
9	一周电视（Теленеделя）	3 477.5	5.7	3 049.7	5.0
10	艺术交流传媒集团（ACMG）	3 341.4	5.5	2 947.1	4.8
11	普列斯—信使（Пресс-Курьер）	2 205.2	3.6	2 571.1	4.2
12	孔利传媒（Конлига Медиа）	2 840.3	4.7	2 503.3	4.1
13	康泰纳仕（Conde Nast）	2 390.8	3.9	2 236.2	3.7
14	健康（Здоровье）	1 917.3	3.1	1 881.1	3.1
15	全景传媒（Медиа Панорама）	1 514.1	2.5	1 375.3	2.3
16	邦尼尔出版物（Bonnier Publications）	1 654.9	2.7	1 325.6	2.2
17	姆茨夫埃尔行动（Актион МЦФЭР）	1 298.8	2.1	1 213.2	2.0
18	俄罗斯商业咨询传媒（РБК Медиа）	1 173.3	1.9	1 135.9	1.9
19	前进传媒集团（ИД Forward Media Group）	1 140.1	1.9	1 024.7	1.7
20	苏联体育报编辑部（Редакция газеты Советский спорт）	847.7	1.4	926.8	1.5

AIR——出版机构全部出版物每期在 10 万及以上人口的城市中 16 岁及以上人群中拥有读者的平均数

资料来源：Mediascope、NRS，2016 年 5-10 月—2017 年 10 月

十几年间，俄罗斯印刷类大众传媒的市场发行额主要出现了两次峰值，跟2008年世界金融危机、2014年俄罗斯经济危机有关。第一次峰值是2008年的740亿卢布，第二次峰值是2013年的688亿卢布。2017年发行额为587亿卢布，与2006—2007年数额相当，较2016年减少4.2%。印刷类大众传媒发行量则逐年缩减。2017年，发行量为16亿册，较2016年减少11.1%，较2005年减少72.4%。（见表34）

表34 2005—2017年俄罗斯印刷类大众传媒发行情况

年份	发行额（亿卢布）	发行量（亿册）
2005	520	58
2006	570	55
2007	570	51
2008	740	45
2009	630	38
2010	630	34
2011	680	33
2012	690	30
2013	688	27
2014	671	23
2015	652	20
2016	613	18
2017	587	16

资料来源：俄罗斯统计局、出版物发行商协会、俄罗斯邮政

（二）细分市场情况

当今俄罗斯，杂志读者的兴趣点更加集中化，读者的选择也更加具体化、更具有预见性。这样，具有品牌辨识度、以主题内容领先的杂志更容易在市场竞争中脱颖而出。一些杂志占主导地位或占据重要一隅的出版机构，其读者群体比报纸出版机构更为稳定。据统计，《莫斯科共青团报》《共青团真理报》《生意人》《证据与事实》等报纸出版机构读者减少达20%，而像康泰纳仕、赫斯特·什古廖夫传媒、博达、7天、独立传媒、鲍尔传媒等杂志出版机构读者流失了约10%。

2017 年，体育类杂志、儿童类杂志读者数量同比均增加了 6%。近两年，其他类别的杂志读者流失平均在 7%~9% 不等。但烹饪类杂志诗是个例外，受数字版本冲击，其读者减少了 20%。

1. 豪华杂志

很长时间以来，豪华杂志领域是天堂，不用像其他期刊一样去面对市场上的风云变幻。随着互联网技术的发展，豪华杂志辉煌不再，也面临读者减少、广告流失问题。照片墙（Instagram）、脸书（Facebook）等数字平台将读者和广告商分流而去，豪华杂志的传统合作伙伴也逐渐演变成竞争对手，诸如网上零售商，除了销售产品外，还提供娱乐相关信息；时尚品牌生产者也建立自己的网站，以便与客户建立直接联系，及时了解客户喜好。

康泰纳仕俄罗斯公司自 2017 年 1 月起停止发行 2011 年创刊的《旅行家》和 2012 年创刊的《魅力》杂志，停刊时两者发行量分别为 8 万册、18 万册。2017 年年中，《花花公子》杂志改为季度刊，独立媒体公司的《女性健康》每两月出版一期，后于 12 月份停刊。博达公司的 *The Rake* 杂志和 CK 普列斯公司的《智能企业》（*Intelligent Enterprise*）杂志自 2018 年 1 月起停刊。

为挽救豪华杂志市场颓势，一些领军出版机构大力推进数字出版业务。赫斯特·什古廖夫集团，女性网络、男性网络、地区网络等线上项目获得快速发展，上述项目所属的赫斯特·什古廖夫数码公司网站每天接待访客 500 万人次，浏览页面不少于 3 000 万页。据 Mediascope 公司统计，就每月覆盖量而言，赫斯特·什古廖夫集团已跻身俄罗斯互联网公司前十强。据俄罗斯发行量稽核局统计，2017 年 11 月赫斯特·什古廖夫出版公司的六大月刊发行量共计 74.98 万册，其中《世界时尚之苑》为 13.83 万册，《马克西姆》为 14.33 万册，《嘉人》为 10.67 万册，《心理月刊》为 14.33 万册，《幸福父母》为 10.23 万册，《世界时尚之苑·女孩》为 11.59 万册。

艺术交流传媒集团，2017 年 12 月在苹果商店、GooglePlay 上推出旗下《福布斯》《德国国家地理》（GEO）《巴黎时装公报》《大都市》SNC、*OK!* 等杂志的手机版，往期杂志均可以在 Forbes.ru、sncmedia.ru、ok-magazine.ru、lofficierussia.ru、rdh.ru 等网站上浏览。Rambler & Co 传媒控股公司，2017 年 4 月推出女性豪华杂志 InStyle 的网站，倡导时尚潮流、美妆娱乐、生活方式等，是对原有面向女性读者的网站 WMJ.ru、Passion.ru、Letido.ru 的补充与拓展。

2. 少儿杂志

由于缺乏政府扶持，当今俄罗斯很多少儿杂志全凭一群有激情的人在打拼。2017 年高品质的儿童生态杂志《食蚁熊》停刊，引起社会广泛关注。2018 年在联邦出版与大众传媒署扶持下复刊。2018 年 1 月圣彼得堡、列宁格勒州记者协会与圣彼得堡市出版与大众传媒协作委员会在圣彼得堡组织召开儿童期刊问题圆桌会议。圣彼得堡儿童与教育期刊协会会长、著名儿童文学杂志《篝火》主编哈尔兰皮耶夫指出，10 年前圣彼得堡有 17 种儿童杂志，如今只剩 8 种，其中仅 3 种仍拥有订户；以前儿童杂志都是上万册的出版，现在印数能达到三五千册就是巨大的成功了。圆桌会议达成普遍共识，没有政府扶持，儿童杂志难以存活。

俄罗斯埃格蒙特出版公司是俄罗斯最大的儿童书刊出版机构，占据该类图书、期刊出版市场份额的 60% 以上。与赫斯特 · 什古廖夫集团、鲍尔传媒集团、赫伯特 · 博达传媒集团、独立传媒集团一起位列俄罗斯杂志出版机构前 5 强。俄罗斯埃格蒙特出版公司与世界知名品牌迪士尼、孩之宝、美泰合作出版相关出版物。自 2017 年年中以来开始致力于出版高品质的本土儿童图书和期刊，邀请知名儿童作家阿尔图尔 · 吉瓦尔吉佐夫担任艺术总监，筛选俄罗斯文学精华，推出《缤纷正方形》《大师之城》等出版项目。

普列斯—信使出版社是俄罗斯大型杂志出版机构。据 Mediascope 公司统计，2017 年其读者人数显著增加，位居全国第 14 位。2017 年该社推出面向青少年的科普类杂志《宇宙》和历史类杂志《秘密档案》《苏联秘密》。上述三本杂志连同该社的儿童杂志《小刺猬》《神奇国度的玛莎》均拥有纸质版和电子版。

此外，商务杂志、IT 杂志、文学杂志停刊数量都在增加，市场不景气。IT 集团 CK 普列斯公司旗下目前只剩 3 种 IT 杂志 *CRN*、*PC Magazine*、*PC Week*。2017 年年底，著名文学杂志《现代戏剧》主编安德烈 · 沃尔昌斯基指出，20 多年来该杂志一直接受国家财政扶持，虽然国家资助数额不算多，并且增长幅度赶不上物价上涨幅度，但是杂志多年来总是尽力按时出刊；目前杂志只能靠私人资助出版，近来出版的一期杂志已经处于负债状况了。

（三）发行情况

据出版物发行商协会、俄罗斯通讯协会统计，2017 年俄罗斯印刷类大众传媒零售额为 415 亿卢布，同比下降 4%~5%；订阅额为 172 亿卢布，同比下降 5%；广告额为 205 亿卢布，同比下降 8%。

据出版物发行商协会统计，2017 年俄罗斯共有报刊专门零售网点约 3.6 万家，其中报刊亭、报刊商店 1.9 万家，快速消费品连锁店报刊部、加油站报刊部 1.67 万家，报刊摊、报刊柜台 300 家。一般来说，报刊亭、报刊商店有各类报刊 1 000~1 500 种，快速消费品连锁店报刊部的品种不超过 500 种，其他形式的网点在 100~120 种。据出版物发行商协会统计，2017 年俄罗斯共有报刊亭 1.7 万家，较 2016 年减少 26.1%，较 2013 年减少 43.3%，较 2004 年减少 59.5%。

（四）广告情况

据俄罗斯通讯协会统计，2017 年俄罗斯广告市场总量为 4 170 亿卢布（不含增值税），较 2016 年增加 14%。除期刊广告收入呈负增长外，电视、广播、互联网、户外广告均实现不同程度的增长，增幅最快的为互联网广告，其次为电视广告。

据俄罗斯通讯协会统计，2017 年俄罗斯期刊广告收入为 205 亿卢布，较 2016 年减少 12%，其中杂志广告收入为 118 亿卢布，较 2016 年减少 5%。（见表 35）据 Mediascope 公司统计，广告流失最多的杂志大多涉及那些在互联网上最活跃的板块，如电子类、父母指导类、电视节目导视类、明星类、装修类杂志，广告收入降幅分别为 32%、21%、23%、23%、16%；广告收入增长较快的有体育类杂志、纵横字谜类杂志、航空杂志，增幅分别为 37%、26%、14%。

表 35　2017 年各类媒体广告收入情况

单位：亿卢布

媒体类别	2017 年	2017 年较 2016 年
电视	1 709	13%
广播	169	3%
期刊	205	-8%
其中：报纸	87	-12%
其中：杂志	118	-5%

续表

媒体类别	2017 年	2017 年较 2016 年
户外广告	419	9%
互联网	1 663	22%
合计	4 170	14%

资料来源：俄罗斯通讯协会（AKAP）

注：2016—2017 年广播、期刊板块数据进行了修正。

2017 年俄罗斯通讯协会采用了新的统计方法，按照新旧两种统计方法，2012—2017 年期刊广告市场总量、较上一年增减幅度、所占比重情况见表 36、表 37 和表 38。

表 36　2012—2017 年俄罗斯期刊广告收入（不含增值税）情况

单位：亿卢布

年份 / 类别	2012	2013	2014	2015	2016	2017
旧统计方法	412	370	330	233	197	172
新统计方法	412	377	343	253	223	205

资料来源：俄罗斯通讯协会（AKAP）

表 37　2012—2017 年俄罗斯期刊广告较上一年增减幅度情况

年份 / 类别	2012	2013	2014	2015	2016	2017
旧统计方法	2%	-9%	-9%	-26%	-12%	-11%
新统计方法	2%	-10%	-11%	-29%	-16%	-8%

资料来源：俄罗斯通讯协会（AKAP）

表 38　2012—2017 年俄罗斯期刊广告所占比重情况

年份 / 类别	2012	2013	2014	2015	2016	2017
旧统计方法	14%	11.3%	9.7%	7.8%	6.1%	4.3%
新统计方法	14%	11.1%	9.4%	7.2%	5.5%	4.9%

资料来源：俄罗斯通讯协会（AKAP）

2017 年，俄罗斯中央级期刊广告额为 151 亿卢布，较 2016 年减少 2%。其中，杂志广告额 103.3 亿卢布，较 2016 年减少 1%；报纸广告额 47.7 亿卢布，较 2016 年减少 5%。2017 年，俄罗斯地区级期刊广告额为 54.4 亿卢布，较 2016 年减少 21%。其中，杂志广告额 15.4 亿卢布，较 2016 年减少 25%；报纸广告额 39 亿卢布，较 2016 年减少 19%。

2017 年，在中央级期刊上刊登广告的 15 个主要商品类别中，增长幅度在 20% 左右的类别有不动产、儿童产品，降幅超过 20% 的类别有日用家电、建材及相关服务、饮料。广告额排名前三的类别依然为服装鞋帽、医药、化妆品，其广告额（不含增值税）分别为 22 亿卢布、18 亿卢布和 16 亿卢布。（见表 39）

表 39　2016—2017 年俄罗斯中央级期刊排名前 15 位的商品情况（不含增值税）

单位：十亿卢布

排序	商品类别	2016 年	2017 年	增幅 / 降幅
1	服装鞋帽	2.3	2.2	-6%
2	医药	1.9	1.8	-6%
3	化妆品	1.7	1.6	-4%
4	钟表纪念品	1.2	1.2	6%
5	汽车及配件	1.1	1.1	2%
6	金融及保险服务	0.8	0.8	-2%
7	大众传媒及专用设施	0.6	0.7	8%
8	不动产	0.3	0.4	23%
9	家具及装修材料	0.4	0.4	-13%
10	日用家电	0.4	0.3	-22%
11	建材及相关服务	0.4	0.3-	-21%
12	商业机构	0.3	0.3	7%
13	旅游及休闲	0.2	0.2	-8%
14	儿童产品	0.2	0.2	20%
15	饮料	0.2	0.2	-28%
前 15 名共计		12.0	11.7	-2.5%

资料来源：HCK 分析中心（以 Mediascope 数据为基础）

参考文献

1. 联邦出版与大众传媒署 .《俄罗斯图书市场》.

2. 联邦出版与大众传媒署 .《俄罗斯连续出版物市场》.

（作者单位：中国新闻出版研究院）

2017 年西班牙出版业发展报告

楼　宇

一、出版业发展背景

（一）经济环境

2017 年，西班牙经济持续向好，保持稳速增长态势。据西班牙国家统计局数据显示，2017 年，西班牙国内生产总值为 11 630 亿欧元，比 2016 年增长了 3.1%，增幅与上年基本持平。2017 年西班牙全国经济增长创下近年来历史新高。

西班牙出版业稳步发展，呈持续增长态势。2017 年，新书出版总数为 87 262 种，与 2016 年相比增加了 7.1%；国内市场图书销售额为 23.19 亿欧元，略高于 2016 年的 23.17 亿欧元；图书出口也稳步增长，2017 年出口额为 5.89 亿欧元，比 2016 年的 5.72 亿增加了 2.99%，再创近些年来的新高。

（二）国民阅读状况

西班牙国家统计局数据显示，2017 年，西班牙文化消费总支出为 133 亿欧元，比 2016 年的 141 亿欧元有明显下降。文化消费支出占消费总支出的 2.5%，比 2016 年下降了 0.2 个百分点。家庭平均文化消费支出为 718.3 欧元，人均文化消费支出为 288.6 欧元，均低于 2016 年。

细分 2017 年西班牙文化消费支出状况，图书及报刊类支出为 26.9 亿欧元，占文化消费支出的 20.2%，低于 2016 年的 31.3 亿欧元；电影院、剧院、博物馆、公园等文娱活动类支出为 25.4 亿欧元，占文化消费支出的 19.1%，略低于 2016 年的 25.6 亿欧元；采购文娱用品及设备支出为 31.8 亿欧元，占文化消费支出的 23.9%，比 2016 年的 32 亿欧元略有下降；与广播、电视、网络等相关的使用费支出为 48.8 亿欧元，

占文化消费支出的36.7%，与2016年的52亿欧元相比降幅明显。（见表1）

表1　2016—2017年西班牙文化消费情况

类别	文化消费支出（百万欧元）		家庭平均文化消费支出（欧元）		人均文化消费支出（欧元）	
	2016年	2017年	2016年	2017年	2016年	2017年
图书及报刊	3 129.7	2 687.9	169.7	145.2	68.1	58.3
文娱活动	2 562.7	2 542.4	138.9	137.3	55.7	55.2
文娱用品及设备	3 206.1	3 183.9	173.8	172.0	69.7	69.1
广电、网络等使用费	5 200.9	4 884.2	282.0	263.8	113.1	106.0
总额	14 099.4	13 298.4	764.4	718.3	306.7	288.6

资料来源：西班牙国家统计局

西班牙教育、文化和体育部于2018年发布的《文化产业年度报告》（*Anuario de Estadísticas Culturales*）中，西班牙国家统计局关于国民阅读状况部分的最新数据只更新至2015年。在此，我们引用西班牙出版商联合会于2018年1月发布的《2017年西班牙国民阅读习惯与图书消费报告》（*Hábitos de Lectura y Compra de Libros en España 2017*）的相关数据。数据显示，西班牙国民拥有良好的阅读习惯。2017年，年龄在14岁或以上的西班牙民众中，94.7%的人至少每季度阅读一次。这一数据较2008年的90.1%上升了4.7个百分点。（见表2）

表2　2008—2017年西班牙14岁或以上国民阅读情况（每季度至少一次）

2008年	2009年	2010年	2011年	2012年	2017年
90.1%	90.2%	90.5%	90.4%	92%	94.7%

资料来源：《2017年西班牙国民阅读习惯与图书消费报告》

西班牙阅读图书的读者比例逐年递增。2017年，阅读图书的读者占比为65.8%，较2010年的60.3%上升了5.5个百分点。2017年，西班牙民众平均阅读13本书，比2012年增加了2本。从读者年龄分布看，14岁至24岁人群是主要的图书读者，占86.4%，其次为25岁至34岁的人群，占72.1%。（见表3）

表 3　2017 年西班牙各年龄段读者分布情况

年龄段	14~24 岁	25~34 岁	35~44 岁	45~54 岁	55~64 岁	65 岁及以上
占比	86.4%	72.1%	67.5%	66.2%	60.1%	45.0%

资料来源：《2017 年西班牙国民阅读习惯与图书消费报告》

（三）图书馆采购和借阅状况[①]

1. 图书馆数量

西班牙国家统计局数据显示，2016 年，西班牙共有 6 636 家图书馆，其中包括国家级图书馆 1 家，自治区级图书馆 7 家，公共图书馆 4 035 家，特殊群体图书馆 198 家，高等教育机构图书馆 300 家，专业图书馆 2 095 家。与上一届 2014 年的统计数据相比，2016 年西班牙图书馆数量略有下降，但对比 2006 年以来的统计数据，可以发现图书馆数量处于稳定区间。按图书馆类别看，2016 年，除高等教育机构图书馆数量略有增加外，自治区级图书馆、公共图书馆、特殊群体图书馆和专业图书馆较 2014 年均有不同程度的减少。（见表 4）

表 4　2006—2016 年西班牙图书馆数量统计

单位：家

年份	2006	2008	2010	2012	2014	2016
国家级图书馆	1	1	1	1	1	1
自治区级图书馆	7	8	8	14	8	7
公共图书馆	4 115	4 125	4 164	4 211	4 070	4 035
特殊群体图书馆	317	259	254	240	216	198
高等教育机构图书馆	334	304	283	285	297	300
专业图书馆	1 749	1 904	1 898	2 084	2 125	2 095
总计	6 523	6 601	6 608	6 835	6 717	6 636

资料来源：西班牙国家统计局

① 西班牙国家统计局每两年进行一次图书馆统计，因此目前的最新数据为 2016 年。

图 1 西班牙国家图书馆

2. 图书馆采购情况

西班牙国家统计局对图书馆的采购支出进行了分类统计，包括图书、报纸杂志、电子书、手稿、音像资料、微缩资料、图片资料、数据库及其他电子参考资料等 13 类。本报告着重选取图书、报纸杂志和电子书三类的采购支出。总体来看，2016 年，西班牙图书馆采购图书、报纸杂志和电子书的支出较 2014 年均有增加，其中电子书类尤为明显，这从一个侧面反映了各图书馆对电子书资源的逐步重视。（见表 5）

表 5 2014—2016 年西班牙图书馆出版物采购支出情况

单位：欧元

类别	图书		报纸杂志		电子书	
	2014 年	2016 年	2014 年	2016 年	2014 年	2016 年
国家级图书馆	15 862 000	16 106 227	7 110 383	7 660 585	0	54 800
自治区级图书馆	3 952 009	3 759 712	1 592 020	1 996 463	6 115	5 227
公共图书馆	73 520 007	75 670 191	3 492 779	4 434 180	321 378	715 201
特殊群体图书馆	1 894 918	1 916 585	40 604	24 929	44 725	51 872
高等教育机构图书馆	43 777 929	44 238 743	1 690 176	1 614 881	9 457 902	12 127 219
专业图书馆	34 947 183	36 485 527	5 320 609	5 926 817	3 008 489	3 165 867

资料来源：西班牙国家统计局

3. 图书馆使用情况

2016 年，西班牙图书馆的注册用户数量为 22 264 747 人，较 2014 年的 21 814 510 人有所上升，访客数量为 197 073 367 人 / 次，较 2014 年的 206 946 728 人 / 次略有减少。从各自治区图书馆注册用户看，数量最多的三个自治区依次为加泰罗尼亚（5 410 801 人）、马德里（3 992 960 人）和安达卢西亚（2 845 759 人）。从各自治区图书馆访客数量看，最多的三个自治区依次为加泰罗尼亚（39 678 767 人 / 次）、马德里（34 647 400 人 / 次）和安达卢西亚（28 378 317 人 / 次）。统计数据显示，2016 年，西班牙各图书馆借阅次数共计 71 788 650 人 / 次，较 2014 年的 77 014 691 人 / 次降幅明显，其中读者借阅 70 653 726 人 / 次，国内馆际互借 1 117 079 次，国外馆际互借 17 845 次。公共图书馆和高等教育机构图书馆的借阅次数最多，分别占总借阅数的 68% 和 29%，与 2014 年基本持平。（见表 6）

表 6　2014—2016 年西班牙图书馆图书借阅情况

单位：人 / 次

类别	借阅次数总计		读者借阅		国内图书馆馆际互借	国外图书馆馆际互借
年份	2014	2016	2014	2016	2016	2016
国家级图书馆及自治区级图书馆	58 340	21 159	52 046	16 878	3 450	831
公共图书馆	52 460 929	48 967 526	52 054 604	48 292 336	674 792	398
特殊群体图书馆	307 927	210 379	307 675	210 116	263	0
高等教育机构图书馆	21 941 956	20 714 537	21 795 260	20 584 223	121 217	9 097
专业图书馆	2 245 539	1 875 049	1 918 954	1 550 173	317 357	7 519
所有图书馆借阅次数总计	77 014 691	71 788 650	76 128 539	70 653 726	1 117 079	17 845

资料来源：西班牙国家统计局

二、图书业发展状况

（一）出版情况

根据西班牙出版商联合会发布的《2017 年西班牙国内图书贸易年度报告》（*Comercio Interior del Libro en España 2017*）统计数据显示，西班牙共有出版机构

737 家，比 2016 年增加了 10 家。年销售额在 1 800 万欧元以上的大型出版机构 22 家，比 2016 年减少了 1 家。其中，年销售额在 6 000 万欧元以上的出版机构 7 家，在 1 800 万~6 000 万欧元之间的出版机构 15 家。从分布区域看，737 家出版机构中有 74% 分布在马德里和加泰罗尼亚，分别为 301 家和 248 家。（见表 7）

表 7 2017 年西班牙出版机构情况

单位：家

销售额（百万欧元）	总计	＞60	18~60	6~18	2.4~6	0.6~2.4	＜0.6
马德里	301	5	8	19	40	81	148
加泰罗尼亚	248	2	7	15	19	80	125
巴斯克	36	0	0	0	8	9	19
安达卢西亚	35	0	0	1	1	7	26
加利西亚	37	0	0	0	4	7	26
巴伦西亚	59	0	0	1	1	9	48
卡斯蒂利亚—莱昂	21	0	0	0	0	1	20
总计	737	7	15	36	73	194	412

资料来源：《2017 年西班牙国内图书贸易年度报告》

近年来，西班牙的新书出版总数呈持续增长态势，2017 年更是取得了大幅度增长，达到 87 262 种，较 2016 年的出版总数 81 496 种增加了 7.1%，较 2015 年则增加了 8.8%。从图书类别看，2017 年非大学教科书类、社科人文类、文学类、儿童及青少年类图书仍为出版数量最多的图书，占新书出版总数的 75.5%，这一数据与 2016 年的 74.9% 相差不大。总体来看，与 2016 年相比，2017 年，除了字典与百科全书类图书出版数量略有减少外，其他各类别的图书都有不同程度的增长，其中增幅最大的为科学技术与大学教科书类和文学类图书，分别为 12.6% 和 9.9%。（见表 8）

表 8 2015—2017 年西班牙各类图书出版种数情况

类别	2015 年		2016 年		2017 年		2017/2016 增长幅度
	种数	%	种数	%	种数	%	%
一、文学类	14 344	17.9	14 679	18.0	16 127	18.5	9.9
1. 小说	10 917	13.6	11 317	13.9	12 825	14.7	13.3
古典小说	1 864	2.3	1 890	2.3	2 083	2.4	10.2
现代小说	5 366	6.7	5 396	6.6	6 243	7.2	15.7
侦探小说	1 069	1.3	1 051	1.3	1 248	1.4	18.7
爱情小说	1 694	2.1	1 895	2.3	2 044	2.3	7.9
科幻恐怖小说	443	0.6	510	0.6	577	0.7	13.2
情色小说	81	0.1	49	0.1	65	0.1	33.4
幽默小说	139	0.2	193	0.2	240	0.3	24.6
其他小说	261	0.3	355	0.4	326	0.4	−2.7
2. 诗歌、戏剧	921	1.1	927	1.1	985	1.1	6.3
3. 其他文学体裁	2 505	3.1	2 436	3.0	2 317	2.7	−4.9
二、儿童及青少年图书	12 705	15.8	12 244	15.0	13 267	15.2	8.4
三、非大学教科书	18 109	22.6	18 145	22.3	19 108	21.9	5.3
1. 儿童教育	2 743	3.4	2 703	3.3	2 921	3.3	8.1
2. 小学教育	7 237	9.0	7 033	8.6	7 016	8.0	−0.2
3. 中学教育	4 581	5.7	4 805	5.9	5 104	5.8	6.2
4. 大学预科	789	1.0	893	1.1	941	1.1	5.4
5. 职业培训	251	0.3	256	0.3	248	0.3	−3.3
6. 配套教材	2 509	3.1	2 455	3.0	2 878	3.3	17.2
四、科学技术与大学教科书	4 877	6.1	4 689	5.8	5 280	6.1	12.6
五、社科人文（总计）	15 181	18.9	15 957	19.6	17 358	19.9	8.8
1. 社科人文	8 917	11.1	9 476	11.6	10 379	11.9	9.5
2. 法律与经济	3 286	4.1	3 922	4.8	4 438	5.1	13.2
3. 宗教	2 978	3.7	2 588	3.1	2 541	2.9	−0.7
六、生活实用图书	4 958	6.2	5 592	6.9	5 657	6.5	1.2
七、大众读物	5 364	6.7	5 811	7.1	5 972	6.8	2.8
八、字典与百科全书	420	0.5	452	0.6	426	0.5	−5.9
九、漫画	2 772	3.5	2 586	3.2	2 722	3.1	5.2
十、其他	1 450	1.8	1 340	1.6	1 345	1.5	0.3
总计	80 181	100	81 496	100	87 262	100	7.1

资料来源：《2017 年西班牙国内图书贸易年度报告》

自2012年起，西班牙图书总印刷量呈现持续下滑趋势，但在2017年实现了反弹。2017年，图书总印刷量为2.40亿册，较2016年的2.24亿册增长了7.2%。从细分类别看，除了字典与百科全书类图书的印刷量比2016年下降了9.6%外，其他所有类别的图书印刷量都有不同程度的增长，其中增幅最大的为科学技术与大学教科书类、社科人文类和文学类图书，增幅分别为15%、12.2%和10.4%。2017年，西班牙图书平均发行量为2 753册，比2016年的2 749册略有上升。（见表9）

表9　2015—2017年西班牙各类图书印刷量及平均发行量情况

类别	总印量（千册）			平均发行量（册）		
	2015年	2016年	2017年	2015年	2016年	2017年
一、文学类	40 424	43 527	48 055	2 818	2 965	2 980
1. 小说	35 466	38 899	43 382	3 249	3 437	3 383
古典小说	4 227	4 991	5 722	2 267	2 641	2 748
现代小说	20 120	20 457	22 613	3 749	3 791	3 622
侦探小说	3 753	4 256	5 117	3 511	4 050	4 101
爱情小说	3 982	6 076	6 528	2 350	3 207	3 194
科幻恐怖小说	1 349	1 465	1 490	3 047	2 875	2 582
情色小说	1 226	233	316	15 213	4 778	4 861
幽默小说	423	545	809	3 041	2 827	3 371
其他小说	387	876	787	1 482	2 615	2 414
2. 诗歌、戏剧	1 221	1 186	1 286	1 326	1 280	1 306
3. 其他文学体裁	3 737	3 443	3 387	1 492	1 413	1 462
二、儿童及青少年图书	51 384	51 592	56 013	4 044	4 214	4 222
三、非大学教科书	51 308	50 586	52 638	2 833	2 788	2 755
1. 儿童教育	7 722	8 504	9 423	2 815	3 146	3 226
2. 小学教育	24 603	22 351	21 950	3 399	3 178	3 129
3. 中学教育	11 259	11 118	11 629	2 458	2 314	2 278
4. 大学预科	2 040	2 274	2 402	2 586	2 547	2 553
5. 职业培训	553	528	485	2 203	2 058	1 957
6. 配套教材	5 132	5 810	6 749	2 046	2 366	2 345
四、科学技术与大学教科书	6 245	5 985	6 882	1 280	1 276	1 303
五、社科人文（总计）	28 475	24 408	27 394	1 876	1 530	1 578

续表

类别	总印量（千册）			平均发行量（册）		
	2015 年	2016 年	2017 年	2015 年	2016 年	2017 年
1. 社科人文	15 571	13 755	16 313	1 746	1 452	1 572
2. 法律与经济	2 310	3 565	4 027	703	909	907
3. 宗教	10 594	7 088	7 054	3 557	2 771	2 776
六、生活实用图书	13 823	18 264	18 488	2 788	3 266	3 268
七、大众读物	14 036	14 066	14 312	2 617	2 421	2 397
八、字典与百科全书	2 199	1 371	1 240	5 241	3 031	2 811
九、漫画	14 439	12 491	13 254	5 208	4 829	4 869
十、其他	2 945	1 763	1 944	2 031	1 315	1 445
总计	225 277	224 054	240 220	2 810	2 749	2 753

资料来源：《2017 年西班牙国内图书贸易年度报告》

2017 年，卡斯蒂利亚语图书出版 65 961 种，所占比例为 75.6%，较 2016 年增加了 7.3%；加泰罗尼亚语图书出版 12 041 种，仍居第二位，比 2016 年增加了 7.6%；巴斯克语图书出版 1 958 种，虽总量不大，但增幅明显，比 2016 年增加了 9.4%；加利西亚语及其他语种图书较 2016 年也均有上升。（见表 10）

表 10　2014—2017 年西班牙各语种图书出版情况

单位：种

类别	2014 年	2015 年	2016 年	2017 年		2017/2016 年增长幅度
				种数	百分比	
卡斯蒂利亚语	59 041	59 920	61 477	65 961	75.6%	7.3%
加泰罗尼亚语 / 巴伦西亚语	10 850	11 480	11 188	12 041	13.8%	7.6%
巴斯克语	1 696	1 798	1 790	1 958	2.2%	9.4%
加利西亚语	1 881	1 785	1 859	1 886	2.2%	1.5%
其他	5 040	5 198	5 181	5 416	6.2%	4.5%
总计	78 508	80 181	81 496	87 262	100.0%	7.1%

资料来源：《2017 年西班牙国内图书贸易年度报告》

西班牙教育、文化和体育部发布的《2017 年西班牙图书出版概览》（*Panorámica de la Edición Española de Libros 2017*）数据显示，2017 年共批复国际标准书号（ISBN）89 962 个，较 2016 年的 86 000 个增加了 4.6%，其中，批复给翻译图书的书号为 18 968 个，占总量的 21.1%，较 2016 年的 13 867 个增加了 36.8%。翻译图书包括西班牙国内卡斯蒂利亚语、加泰罗尼亚语、巴斯克语等几种语言之间的翻译图书，以及翻译自英语、法语、葡萄牙语等外国语言的图书。从 2017 年翻译图书书号批复的情况看，除了翻译自拉丁语的图书有所增加外，翻译自其他外国语言的图书较上一年度降幅明显。2017 年，批复给翻译自外国语言的图书书号仅为 3 400 个，较 2016 年的 5 730 个下降了 40.7%。翻译自英语的图书为 2 110 种，占外语翻译类图书的 62.1%，与 2016 年相比降幅达到 37.8%；其次为翻译自葡萄牙语的图书，为 713 种，占外语翻译类图书的 21%，比 2016 年减少了 35.9%；翻译自法语的图书位列第三，为 314 种，与 2016 年相比锐减 65.9%。（见表 11）

表 11　2016—2017 年西班牙翻译图书书号批复情况

类别 / 语种	2016 年		2017 年		2017/2016 年增长幅度
	图书（种）	占比（%）	图书（种）	占比（%）	
英语	3 390	59.2	2 110	62.1	−37.8%
葡萄牙语	1 113	19.4	713	21.0	−35.9%
法语	920	16.1	314	9.2	−65.9%
意大利语	100	1.7	76	2.2	−24.0%
德语	93	1.6	63	1.9	−32.3%
拉丁语	9	0.2	16	0.5	77.8%
阿拉伯语	11	0.2	7	0.2	−36.4%
罗马尼亚语	—	—	6	0.2	—
俄语	19	0.3	5	0.1	−73.7%
汉语	19	0.3	5	0.1	−73.7%
其他语言	56	1.0	85	2.5	51.8%
总计	5 730	100.0	3 400	100.0	−40.7%

资料来源：《2017 年西班牙图书出版概览》

（二）销售情况

自 2008 年起，西班牙图书出版业呈一路下滑趋势，国内市场图书销售额从 2008 年的 31.9 亿欧元降至 2013 年的 21.8 亿欧元，2014 年开始略有回升，并保持缓慢增长的态势。2017 年，西班牙国内市场图书销售额为 23.19 亿欧元，略高于 2016 年的 23.17 亿欧元，增幅为 0.1%。总体来讲，西班牙图书国内市场销售仍处低谷阶段。（见图 1）

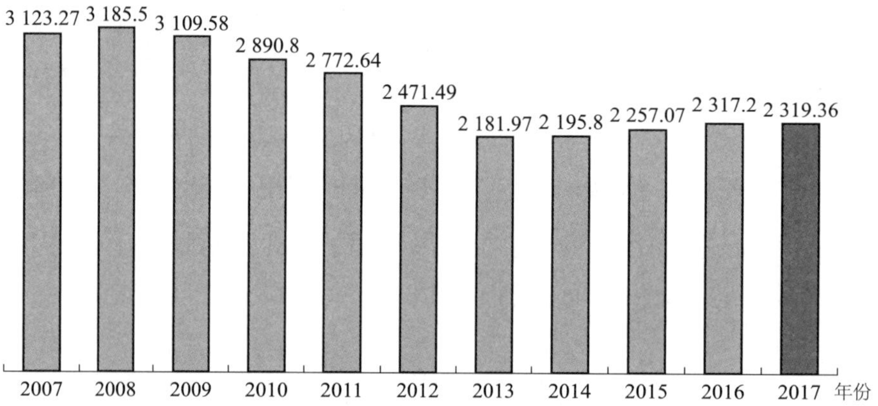

图 1　2007—2017 年西班牙图书销售情况（单位：百万欧元）

资料来源：《2017 年西班牙国内图书贸易年度报告》

《2017 年西班牙国内图书贸易年度报告》统计数据显示，2017 年，西班牙文学类、儿童及青少年图书类、非大学教科书类和社科人文类图书的销售额为 18.3 亿欧元，占全年各类图书销售总额的 79%，与 2016 年基本持平。总体来看，各类别图书销售额与 2016 年相比变化幅度不是太大，增幅最高的是科学技术与大学教科书类图书（4.3%）和漫画类图书（4.2%）。（见表 12）

表 12　2015—2017 年西班牙各类图书销售情况

单位：百万欧元

类别	2015 年		2016 年		2017 年		2017/2016 年增长幅度
	销售额	百分比	销售额	百分比	销售额	百分比	
一、文学类	441.00	19.5	447.34	19.3	451.70	19.5	1.0%
1. 小说	399.43	17.7	404.80	17.5	407.58	17.6	0.7%

续表

类别	2015 年		2016 年		2017 年		2017/2016 年增长幅度
	销售额	百分比	销售额	百分比	销售额	百分比	
古典小说	37.85	1.7	37.91	1.6	38.38	1.7	1.3%
现代小说	232.38	10.3	244.14	10.5	244.50	10.5	0.1%
侦探小说	54.87	2.4	51.86	2.2	52.27	2.3	0.8%
爱情小说	25.53	1.1	29.68	1.3	30.19	1.3	1.7%
科幻恐怖小说	13.15	0.6	13.40	0.6	13.63	0.6	1.7%
情色小说	25.41	1.1	15.38	0.7	15.82	0.7	2.8%
幽默小说	6.75	0.3	7.16	0.3	7.63	0.3	6.5%
其他小说	3.48	0.2	5.27	0.2	5.17	0.2	1.8%
2. 诗歌、戏剧	6.65	0.3	6.93	0.3	7.00	0.3	1.0%
3. 其他文学体裁	34.93	1.5	35.61	1.5	37.12	1.6	4.2%
二、儿童及青少年图书	258.82	11.5	277.20	12.0	286.17	12.3	3.2%
三、非大学教科书	830.31	36.8	856.04	36.9	828.81	35.7	−3.2%
1. 儿童教育	110.93	4.9	114.37	4.9	114.43	4.9	0.0%
2. 小学教育	362.99	16.1	376.60	16.3	359.86	15.5	−4.4%
3. 中学教育	191.97	8.5	200.05	8.6	190.42	8.2	−4.8%
4. 大学预科	70.44	3.1	71.31	3.1	69.92	3.0	−1.9%
5. 职业培训	18.56	0.8	18.22	0.8	17.79	0.8	−2.3%
6. 配套教材	75.42	3.3	75.50	3.3	76.40	3.3	1.2%
四、科学技术与大学教科书	95.34	4.2	103.01	4.4	107.46	4.6	4.3%
五、社科人文（总计）	237.51	10.5	260.33	11.2	266.19	11.5	2.2%
1. 社科人文	105.26	4.7	104.04	4.5	105.58	4.6	1.5%
2. 法律与经济	98.07	4.3	123.19	5.3	124.80	5.4	1.3%
3. 宗教	34.18	1.5	33.10	1.4	35.81	1.5	8.2%
六、生活实用图书	133.50	5.9	119.05	5.1	123.03	5.3	3.3%
七、大众读物	134.72	6.0	135.53	5.8	135.26	5.8	−0.2%
八、字典与百科全书	40.92	1.8	40.65	1.8	39.85	1.7	−2.0%
九、漫画	60.68	2.7	60.23	2.6	62.76	2.7	4.2%
十、其他	24.28	1.1	17.82	0.8	18.13	0.8	1.8%
总计	2 257.07	100	2 317.20	100	2 319.36	100	0.1%

资料来源：《2017 年西班牙国内图书贸易年度报告》

2017 年，书店和连锁书店仍是西班牙图书销售的主流渠道，占总销售额的 53%。其中书店销售额为 8.14 亿欧元，与 2016 年相比增长了 0.4%，与 2013 年相比则增加了 5.3%；连锁书店销售额为 4.11 亿欧元，虽只比 2016 年增长了 0.1%，但与 2013 年相比，增幅则达到 19%；超级商场和图书俱乐部等图书销售渠道总体呈逐年递减趋势，与此相反，网络销售则逐年攀升，2017 年的销售额比上一年度增长了 3.5%，比 2013 年则增长了 32.3%。（见表 13）

表 13　2013—2017 年西班牙各渠道图书销售情况

单位：百万欧元

类别＼年份	2013	2014	2015	2016	2017	2017/2016 增长幅度
书店	773.83	735.78	788.37	810.86	813.71	0.4%
连锁书店	345.47	365.41	398.88	410.75	411.10	0.1%
超级商场	202.48	185.65	182.91	188.90	189.39	0.3%
报刊亭	79.24	80.76	80.01	80.26	80.20	−0.1%
公司和机构	337.21	330.14	340.66	347.95	346.44	−0.4%
图书馆	10.37	11.49	10.85	10.90	10.88	−0.2%
赊销渠道	74.87	77.45	75.78	77.84	76.93	−1.2%
电话营销渠道	33.75	34.59	35.87	36.85	36.60	−0.7%
邮件营销渠道	13.64	16.34	17.13	16.60	16.26	−2.0%
图书俱乐部	60.71	47.51	44.75	45.97	45.92	−0.1%
网络销售	17.32	19.51	20.27	22.00	22.77	3.5%
订阅渠道	72.22	67.81	65.32	68.11	68.06	−0.1%
其他渠道	80.60	113.32	80.82	83.02	81.99	−1.2%
电子书销售渠道	80.27	110.02	115.44	117.19	119.10	1.6%
总销售额	2 181.97	2 195.80	2 257.07	2 317.20	2 319.36	0.1%

资料来源：《2017 年西班牙国内图书贸易年度报告》

（三）畅销书情况

综合西班牙出版商联合会和“尼尔森图书调查”（Nielsen BookScan）提供的两份年度畅销书榜单，2017 年，最受西班牙读者青睐的仍是西班牙本土作家的作品。此外，风靡全球的英国作家肯·福莱特的《圣殿春秋》、美国作家丹·布朗的《本源》

和英国作家宝拉・霍金斯的《火车上的女孩》等外国文学作品也榜上有名。费尔南多·阿兰布鲁的《祖国》在两份畅销书排行榜上均位列第一，成为年度最受欢迎作品。西班牙女作家多洛蕾斯・雷东多凭借四部作品上榜的骄人成绩，成为 2017 年西班牙最具人气的作家。（见表 14、表 15）

表 14　2017 年西班牙畅销书榜单（西班牙出版商联合会）

序号	作　品	作　者
1	《祖国》（*Patria*）	（西）费尔南多・阿兰布鲁（Fernando Aramburu）
2	《看不见的守护者》（*El guardián invisible*）	（西）多洛蕾斯・雷东多（Dolores Redondo）
3	《圣殿春秋》（*Los pilares de la tierra*）	（英）肯・福莱特（Ken Follett）
4	《大海教堂》（*La catedral del Mar*）	（西）伊德方索・法孔内斯（Ildefonso Falcones）
5	《骨头遗产》（*Legado de huesos*）	（西）多洛蕾斯・雷东多（Dolores Redondo）
6	《火车上的女孩》（*La chica del tren*）	（英）宝拉・霍金斯（Paula Hawkins）
7	《狂风暴雨》（*Ofrenda a la tormenta*）	（西）多洛蕾斯・雷东多（Dolores Redondo）
8	《这一切我都将给你》（*Todo esto te daré*）	（西）多洛蕾斯・雷东多（Dolores Redondo）
9	《风之影》（*La sombra del viento*）	（西）卡洛斯・鲁伊斯・萨丰（Carlos Ruiz Zafón）
10	《寂寂白城》（*El silencio de la ciudad blanca*）	（西）埃娃・加・萨恩斯（Eva García Sáenz）

资料来源：西班牙出版商联合会

表 15　2017 年西班牙畅销书榜单

序号	作　品	作　者
1	《祖国》（*Patria*）	（西）费尔南多・阿兰布鲁（Fernando Aramburu）
2	《本源》（*Origen*）	（美）丹・布朗（Dan Brown）
3	《圣殿春秋》（*Los pilares de la tierra*）	（英）肯・福莱特（Ken Follett）
4	《这一切我都将给你》（*Todo esto te daré*）	（西）多洛蕾斯・雷东多（Dolores Redondo）
5	《幽灵迷宫》（*El laberinto de los espíritus*）	（西）卡洛斯・鲁伊斯・萨丰（Carlos Ruiz Zafón）
6	《看不见的火》（*El fuego invisible*）	（西）哈维尔・希埃拉（Javier Sierra）
7	《冬天过后》（*Más allá del invierno*）	（智利）伊莎贝尔・阿连德（Isabel Allende）
8	《寂寂白城》（*El silencio de la ciudad blanca*）	（西）埃娃・加・萨恩斯（Eva García Sáenz）
9	《加西亚医生的病人》（*Los pacientes del doctor García*）	（西）阿尔穆德娜・格兰德丝（Almudena Grandes）
10	《法尔科》（*Falcó*）	（西）阿图洛・贝雷兹—雷维特（Arturo Pérez-Reverte）

资料来源：尼尔森图书调查

（四）电子书情况

随着数字化技术日益成熟，大众对电子书的接受度进一步提升。西班牙电子书销售渠道的销售额呈现逐年上升趋势，2017 年的销售额为 1.19 亿欧元，比 2016 年的 1.17 亿欧元上升了 1.6%，占图书销售总额的 5.1%；电子书平均售价为 9.3 欧元，比 2016 年下降了 2.3%。2017 年，西班牙共计出版电子书 47 001 种，比 2016 年的 45 658 种上升了 2.9%；销售的电子书共计 1 280 万册，比上一年度增加了 4%。（见表 16）

表 16　2015—2017 年西班牙电子书出版及销售情况

类别＼年份	2015	2016	2017	2017/2016 增长幅度
电子书销售额（百万欧元）	115.442	117.192	119.100	1.6%
电子书平均售价（欧元）	9.1	9.5	9.3	-2.3%
电子书出版（种）	44 209	45 658	47 001	2.9%
电子书销售（百万册）	12.7	12.3	12.8	4%

资料来源：《2017 年西班牙国内图书贸易年度报告》

社科人文类电子书销售额为 5 225 万欧元，占 2017 年西班牙各类电子书销售总额的 43.9%，其中又以法律与经济类电子书为主，占 40.8%；非大学教科书类销售额为 2 673 万欧元，占销售总额的 22.4%；文学类电子书销售额略有上升，为 2 365 万欧元，占销售总额的 19.9%，其中又以小说类电子书为主，占 18.8%。以上三类电子书占西班牙全国电子书销售总额 86.2%，与 2016 年基本持平。（见表 17）

表 17　2015—2017 年西班牙各类电子书销售情况

单位：百万欧元

类别	2015 年		2016 年		2017 年	
	销售额	百分比	销售额	百分比	销售额	百分比
文学（总计）	20.403	17.7%	23.137	19.7%	23.653	19.9%
小说	18.919	16.4%	21.916	18.7%	22.364	18.8%
诗歌、戏剧	0.09	0.1%	0.052	0.0%	74	0.1%
其他文学体裁	1.394	1.2%	1.169	1.0%	1.215	1.0%
儿童及青少年图书	6.073	5.3%	5.682	4.8%	5.796	4.9%

续表

类别	2015 年		2016 年		2017 年	
	销售额	百分比	销售额	百分比	销售额	百分比
非大学教科书	27.170	23.5%	26.203	22.4%	26.730	22.4%
科学技术与大学教科书	4.467	3.9%	4.915	4.2%	5.007	4.2%
社科人文（总计）	52.252	45.3%	51.995	44.4%	52.252	43.9%
社科人文	2.783	2.4%	2.994	2.6%	3.123	2.6%
法律与经济	48.917	42.4%	48.487	41.4%	48.576	40.8%
宗教	0.553	0.5%	0.515	0.4%	552	0.5%
生活实用图书	3.052	2.6%	2.673	2.3%	3.127	2.6%
大众读物	1.507	1.3%	1.676	1.4%	1.681	1.4%
字典与百科全书	0.067	0.1%	0.133	0.1%	101	0.1%
漫画	0.126	0.1%	0.262	0.2%	257	0.2%
其他	0.326	0.3%	0.514	0.4%	497	0.4%
总计	115.442	100.0%	117.192	100.0%	119.100	100.0%

资料来源：《2017 年西班牙国内图书贸易年度报告》

2017 年，西班牙电子书销售渠道中，电子书专门销售平台仍为主流渠道，销售额为 9 476.9 万欧元，占总销售额的 79.6%，较 2016 年略有增长，其中亚马逊、西班牙“书之家”（Casa del Libro）、谷歌和苹果等销售平台的销售额为 5 606.5 万欧元，占 47.1%，仅亚马逊销售平台即占 22.4%；通过出版社网站直接销售的电子书销售额为 1 787.9 万欧元，占总销售额的 15%；通过书店销售的电子书销售额呈逐年下降趋势，2017 年仅为 93 万欧元，占总销售额的 0.8%。（见表 18）

表 18　2015—2017 年西班牙电子书各渠道销售情况

类别	2015 年		2016 年		2017 年	
	销售额（百万欧元）	百分比	销售额（百万欧元）	百分比	销售额（百万欧元）	百分比
出版社网站直接销售	16.725	14.5%	17.467	14.9%	17.879	15.0%
电子书专门销售平台	90.584	78.5%	93.182	79.5%	94.769	79.6%
出版社自建平台	33.559	29.1%	33.186	28.3%	32.918	27.6%
出版社共建平台	4.375	3.8%	4.490	3.8%	5.786	4.9%
普通销售平台及其他	52.649	45.6%	55.505	47.4%	56.065	47.1%

续表

类别	2015 年		2016 年		2017 年	
	销售额（百万欧元）	百分比	销售额（百万欧元）	百分比	销售额（百万欧元）	百分比
亚马逊	24.705	21.4%	26.499	22.6%	26.637	22.4%
西班牙“书之家”	8.455	7.3%	8.704	7.4%	8.824	7.4%
谷歌 Google Play	3.948	3.4%	3.351	2.9%	3.587	3.0%
苹果 APP Store	6.165	5.3%	6.373	5.4%	6.392	5.4%
其他销售平台	9.377	8.1%	10.578	9.0%	10.625	9.0%
书店销售	2.994	2.6%	1.114	1.0%	930	0.8%
其他销售渠道	5.138	4.5%	5.429	4.6%	5.522	4.6%
总计	115.442	100.0%	117.192	100.0%	119.100	100%

资料来源：《2017 年西班牙国内图书贸易年度报告》

西班牙电子书的出版格式主要为 PDF、ePUB、MobiPocket 通用格式、MobiPocket kindle 电子书、电子白板等类型，主要集中在 PDF 和 ePUB 两种格式，分别占 38.6% 和 52.8%。与 2016 年相比，增幅最大的为 ePUB 格式的电子书，增长 5%，降幅最大的为其他格式（html5、flash 等）电子书，达到 9.5%。（见表 19）

表 19　西班牙电子书出版主要形式

单位：%

类别＼年份	2015	2016	2017	2017/2016 增长幅度
PDF 格式	40.1	40.9	38.6	-2.3
ePUB 格式	49.1	47.8	52.8	5.0
MobiPocket 通用格式	0.8	0.7	0.8	0.1
MobiPocket Kindle 格式	6.0	5.0	7.0	2.0
电子白板格式	0.6	1.0	0.9	-0.1
其他格式（html5、flash 等）	19.5	20.1	16.1	-9.5

资料来源：《2017 年西班牙国内图书贸易年度报告》

（五）进出口贸易情况

1. 出口情况

据西班牙书商联合会发布的《西班牙图书对外贸易年度报告》（*Comercio*

Exterior del Libro）数据显示，2001 年，西班牙图书出口额超过 6 亿欧元，之后基本呈现逐年下滑趋势。受经济危机影响，2009 年，西班牙图书出口额降至 4.42 亿欧元，为近些年最低点。2010 年后呈现缓慢上升趋势，2017 年出口额为 5.89 亿欧元，比 2016 年的 5.72 亿增加了 2.99%，但仍未达到 2001 年的水平。（见表 20）

表 20　2008—2017 年西班牙图书出口量比较

单位：百万欧元

年份	出口额	年份	出口额
2008	545.982	2013	526.482
2009	442.367	2014	541.765
2010	457.792	2015	552.366
2011	506.537	2016	571.767
2012	527.343	2017	588.856

资料来源：《2017 年西班牙图书对外贸易年度报告》

欧盟为西班牙图书出口的主要地区，2017 年出口额为 3.53 亿欧元，占 2017 年出口总量的 59.87%，比 2016 年下降了 3.43 个百分点；拉丁美洲讲西班牙语和葡萄牙语的国家，即伊比利亚美洲地区，凭借语言优势成为第二大出口地区，2017 年的出口额为 2 亿欧元，占 2017 年出口总量的 33.97%，较 2016 年的 1.74 亿欧元增幅明显；北美洲地区出口额为 1 438.4 万欧元，占出口总量的 2.44%，较 2016 年的 1 674.9 万略有下降；欧洲其他地区、非洲、亚洲及大洋洲占比较少。（见表 21）

表 21　2017 年西班牙图书出口情况

单位：千欧元

地区	欧盟	伊比利亚美洲	北美洲	欧洲其他地区	非洲	亚洲	大洋洲	总额
金额	352 547	200 031	14 384	12 729	6 195	2 029	941	588 856
百分比	59.87%	33.97%	2.44%	2.16%	1.05%	0.34%	0.17%	100.00%

资料来源：《2017 年西班牙图书对外贸易年度报告》

法国仍是西班牙图书出口最主要的国家。2017 年，西班牙向法国的图书出口额高达 1.73 亿欧元，占总出口额的 29%，其次为墨西哥、英国、阿根廷及葡萄牙等欧洲及美洲国家。值得指出的是，与 2016 年相比，2017 年，西班牙向阿根廷和巴西的出口额明显上升，而向葡萄牙和智利的出口额则有明显下降。（见表 22）

表 22　2017 年西班牙图书出口国别情况

单位：百万欧元

序号	国别	出口额	序号	国别	出口额
1	法国	172.570	8	巴西	13.458
2	墨西哥	64.169	9	智利	13.074
3	英国	61.997	10	德国	12.907
4	阿根廷	56.529	11	荷兰	12.667
5	葡萄牙	46.477	12	秘鲁	11.651
6	意大利	25.524	13	哥伦比亚	11.576
7	美国	13.637	14	其他国家	72.620

资料来源：《2017 年西班牙图书对外贸易年度报告》

2017 年，由西班牙出版社直接出口的图书金额为 3.3 亿欧元，较 2016 年的 3.1 亿欧元增长了 6.27%。从细分类别看，图书类的出口额自 2016 年经历大幅下降后，在 2017 年实现反弹。2017 年，图书类的出口额比上一年度增长 9.26%，达到 1.8 亿欧元。其他印刷品及报刊亭读物类别的出口额也小幅上涨 2.89%，从 2016 年的 1.46 亿欧元涨至 2017 年的 1.50 亿欧元。与 2016 年相比，图书类中仅有非大学教科书和社会科学类图书下降，降幅分别为 7.01% 和 10.02%，其他图书的出口额均有不同程度的上涨，其中涨幅最大的为漫画类图书（149.33%）、生活实用图书（32.75%）和文学类图书（28.33%）。（见表 23）

从印刷量看，2017 年，西班牙出版社直接出口的图书为 750.27 万册，较 2016 年的 788.32 万册下降了 4.83%。从细分类别看，图书类由 2016 年的 321.06 万册降至 301.61 万册，减少了 6.06%，其中降幅最大的为社会科学类图书（21.25%）、儿童及青少年图书（20.50%）和非大学教科书（16.47%）。其他印刷品及报刊亭读物类也下降了 3.98%，由 2016 年的 467.26 万册降至 2017 年的 448.67 万册。（见表 23）

表 23　2016—2017 年西班牙图书出口细分市场

类别	金额（千欧元）		2017/2016 增长幅度	册数（千册）		2017/2016 增长幅度
	2016 年	2017 年		2016 年	2017 年	
一、图书类	164 962	180 237	9.26%	32 106	30 161	-6.06%
1. 文学	19 208	24 065	28.33%	4 066	4 519	11.14%
2. 儿童及青少年图书	22 249	24 862	11.74%	6 010	4 778	-20.50%
3. 非大学教科书	21 603	20 089	-7.01%	3 929	3 282	-16.47%
4. 科学技术	18 435	21 690	17.66%	1 408	1 710	21.45%
5. 社会科学	31 493	28 336	-10.02%	5 854	4 610	-21.25%
6. 法律与经济	2 062	2 581	25.17%	296	357	20.61%
7. 科普读物	9 728	11 176	14.88%	1 304	1 529	17.25%
8. 生活实用图书	6 061	8 046	32.75%	1 328	1 377	3.69%
9. 宗教	25 076	27 842	11.03%	6 380	6 246	-2.10%
10. 字典与百科全书	8 144	8 921	9.54%	1 364	1 395	2.27%
11. 漫画	371	925	149.33%	63	155	146.03%
12. 其他	532	1 119	110.34%	104	203	95.19%
二、其他印刷品及报刊亭读物	146 186	150 405	2.89%	46 726	44 867	-3.98%
总额	311 148	330 643	6.27%	78 832	75 027	-4.83%

资料来源：《2017 年西班牙图书对外贸易年度报告》

2. 进口情况

据《2017 年西班牙图书对外贸易年度报告》统计数据显示，2017 年，西班牙出版物进口额为 1.9 亿欧元，较 2016 年的 2 亿欧元下降了 4.33%。西班牙出版物进口产品分图书、报刊类出版物及其他类型出版物三部分，其中 2017 年图书类进口额为 1.3 亿欧元，占总进口额的 67.49%，较 2016 年的 1.28 亿欧元增长了 1.28%；报刊类出版物进口额为 5 987.5 万欧元，占总进口额的 31.09%，较 2016 年的 7 007.7 万欧元下降了 14.56%；其他类型出版物的进口额为 272.6 万欧元，占总进口额的 1.42%，较 2016 年的 288.6 万欧元减少 5.54%。（见表 24）

表 24　2016—2017 年西班牙图书进口情况比较

单位：百万欧元

类别＼年份	2016	2017	2017/2016 增长幅度
图书	128.360	129.999	1.28%
报刊类出版物	70.077	59.875	−14.56%
其他类型出版物	2.886	2.726	−5.54%
总进口额	201.324	192.600	−4.33%

资料来源：《2017 年西班牙图书对外贸易年度报告》

欧洲为西班牙出版物的主要进口地区，2017 年进口额为 1.2 亿欧元，占 2017 年总进口额的 64.50%，较 2016 年下降 4.17%；其次为亚洲，进口额为 6 268 万欧元，占总进口额的 32.54%，较 2016 年降低 4.87%；美洲的进口额为 531.2 万欧元，占 2017 年总进口额的 2.76%，较 2016 年下降 2.84%；非洲及大洋洲的进口额极少，为 37.8 万欧元，仅占总进口额的和 0.2%，与 2016 年相比增加了 13.86%。从细分类别进口额看，2017 年，西班牙图书类主要进口地区为欧洲和亚洲，报刊类出版物则主要由欧洲进口。（见表 25）

表 25　2016—2017 年西班牙图书进口各大洲情况

单位：百万欧元

类别	2017 年图书	2017 年报刊类出版物	2017 年其他类型出版物	总计		2017/2016 增长幅度
				2016 年	2017 年	
欧洲	63.733	57.811	2.686	129.633	124.230	-4.17%
亚洲	62.621	0.033	0.026	65.892	62.680	-4.87%
美洲	3.268	2.030	0.014	5.467	5.312	-2.84%
非洲及大洋洲	0.377	0.001	0	0.332	0.378	13.86%
总额	129.999	59.875	2.726	201.324	192.600	-4.33%

资料来源：《2017 年西班牙图书对外贸易年度报告》

按国别细分，中国已连续五年蝉联榜首。2017 年，西班牙从中国内地及香港地区进口图书额为 5 775.14 万欧元，占总进口额的 29.99%。值得指出的是，西班牙从亚洲进口的图书中，绝大部分是由西班牙出版社独家出版或联合其他出版社出版的图书，在中国、泰国、印度等地印刷，而不是由亚洲出版社直接出版的图书。因此，2017 年，西班牙从中国进口的出版物主要以图书类为主，该部分的 5 771.03 万欧元进口额主要是指在中国印刷的图书，而不是由中国出版社直接出版的图书。2017 年，德国超过英国成为西班牙第二大图书进口国，2017 年的进口额为 3 660.53 万欧元，占总进口额的 19.01%，其中，报刊类出版物的进口额高达 2 588.06 万欧元，德国成为该类别的最大进口国；英国位居第三，2017 年的进口额为 3 649.64 万欧元，占总进口额的 18.95%；法国位列第四，2017 年的进口额为 2 265.35 万欧元，占总进口额的 11.76%，其中，其他类型出版物的进口额高达 143.66 万欧元，法国成为该类别的最大进口国。（见表 26）

表 26　2017 年西班牙图书主要进口国情况

单位：欧元

国别	图书	报刊类出版物	其他类型出版物	总计	所占比例
中国	57 710 290	15 345	25 782	57 751 417	29.99%
德国	10 615 201	25 880 650	109 439	36 605 290	19.01%
英国	27 542 064	8 862 361	91 971	36 496 396	18.95%
法国	12 110 265	10 399 566	143 661	22 653 492	11.76%

资料来源：《2017 年西班牙图书对外贸易年度报告》

2017 年，西班牙图书类进口额为 1.30 亿欧元，较 2016 年的 1.28 亿欧元增长了 1.28%。其中，国外图书的进口额为 3 982.4 万欧元，占图书类进口总额的 30.63%，较 2016 年的 3 792.5 万欧元增加了 5.01%；在国外印刷或联合出版类的进口额为 9 017.6 万欧元，占书籍类进口总额的 69.37%，基本与 2016 年的 9 043.5 万欧元持平。2017 年，西班牙图书类共进口 335 万册图书，与 2016 年的 348.4 万册相比，减少了 3.83%，其中，进口国外图书 27.18 万册，占图书类进口总册数的 8.11%，较 2016 年的 26.32 万增加了 3.27%；在国外印刷或联合出版的图书为 307.86 万册，占图书类进口总册数的 91.89%，较 2016 年的 322.06 万册减少了 4.42%。（见表 27）

表 27　2016—2017 年西班牙图书类进口细分市场

类别	金额（千欧元）		2017/2016 增长幅度	册数（千册）		2017/2016 增长幅度
	2016 年	2017 年		2016 年	2017 年	
一、国外图书	37 925	39 824	5.01%	2 632	2 718	3.27%
1. 文学	7 085	7 024	−0.86%	612	603	−1.47%
2. 儿童及青少年图书	2 023	2 900	43.35%	193	254	31.61%
3. 非大学教科书	488	661	35.45%	39	50	28.21%
4. 科学技术	7 034	6 933	−1.44%	309	296	−4.21%
5. 社会科学	14 024	14 069	0.32%	903	885	−1.99%
7. 科普读物	5 537	6 145	10.98%	430	467	8.60%
8. 生活实用图书	214	201	−6.07%	40	37	−7.50%
9. 字典与百科全书	40	46	15.00%	2	3	50.00%
10. 漫画	881	925	4.99%	73	77	5.48%
11. 其他	599	920	53.59%	30	47	56.67%
二、印刷或联合出版	90 435	90 176	−0.29%	32 206	30 784	−4.42%
图书类总额	128 360	129 999	1.28%	34 838	33 502	−3.83%

资料来源：《2017 年西班牙图书对外贸易年度报告》

三、期刊业发展状况

《2017 年西班牙广告市场报告》（*Estudio Infoadex de la Inversión Publicitaria en España 2017*）数据显示，2017 年，西班牙广告市场的实际支出总额为 122.88 亿欧元，较 2016 年的 120.67 亿欧元增加 1.8%，较 2015 年则增加了 4.6%。其中，西班牙常规媒体实际广告支出占全部媒体广告支出的 43.6%，为 53.56 亿欧元，较 2016 年的 52.35 亿欧元增加了 2.3%，较 2015 年增加 6.8%；西班牙非常规媒体实际广告支出占全部媒体广告支出的 56.4%，为 69.32 亿欧元，较 2016 年的 68.32 亿欧元增加了 1.5%，较 2015 年增加 3.1%。（见表 28）

2017 年，在西班牙各类常规媒体的广告支出中，电视仍为广告盈利的主要平台。2017 年，电视广告支出占所有常规媒体的 40%，其广告支出额为 21.43 亿欧元，较 2016 年的 21.22 亿欧元增加了 1%，较 2015 年增加了 6.6%。互联网位居第二，占所有常规媒体广告支出的 28.9%，2017 年的广告支出额为 15.48 亿欧元，较 2016 年的 14.08 亿欧元增加了 10%，较 2015 年增长了 23.9%。日报仍排名第三，但近些年来呈递减趋势。2017年，日报的广告支出额为5.67亿欧元，较2016年的6.17亿欧元减少了8.1%，较2015年则减少了13.9%。与2016年相比，2017年，西班牙各类常规媒体中广告支出增幅最大的为电影和互联网，涨幅分别为12.7%和10%，且呈逐年递增趋势；降幅最大的为周日刊和日报，且呈逐年递减趋势，降幅分别为8.5%和8.1%。（见表28）

表28 2015—2017年西班牙广告市场实际支出情况

单位：百万欧元

类别 \ 年份	2015	2016	2017	2017/2016增长幅度	2017/2015增长幅度
一、常规媒体	5 016.7	5 234.7	5 355.9	2.3%	6.8%
1. 电影	22.0	22.6	33.7	12.7%	53.1%
2. 日报	658.9	617.4	567.4	-8.1%	-13.9%
3. 周日刊	37.8	33.8	31.0	-8.5%	-18.1%
4. 户外广告	327.4	321.0	326.6	1.7%	-0.2%
5. 互联网	1 249.8	1 407.8	1 548.1	10.0%	23.9%
6. 广播	454.4	458.0	465.8	1.7%	2.5%
7. 杂志	255.2	252.2	240.1	-4.8%	-5.9%
8. 电视	2 011.3	2 121.9	2 143.3	1.0%	6.6%
二、非常规媒体	6 725.5	6 832.2	6 931.6	1.5%	3.1%
合计	11 742.2	12 067.0	12 287.5	1.8%	4.6%

资料来源：《2017年西班牙广告市场报告》

西班牙国家统计局的数据显示，西班牙报刊类的文化消费支出呈逐年下降态势。2017年，西班牙报刊类的文化消费支出为7.3亿欧元，较2016年减少了1.2亿，较2015年则减少了1.5亿。家庭平均报刊类文化消费支出为39.6欧元，人均报刊类文化消费支出为15.9欧元，均低于2016年。报刊类的文化消费支出仍以报纸为主，2017年，西班牙报纸消费支出为5.5亿欧元，较2016年的6.6亿欧元降幅明显；杂志的消费支出为1.8亿欧元，较2016年的1.9亿欧元有所下降。（见表29）

表 29　2015—2017 年西班牙报刊类文化消费情况

类别	消费支出（百万欧元）			家庭平均消费支出（欧元）			人均消费支出（欧元）		
年份	2015	2016	2017	2015	2016	2017	2015	2016	2017
报纸	—	657.8	549.6	—	35.7	29.7	—	14.3	11.9
杂志	—	191.7	184.0	—	10.4	9.9	—	4.2	4.0
总额	883.3	849.5	733.6	48.1	46.1	39.6	19.2	18.5	15.9

资料来源：西班牙国家统计局

《2017 年西班牙国民阅读习惯与图书消费报告》数据显示，2017 年，年龄在 14 岁或以上的西班牙民众中，94.7% 的人至少每季度阅读一次，其中，阅读杂志的读者为 41.2%，阅读报纸的读者为 74.6%。虽然这一比例要高于阅读图书的读者比例，但通过比较 2010—2017 年的数据，可以看到图书的读者呈递增趋势，而杂志和报纸的读者则总体呈递减趋势。（见表 30）

表 30　2010—2017 年西班牙国民阅读情况比较

类别／年份	14 岁或以上读者占比	图书读者占比	杂志读者占比	报纸读者占比
2010	90.5%	60.3%	48.9%	78.1%
2011	90.4%	61.4%	46.3%	77.6%
2012	92.0%	63.0%	47.6%	79.4%
2017	94.7%	65.8%	41.2%	74.6%

资料来源：《2017 年西班牙国民阅读习惯与图书消费报告》

从阅读频率看，2017 年，年龄在 14 岁或以上的西班牙民众中每季度至少阅读一次杂志的读者为 41.2%，每周至少阅读一次杂志的读者为 24.0%；每季度至少阅读一次报纸的读者为 74.6%，每周至少阅读一次报纸的读者为 69.6%。从读者性别看，女性读者明显更偏好阅读杂志，而男性读者则更喜欢阅读报纸。（见表 31）

表 31　2017 年西班牙男性和女性读者阅读情况比较

类别 性别	14 岁或以上读者	图书读者	杂志读者	报纸读者
男性	94.9%	63.6%	35.6%	82.2%
女性	94.4%	67.9%	46.7%	67.0%

资料来源：《2017 年西班牙国民阅读习惯与图书消费报告》

西班牙媒体研究协会（Asociación para la Investigación de Medios de Comunicación）公布的数据显示，近十年来西班牙的日报、副刊、杂志的订阅用户呈逐年递减趋势，且降幅明显。订阅日报的用户由 2008 年的 42.1% 降至 2017 年的 24.3%，订阅副刊的用户由 2008 年的 21.7% 降至 2017 年的 8.7%，订阅杂志的用户由 2008 年的 53.3% 降至 2017 年的 32.8%。与此相反，互联网用户逐年递增，发展迅猛，由 2008 年的 29.9% 升至 2017 年的 75.5%。电视用户则基本稳定，每年相差不大。（见表 32）

表 32　2008—2017 年西班牙各主要媒体用户量比较

单位：%

年份 类别	2008	2009	2010	2011	2012	2013	2014	2015	2016	2017
日报	42.1	39.8	38.0	37.4	36.1	32.4	29.8	28.5	26.5	24.3
副刊	21.7	21.9	19.2	18.2	16.2	14.6	12.7	11.0	9.5	8.7
杂志	53.3	51.3	50.4	48.9	45.4	43.4	41.0	38.5	35.2	32.8
电视	88.5	89.0	87.9	88.5	89.1	88.7	88.6	88.3	87.8	85.2
互联网	29.9	34.3	38.4	42.5	46.7	53.7	60.7	66.7	71.9	75.5

资料来源：西班牙媒体研究协会

2017 年，西班牙日报、副刊及杂志的订阅用户中，日报的男性读者数量明显高于女性读者，而副刊和杂志的女性读者则要高于男性读者，尤其是杂志。（见表 33）

表 33　2017 年西班牙报刊订阅情况

类别	14 岁及以上人口	日报订阅用户占比	副刊订阅用户占比	杂志订阅用户占比
男性	19 365 000	30.2%	7.7%	27.9%
女性	20 418 000	18.7%	9.6%	37.3%
总数	39 783 000	24.3%	8.7%	32.8%

资料来源：西班牙媒体研究协会

2017 年，西班牙最受读者欢迎的日报与 2016 年基本一致，排名前 10 位的日报中包括 6 份综合性报纸和 4 份体育运动类报纸。体育运动类日报《马卡报》蝉联榜首，综合性报纸《国家报》则继续保持第二位。2017 年，西班牙最受读者欢迎的杂志仍为以女性读者为主的时尚、美容、健康和娱乐资讯类杂志，排行榜情况与 2016 年基本一致。其中，《资讯速递》和《你好》再度蝉联西班牙最受欢迎周刊榜的前两位，《国家地理》则超过《妙趣横生》成为 2017 年西班牙最受欢迎的月刊。（见表 34）

表 34　2017 年西班牙最受读者欢迎的日报及刊物

类别	序号	名称
日报	1	《马卡报》（*Marca*）
	2	《国家报》（*El País*）
	3	《AS 报》（*AS*）
	4	《世界报》（*El Mundo*）
	5	《先锋报》（*La Vanguardia*）
	6	《加利西亚之声报》（*La Voz de Galicia*）
	7	《报纸》（*El Periódico*）
	8	《体育世界》（*El Mundo Deportivo*）
	9	《ABC 报》（*ABC*）
	10	《体育报》（*Sport*）
周刊	1	《资讯速递》（*Pronto*）
	2	《你好》（*Hola*）
	3	《读者文摘》（*Lecturas*）
	4	《十分钟》（*Diez Minutos*）
	5	《星期周刊》（*Semana*）

续表

类别	序号	名称
月刊	1	《国家地理》（*National Geographic*）
	2	《妙趣横生》（*Muy interesante*）
	3	《乐享生活》（*Saber vivir*）
	4	《Vogue 杂志》（*Vogue*）
	5	《历史杂志》（*Historia National Geographic*）

资料来源：西班牙媒体研究协会

参考文献

1. 西班牙国家统计局官网 .www.ine.es.

2. 西班牙教育、文化和体育部 .《文化产业年度报告》（*Anuario de Estadísticas Culturales*）.

3. 西班牙教育、文化和体育部 .《西班牙图书行业报告》（*El Sector del Libro en España*）.

4. 西班牙教育、文化和体育部 .《2017 年西班牙图书出版概览》（*Panorámica de la Edición Española de Libros 2017*）.

5. 西班牙出版商联合会 .《2017 年西班牙国内图书贸易年度报告》（*Comercio Interior del Libro en España 2017*）.

6. 西班牙书商联合会 .《2017 年西班牙图书对外贸易年度报告》（*Comercio Exterior del Libro 2017*）.

7. 西班牙出版商联合会 .《2017 年西班牙国民阅读习惯与图书消费报告》（*Hábitos de Lectura y Compra de Libros en España 2017*）.

8. 西班牙媒体研究协会官网：http：//www.aimc.es.

9.《2017 年西班牙广告市场报告》（*Estudio Infoadex de la Inversión Publicitaria en España 2017*）.

（作者单位：中国社会科学院拉丁美洲研究所）

2017 年日本出版业发展报告

秦石美 朱 华

一、出版业发展背景

（一）总体经济环境

2017 年，日本 GDP 为 48 604 亿美元，居世界第三位，人均 GDP 为 38 348 美元，在经济合作与发展组织（OECD）成员国中居第 20 位。日本内阁府 2017 年发布的题为《技术革新和劳动改革带来的新成长》的年度经济财政报告指出，在安倍内阁四年半来的一系列政策措施下，日本经济持续恢复，达到了超过泡沫经济时期的战后第三高度。其中，为促进女性和高龄人口的劳动参与率和改善劳动者生活水平的劳动改革与为对应人口减少和少子高龄化的加剧的技术革新为本次经济恢复的两大特征，与国民生活密切相关的雇佣关系和国民收入情况的改善使得日本国民对此次经济好转更具有“实感”，日本政府高呼进入 5.0 社会（Society 5.0）。但是，日本经济形势的好转并没能改变日本出版业萧条的窘境。2017 年，日本出版市场遭遇了连续 13 年的负增长后，出现了历史最大的负增长，出版物总销售额（不含电子出版物）为 13 701 亿日元，同比下降 6.9%。其中，图书的销售额为 7 152 亿日元，较前一年减少了 3.0%。与图书相比，杂志的销售情况更是持续低迷，2017 年甚至第一次出现了两位数的降幅，销售额为 6 548 亿日元，同比减少了 10.8%（791 亿日元）。日本出版业总体情况不容乐观。

2011 年以来，日本媒体的广告投放量持续增长，2017 年广告费总额为 63 907 亿日元，比上一年增加了 1 027 亿日元。四大传统大众媒体的广告投放量为 27 938 亿日元，约占总额的 44%，其中报纸、杂志类纸媒的广告费呈减少趋势，而广播和电视的广告费则在平稳中略有上升，虽然电视媒体的广告费近年来有增有减，但总体波动不大。与传统媒体相比，互联网的广告投放量持续走高，2017 年达到了历史最高的 15 094 亿日元，约占总额的 24%。

（二）国民阅读状况

1. 阅读率

2017 年，日本的阅读率持续下滑，图书和杂志的综合阅读率为 65%，比上一年下降了 5%。其中，图书的阅读率为 45%，与前年相比下降了 4 个百分点；杂志为 46%，同比下降 6%。（见表 1）据日本每日新闻社发表的《第 71 次读书舆论调查》结果，图书的“不读率”较前年有所增长，图书和杂志的“不读率”均为 53%，较前年分别上升了 5% 和 6%。其中，图书的“不读率”是自 2006 年以来时隔 11 年首次超过阅读率，杂志的“不读率”也是自 2012 年来首次超过阅读率。

表 1　图书阅读率细分情况表

分类＼阅读率	全体	男性	女性
图书	45%	42%	47%
周刊	34%	38%	30%
月刊	25%	24%	26%
杂志综合（周刊 + 月刊）	46%	47%	45%
漫画	26%	30%	22%
录像带 · DVD	44%	44%	44%
综合阅读率（图书 + 杂志）	65%	64%	66%

资料来源：全国出版协会、出版科学研究所《出版指标年报 2018 年版》

2. 阅读时间及图书购买情况

《第 71 次读书舆论调查》还显示，2017 年，日本国民一天的综合平均阅读时间为 40 分钟，比上一年减少了 8 分钟。一天平均阅读图书的时间为 23 分钟，比前年减少了 2 分钟；杂志为 18 分钟，比上一年减少了 5 分钟。

在图书购买情况上，日本国民月均购书费用（含杂志、漫画）不足 1 000 日元的占 39%（同比增加 2%），1 000~2 000 日元之间的占 22%（同比减少 5%），综合月均购书费用在 2 000 日元以下的占比超过了六成；5 000 日元以上的为 3%，同比增加 1%；几乎不买书的占 20%，同比增加 7%。（见图 1）

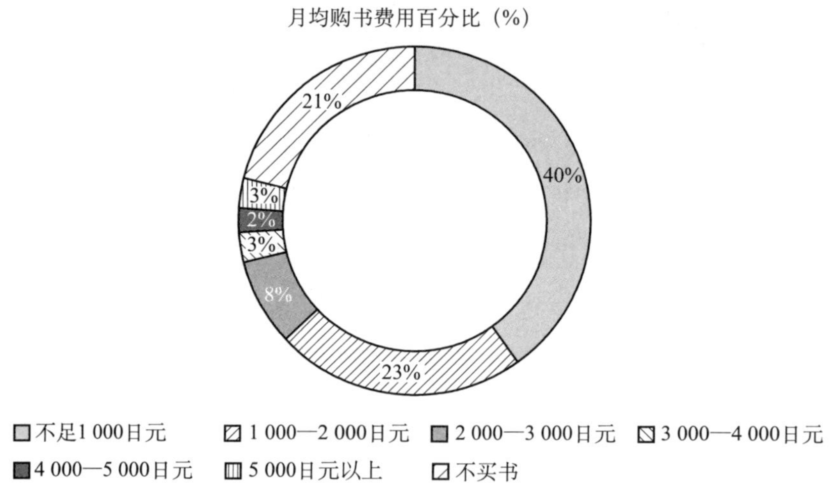

图 1　2017 年日本国民月均购书费用

资料来源：全国出版协会・出版科学研究所《出版指标年报 2018 年版》

3. 阅读量和阅读类别

日本国民 2017 年的每月平均阅读量同比略有下降，其中，单行本、文库本和新书的月均阅读量与上一年相同，均为 0.6 册。杂志中周刊杂志的月均阅读量为 1.0 册，比前年减少了 0.1 册；月刊杂志为 0.4 册，也比前年减少了 0.1 册。漫画图书（不含漫画杂志）的月均阅读量为 1.2 册，比前年为微增 0.2 册。录像带、DVD 的月均观看数为 1.8 部，比前年减少了 0.2 部。

2017 年，日本国民阅读图书的类别（杂志、漫画除外）中，“爱好、体育”类时隔三年重回榜首，为 42%。2015 年和 2016 年蝉联首位的“日本小说”退居第二，为 34%，比前年减少了 10%。“生活・烹饪・育儿”连续六年位居第三，为 32%，比去年减少了 3%。与往年一样，男性以“爱好・体育”类为最多，为 52%；女性以“生活・烹饪・育儿”为最多，为 56%。（见图 2）

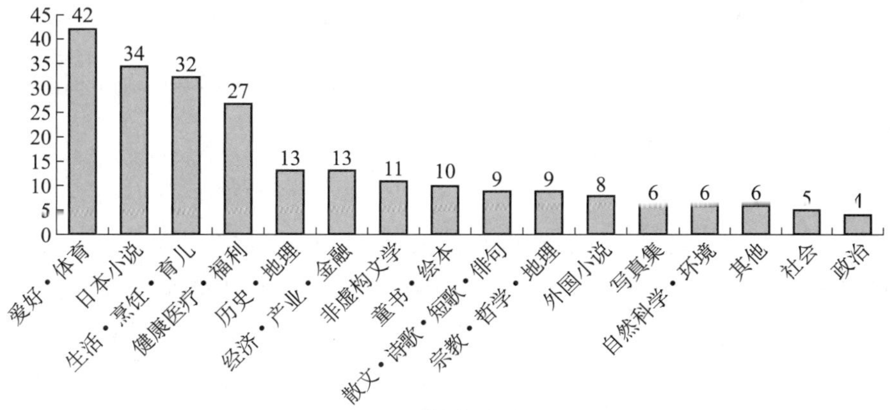

图 2　2017 年日本国民图书阅读类别排名

资料来源：全国出版协会·出版科学研究所《出版指标年报 2018 年版》

4. 电子书阅读情况

2017 年，日本国民的综合电子书阅读率为 27%，与前年持平。受访者中回答“基本不读”的人占 34%，比上一年下降了 5 个百分点。电子书的阅读类别中，“漫画”仍居首位，为 69%，比前年增加了 7%。“小说”持续减少，为 41%，同比减少了 3%，但仍居第二位。往后以依次为“杂志”27%、“实用书”14%、“商务书”12%、“非虚构文学”6%，与上一年相比均有所下降。

在阅读设备上，使用人数最多的是“智能手机”，为 79%，比前年增加了 5%。往后依次为“平板电脑”29%、“电脑”22%、“亚马逊 kindle”6%。其中使用“电脑”阅读电子书的人数比前年增加了 12%。

受访者中每天阅读一次电子书的人数占 19%，至少每周和每月阅读一次的人数分别占 23% 和 24%。

（三）公共图书馆和学校图书馆情况

1. 公共图书馆

2017 年，日本公共图书馆的图书采购及借阅数据均略有下降，另外，图书馆费用预算却仍保持增长势头。日本图书馆协会公布的《公共图书馆集计 2017 年》资料显示，2017 年，日本公共图书馆总数为 3 292 所，与前年相比增加了 12 所。公共图书馆面向个人借出的各类图书及影像视听资料为 6.9 亿余册（部），比上一年减少了

1.7%。来馆人数超过了 3.4 亿人次，同比增加了 1%。采购图书册数为 1 350.7 万册（种），同比减少了 0.19%。2017 年，日本公共图书馆费用预算为 1 652.1 亿日元，资料费预算为 279.25 亿日元。（见表 2）

表 2 近年来公共图书馆图书采购及借阅情况

年份 \ 类别	图书馆数	藏书册数（万册）	采购图书册数（万册）	来馆人数（万人）	馆外个人借出总数（万人）	资料费预算（万日元）
2013	3 248	41 754.7	1 429.8	30 997.7	71 149.4	2 793 171
2014	3 246	42 382.8	1 417.9	31 867.2	69 527.7	2 851 733
2015	3 261	43 099.3	1 344.4	32 448.6	69 048	2 812 894
2016	3 280	43 696.1	1 353.3	33 733.4	70 351.7	2 792 309
2017	3 292	44 282.2	1 350.7	34 061.1	69 147.1	2 792 514

资料来源：日本图书馆协会网站《公共图书馆经年 2017》

2. 大学图书馆

2017 年，日本大学图书馆数量为 1 424 所，同比增加了 5 所。总藏书册数为 3.24 亿册，比上一年增加了 3 150 万册，其中，日文图书为 2.25 亿册，同比增加了 1.3%；外文图书 9 883.1 万册，同比增加了 0.24%。图书馆采购册数为 3 434 万册，比上一年减少了 66 万册，其中，日文图书 293.9 万册，同比减少了 4.6 万册；外文图书 79.7 万册，同比减少了 1.8 万册。2017 年，日本大学图书馆采购费用决算为 650.4 亿日元，同比减少了 2.9%。（见表 3，注：以上数据不含短期大学和高等专门学校）

表 3 大学图书馆近年来的统计情况

年份 \ 类别	图书馆数	藏书册数（万册）		采购册数（万册）		图书采购费决算（万日元）
		日文	外文	日文	外文	
2013	1 425	21 471.4	9 751.9	478.3	122.6	6 386 805
2014	1 419	21 807.9	9 818.5	455.7	103.5	6 507 681
2015	1 423	21 817.3	9 845.3	315.5	94.2	6 669 127
2016	1 418	22 185.5	9 859	298.5	81.5	6 700 414
2017	1 428	22 476.4	9 883.1	293.9	79.7	6 504 068

资料来源：日本图书馆协会《大学图书馆集计》各年版

二、图书业发展状况

（一）概况

1. 图书出版情况

日本纸质图书的出版种数连续五年持续走低，2017 年为 73 057 种，较上一年减少了 1 982 种，减少幅度为 2.6%，为 2010 年以来最大幅度。（见图 3）

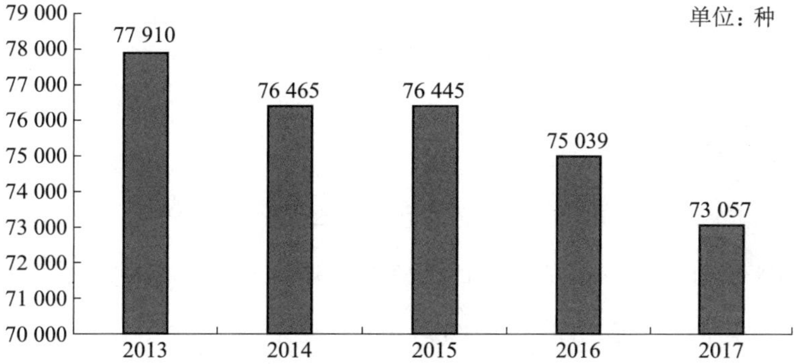

图 3　近年来日本图书出版种数变化

资料来源：全国出版协会·出版科学研究所《出版指标年报 2018 年版》

从出版种类上来看，2017 年日本新书出版数量最多的是社会科学类，为 15 422 种，占总数的 21.1%，较前一年轻微下降了 0.3%。其次为文学类 18.2%、艺术类 17.4%。总论、自然科学、语言学、文学和儿童图书五个种类的出版种数较前一年有所增加，其他皆略有减少。（见表 4）

表 4　2017 年日本图书出版类别细分表

类别	种数	所占比（%）
总论	858	1.2
哲学	3 932	5.4
历史·地理	3 404	4.7
社会科学	15 422	21.1
自然科学	5 757	7.9
工学·工业	4 176	5.7
产业	2 652	3.6

续表

类别	种数	所占比（%）
艺术·生活	12 676	17.4
语言学	1 628	2.2
文学	13 327	18.2
儿童图书	4 350	6.0
学习参考书	4 875	6.7
总计	73 057	100.0

资料来源：全国出版协会·出版科学研究所《出版指标年报 2018 年版》

2. 图书销售情况

2017 年，日本图书总销售额（含图书、杂志）为 13 701 亿日元，较前一年减少了 6.9%（1 008 亿日元）。这个数据已经连续 13 年负增长，2017 年的下降幅度为历史最大。在总销售额中，图书的销售额为 7 152 亿日元，比上一年减少了 3.0%；杂志的销售额第一次出现了两位数的负增长，2017 年为 6 548 亿日元，比上一年减少了 10.8%（791 亿日元），2016 年以来再次低于图书的销售额。

2017 年，日本图书和杂志的销售情况十分严峻。图书销售额的巨大降幅也引起了销售量的激减。2017 年，日本图书的销售量为 5.92 亿册，较上一年减少了 4.2%；杂志为 11.94 亿册，比上一年减少了 12.2%。

在平均价格上，2017 年，日本图书的平均价格为 1 153 日元，较上一年上涨了 1.3%，从 2014 年以来连续四年持续上涨。图书的平均价格为 1 167 日元，较上一年上涨了 0.4%；杂志为 566 日元，比上一年上涨 1.4%。（见表 5）

表 5　近年来图书平均价格变化

年份	平均价格（日元）	较前年增减率（%）
2013	1 103	−0.8
2014	1 116	1.2
2015	1 128	1.1
2016	1 138	0.9
2017	1 153	1.3

资料来源：全国出版协会·出版科学研究所《出版指标年报 2018 年版》

3. 图书进出口情况

（1）出口

日本财务省海关局发布的《贸易统计》数据显示，2017 年，日本图书出口总额为 905 431 万日元，较上一年减少了 5.6%；杂志的出口总额为 255 879 万日元，与上年基本持平。

从出口的地区来看，日本图书的主要出口对象有美国、中国台湾、中国大陆、韩国、泰国等，其中，美国仍是 2017 年日本图书最大的出口对象，出口总额为 201 881 万日元，约占图书出口总额的 22%，但同比减少了 25%。其次为中国台湾，出口总额为 114 467 万日元。居第三位的是中国大陆，出口总额为 91 523 万日元。在欧洲，日本图书 2017 年最大的出口对象是瑞士，出口总额为 43 092 万日元，居第二、三位的分别是英国 20 143 万日元、土耳其 16 858 万日元。（见表 6）

表 6　2017 年日本图书出口贸易情况

单位：万日元

年份 地区	2013	2014	2015	2016	2017
中国内地	79 220	91 055	92 776	91 385	91 523
中国台湾	92 846	115 573	121 247	128 696	114 467
韩国	70 182	109 957	84 520	87 826	76 234
中国香港	34 735	42 274	46 333	47 396	47 595
泰国	45 3115	4 024	62 234	51 480	54 762
澳大利亚	25 536	38 744	25 751	17 413	21 676
美国	308 251	289 732	294 761	269 695	201 881
加拿大	38 329	37 318	32 891	8 203	1 745
巴西	12 897	28 498	40 530	35 564	18 972
英国	90 132	60 582	22 358	18 065	20 143
法国	21 954	17 666	16 222	13 059	13 612
德国	12 893	11 153	12 761	18 960	15 201
瑞士	2 907	3 317	4 063	4 428	43 092
土耳其	14 179	11 016	2 335	5 184	16 858
南非	17 686	20 213	11 163	24 162	39 905

资料来源：日本财务省《贸易统计 2017》

（2）进口

2017 年，日本图书进口总额为 188.5084 亿日元，比前年减少了 5%。美国既是日本图书最大的出口国也是最大的进口国，2017 年，日本从美国进口的图书总额为 58.6136 亿日元，约占图书进口总额的 31% 同比略有增长。居第二位的是英国，为 40.6234 亿日元；第三位是中国内地，为 32.6352 亿日元。这表明日本进口的图书主要为英文图书。（见表 7）

表 7　2017 年日本图书进口贸易情况

单位：万日元

地区＼年份	2013	2014	2015	2016	2017
中国内地	343 548	364 018	312 797	323 213	326 352
中国台湾	12 218	14 379	12 038	14 664	13 518
中国香港	47 492	91 443	98 750	93 719	104 710
韩国	103 263	83 154	58 730	55 321	57 607
美国	700 970	707 452	712 467	581 787	586 136
新加坡	47 646	45 594	62 178	26 023	28 274
英国	568 632	544 717	513 576	400 150	406 234
德国	177 811	187 348	153 271	120 191	125 623
法国	74 841	75 221	97 427	68 227	69 690
意大利	18 089	17 404	46 051	18 033	28 008

资料来源：日本财务省《贸易统计 2017》

4. 畅销书情况

夺得 2017 年日本单行本图书畅销冠军的是《九十岁，有什么好庆贺的？》，该书作者为经历了大正、昭和、平成三个时代的女作家佐藤爱子，她在书中以随笔的形式讽刺性地展现了在高龄化不断加剧的日本社会生活的老年人的生活困境，该书尤其受到 50 岁以上的读者喜爱。此外，大川隆法、池田大作和住野夜都是 2016 年的畅销作家。大川隆法在 2016 年以《正义之法》夺得畅销榜第五名之后，又于 2017 年推出了《传道之法》，摘得第三名的宝座。池田大作于 1993 年开始创作的《新人间革命》系列已经出到了第 29 卷，该系列小说记录了草创期的创价学会会员们通过实践佛法信仰，挑战并战胜无数个人苦难的体验等创价学会的历史，从第1卷推出以来长期出现在畅销榜前十。住野夜创作的轻松治愈系小说《我想吃掉你的胰脏》2016年排名第三，2017年仍余温不散，位于畅销榜第十名。具体排名见表8。

表8 2017年日本图书单行本畅销书

排名	书名	作者	出版社	定价（日元）
1	《九十岁，有什么好庆贺的？》	佐藤爱子	小学馆	1 296
2	《蜜蜂与远雷》	恩田陆	幻冬舍	1 944
3	《传道之法》	大川隆法	幸福科学出版社	2 160
4	《被儒教支配的中国人与韩国人的悲剧》	古尔博特	讲谈社	907
5	《刺杀骑士团长》（第一部·第二部）	村上春树	新潮社	1 944
6	《应仁之乱》	吴座勇一	中央公论新社	972
7	《新人间革命》	池田大作	圣教新闻社	1 337
8	《写给入门者的3000日元投资生活》	横山光昭	アスコム	1 188
9	《趁咖啡还没凉》	川口俊和	サンマーク出版	1 404
10	《我想吃掉你的胰脏》	住野夜	双叶社	1 512

资料来源：全国出版协会·出版科学研究所《出版指标年报2018年版》

（二）细分市场情况

1. 学习参考书

2011年以来，日本学习参考书销售业绩连续7年持续上升，2017年的市场规模为505亿日元，增幅达到了历史最高的8%。在日本全国图书市场持续萧条的大背景下，还没有其他类别的图书销售情况能像学习参考书这样每年持续增长。此前日本实施的中小学教科书改订计划在导致2017年中小学学习参考书发行册数骤降44%的同时，也刺激了各种辅助教材和习题集的持续热销，其中不乏像《日本最有趣的汉字练习册》这样的畅销书。此外，不受教科书改订计划影响的高中学习参考书2017年的发行册数也达到了14%的两位数增长。2017年，日本学习参考书的新书出版平均定价为1 419日元，比2016年的1 492日元降低了4.9%。

在学前和小学学习参考书中，除了上述的《日本最有趣的汉字练习册》以外，其他幼儿习题集的发售情况也相当可观。其中公文出版和学研プラス约占了八成市场份额。学研プラス的幼儿习题集《头脑开发》系列自 2017 年 3 月改版为《学研幼儿练习册》以来，销量持续上升。公文出版的《公文幼儿习题册》在 2017 年迎来了发售 40 周年，仅在日本国内的销售量就达到了 7 700 万册，海外也达到了 2 000 万册。在小学学习参考书中，公文出版的《公文小学习题册》、学研プラス的《每日习题集》和新兴出版社启林馆的《练习册大王》等系列也大受欢迎。

中学学习参考书中，学研プラス研发的使用音乐合成软件编辑而成的学习参考书《ボカロで覚える》系列自 2017 年 2 月发布《英语单词》《数学》两部新书以来，累计销量已经达到了 60 万册。此外学研プラス的《一个个都好懂》『ひとつひとつわかりやすい』和文理公司的《变不懂为懂》『わからないをわかるにかえる』等学习参考书也大受好评，销量居于前列。

与大学入学考试相关的学习参考书约占了高中学习参考书的 40%。英语类学习参考书占比依旧很高，旺文社的《英语单词目标 1 900》『英単語ターゲット 1 900』5 订版自发售以来一直热销，该系列还在 2017 年 6 月第一次发布了电子书版本。

2017 年日本辞典类图书市场逐渐走低。小学馆的《例解学习国语辞典》和《例解学习汉字辞典》销售情况良好，汉日词典《新字源》也于 2017 年 10 月迎来了时隔 23 年的全面改版。在英日辞典中，销量不错的《中级英日辞典》（ジーニアス英和辞典）（大修馆书店）销售业绩逐年下滑。

2. 儿童图书

2017 年日本儿童图书的销售额为 864 亿日元，较前年减少了 0.5%。虽然 2014—2016 年连续三年持续增长，但 2017 年却出现了轻微的减少。

日本新生儿人口数连续两年跌破 100 万人，少子化现象依然严重，但因为越来越多的儿童图书受到成人群体的欢迎且新兴儿童绘本作家活跃，日本儿童图书仍可以艰难地维持着销量。2017 年儿童图书的发行册数为 2 233 万册，同比增加了 3.4%，平均价格为 1 126 日元，与上一年基本持平。

儿童绘本的市场规模为 313 亿日元，比前年减少了 0.9%，约占儿童图书总市场份额的 36%。青铜新社（ブロンズ新社）的《达摩先生》（だるまさん）系列持续热卖，每年大量再版，截至 2017 年末发售册数为 221.5 万册。2017 年最畅销的儿童图书为高桥书店发行的《不会穿错的和服事典》（ざんねんないきもの事典），该书自 2016

年 5 月初版以来持续升温，2017 年销量剧增。儿童文库本和动画作品中，角川翼文库（角川つばさ文庫）的《你的名字。》（君の名は。）依旧火热，其他如《升空的烟花，从下面看还是从侧面看？》『打ち上げ花火、下から見るか？横からみるか』、《名侦探柯南・唐红的恋歌》『名探偵コナン・から紅の恋歌』等也销售火爆。儿童读物中ポプラ社的《屁屁侦探》『おしりたんてい』系列读者群不断扩大，销售情况一路向好。这些儿童图书不仅儿童爱看，在成人群体里也很有人气。

3. 漫画图书

漫画和动漫是日本独具特色的文化产品。每日新闻社发布的《第 71 次读书舆论调查》中关于漫画的调查结果显示，与 2000 年相比，漫画读者的年龄段变得更高了，而漫画阅读率也从 2000 年的 36% 增加到了 2017 年的 40%。

2017 年日本漫画图书（含纸质漫画和电子漫画）的市场规模为 4 330 亿日元，较前一年下降了 2.8%。其中纸质漫画的销售额已经连续 16 年负增长，2017 年为 2 583 亿日元，同比下降 12.8%。电子漫画为 1 747 亿日元，同比增长 17.2%。

2017 年，日本纸质单行本漫画的销售额为 1 666 亿日元，同比减少了 14.4%。销售量为 3 亿 1 608 万册，同比减少了 14.6%。单行本的平均价格为 528 日元，比上一年上涨了 2 日元。纸质单行本漫画的退货率居高不下，2017 年为 34.1%，比前一年增加了 3 个百分点。纸质漫画市场萧条，究其原因，主要是长篇作品的完结、畅销漫画发行规模减小以及电子漫画对传统纸质漫画的冲击等。面向少年儿童向的漫画《海泽王》（*ONE PIECE*）（集英社）和《进击的巨人》『進撃の巨人』（讲谈社）依旧是销售大头，其中《海贼王》长期雄踞榜首难以撼动。不过随着纸质漫画销售业绩的一路走低，这些老牌畅销漫画的发行量也在逐年减少。（见表 9）

表 9　2017 年漫画畅销情况

作品名	卷数	初版部数（万部）	对象
海贼王	87	360	少年
进击的巨人	22	187	少年
全职猎人	34	150	少年
银之匙	14	85	少年

续表

作品名	卷数	初版部数（万部）	对象
东京食尸鬼	13	82	青年
王者天下	48	74	青年
一拳超人	15	72	青年
名侦探柯南	94	70	少年
排球少年！！	29	66	少年
我的英雄学院	16	65	少年

资料来源：全国出版协会·出版科学研究所《出版指标年报 2018 年版》

2017 年，日本电子漫画市场规模为 1 747 亿日元，比上一年增长了 17.2%（256 亿日元），不及 2016 年 27.5%（322 亿日元）的增长率。免费阅读作品的增加和违法盗版网站的横行等市场乱象正在影响日本电子漫画环境。

4. 电子图书

2017 年，日本电子出版物（含电子图书、电子漫画和电子杂志）的市场规模比前年增长了 16.0%，突破 2 000 亿日元大关达到了 2 215 亿日元。其中电子漫画的市场规模为 1 711 亿日元，同比增长了 17.2%；电子图书为 290 亿日元，同比增长了 12.4%；电子杂志为 214 亿日元，同比增长了 12.0%。虽然三个种类都增长了一成以上，但由于盗版横行和免费、打折等价格策略的影响，这个增幅也不及上一年三成的增幅。（见图 4）

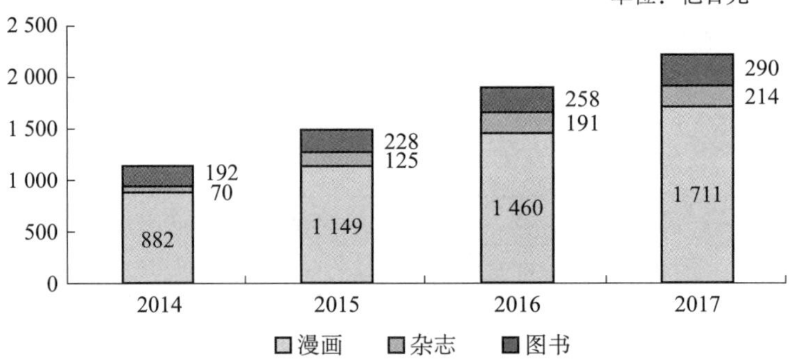

图 4　电子出版物市场规模

资料来源：全国出版协会·出版科学研究所《出版指标年报 2018 年版》

由于2017年日本纸质图书市场规模减幅巨大，所有纸质图书和电子图书合计的市场规模也呈负增长趋势，2017年比上一年减少了4.2%，总市场规模为15 916亿日元（纸质图书为13 701亿日元，电子图书为2 215亿日元）。从单行本（纸质+电子）情况来看，2017年的市场规模比前年减少了0.9%，为3 377亿日元，这是从2014年开始连续3年增长以来的首次负增长。总体来看，2017年日本纸质图书出版市场规模持续减小，电子图书出版市场增势不足，整体出版业情况不容乐观。（见表10）

表10　纸质与电子图书销售情况

类别		2016销售额（亿日元）	2017年	
			销售额（亿日元）	市场占有率（%）
纸质	图书	7 370	7 152	44.9
	杂志	7 339	6 548	41.1
	纸质合计	14 709	13 701	86.1
电子	电子漫画	1 460	1 711	10.8
	电子图书	258	290	1.8
	电子杂志	191	214	1.3
	电子合计	1 909	2 215	13.9
纸质+电子	合计	16 618	15 916	100.0

资料来源：全国出版协会·出版科学研究所《出版指标年报2018年版》

（三）主要企业情况

1. 出版商

据日本经济产业省发布的《平成29年特定服务产业实态调查》，2017年，日本出版社的企业数量为3 184家，其中2 484家有图书销售收入，1 448家有杂志销售收入，1 062家有广告费收入。从出版社分类上来看，数量最多的是综合类出版社，为679家，其次为人文社会科学类出版社，为553家，往后是信息·教育类出版社，为515家。

2017年，新书出版种数最多的出版社是角川（KADOKAWA），出版新书种数为3 817种；居第二位的是协同出版，出版新书种数为1 768种；第三是讲谈社，为1 585种。具体见表11。

表 11　2017 年各出版社新书出版种数

单位：种

排名	出版社	种数
1	角川	3 817
2	协同出版	1 768
3	讲谈社	1 585
4	教英出版	1 154
5	文艺社	947
6	小学馆	720
7	集英社	673
8	哈帕科林斯日本	672
9	PHP 研究所	597
10	河出书房新社	594

资料来源：全国出版协会・出版科学研究所《出版指标年报 2018 年版》

2. 批发商

东贩和日贩是日本最大的两家寡头出版批发流通公司。东贩第 70 期（2016.4.1—2017.3.31）的决算销售额为 4 613.4 亿日元，比前期减少了 2.6%，盈利额为 65.52 亿日元，同比增长了 6.6%；第 71 期（2017.4.1—2017.9.30）中期决算销售额为 2 016.61 亿日元，比前期减少了 6.4%，盈利额为 24.16 亿日元，同比减少了 26.6%。日贩第 69 期（2016.4.1—2017.3.31）的决算销售额为 5 023.03 亿日元，比前期减少了 2.2%。

2016 年 4 月 1 日由“大阪屋”和“栗田”合并而成的大阪屋栗田是日本出版业界第三大的出版批发商，合并后第 2 期（2016.2.1—2016.9.30）和第 3 期（2016.10.1—2017.3.31）14 个月的决算销售额为 829 亿日元，盈利额约为 1 亿日元。

2017 年，以经销地图册为主要业务的出版批发商日本地图共贩（东京千代田区）于 2 月 10 日在东京地裁申请了破产，其申请破产时的负债总额为 14.6304 亿日元。纸质地图需求下降是其破产最主要的原因。

3. 零售商

（1）实体书店

伴随着日本纸质出版业的萧条，日本实体书店数量也一路减少。2017 年，日本实体书店总数为 12 526 家，总面积为 1 341 977 坪[①]，比 2015 年的 13 488 家减少了 962 家。新开实体书店数量为 165 家，新开书店总面积为 34 692 坪。闭店数为 658 家，总面积 61 793 坪。实体书店店铺数减少的同时，其平均面积有所增加，由 2015 年的 112 坪增至 2017 年的 116 坪，可见实体书店出现大型化趋势，小书店生存状况令人担忧。

（2）网络书店

日本主要的网上书店有亚马逊日本、乐天书店、纪伊国书屋网上书店等。其中，亚马逊日本是日本网络书店的巨头。2017 年，亚马逊日本扩大了从出版社等商品制造商直接销售商品的直销范围，为此将要开展面向出版社的物流体系建设等新的服务。2012 年起，亚马逊日本将日贩更改为其主要代销公司，但近年来由于网络书店的低销量图书占比大于实体书店，亚马逊日本要求日贩改善延期交货情况，对此日贩似乎无动于衷。

三、期刊业发展状况

（一）概况

20 年来，曾经撑起日本出版业半壁江山的期刊业销售状况持续恶化，甚至在 2016 年打破了日本出版业持续 41 年的“刊高书低”式的基础出版结构，2017 年期刊业的市场规模已不及 1997 年巅峰时期的一半，出版科学研究所将这段时间称为日本期刊业“失去的二十年”，销售业绩日趋惨淡的期刊业正在面临着巨大的危机与挑战。

1. 期刊出版情况

2017 年，日本期刊的出版种数为 2 897 种，比上一年减少了 2.7%（80 种），11 年来持续下降。创（复）刊数为 69 种，比上一年减少 4 种，其中创（复）刊种数最多的为“兴趣”类期刊，其次是“周刊”类期刊，2017 年的创（复）刊种数分别为

---

① 1 坪≈3.3 平方米。

25 种和 16 种。停刊数为 107 种，比上一年减少 18 种，停刊种数最多的两个类别为“兴趣”和“大众”，停刊种数分别为 25 种和 22 种。

2. 期刊销售情况

2017 年，期刊的销售额第一次出现了两位数的减幅，为 6 548 亿日元，比上一年减少了 10.8%（791 亿日元）。2016 年，日本期刊的销售额 41 年（1975 年）来首次低于图书的销售额，而 2017 年这个差额更是扩大到了 604 亿日元。随着期刊销售额的急剧下降，如何通过图书和电子出版物来确保出版业整体利益成为当下日本出版业面临的问题。

从销售量来看，2017 年日本期刊的销售量为 119 426 万册，同比减少了 12.2%，其中，月刊的销售量为 85 062 万册，同比减少 12.7%，周刊为 34 364 万册，同比减少了 10.9%。（见图 5）

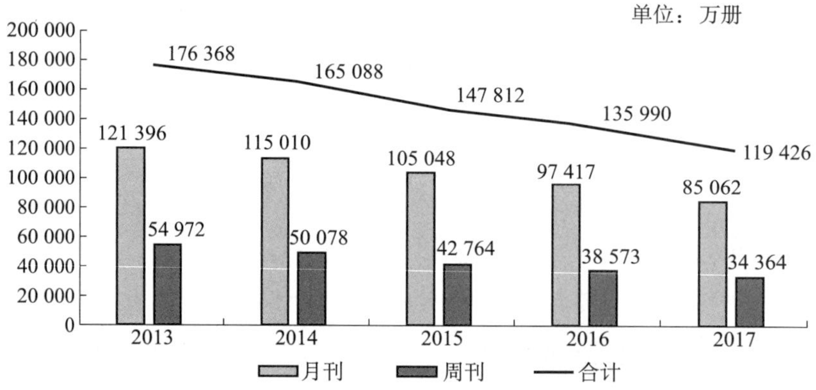

图 5 近年来日本期刊销售情况

资料来源：全国出版协会・出版科学研究所《出版指标年报 2018 年版》

2017 年，日本期刊的发行量为 205 453 万册，同比减少 8.5%。发行额为 11 631 亿日元，同比减少了 7.1%。发行量与实际销售量之间的巨大差额使得 2017 年日本期刊的退货率高达 43.7%，为历史最高。

日本期刊的平均售价一直保持着平稳的增长态势。2017 年，期刊的平均价格为 566 日元，比前一年上涨了 8 日元。其中月刊的平均售价为 640 日元，比上一年上涨了 9 日元，周刊为 363 日元，较上一年上涨了 7 日元。

3. 期刊进出口情况

日本国内出版业持续不景气，期刊的国际贸易也受其影响，出口贸易额持续下降，2017 年略微有所回升。2017 年期刊的出口总额为 25.59 亿日元，略高于 2016 年的 25.43 亿日元。

从出口的地区来看，中国台湾一直是日本期刊最大的出口地区，2017 年的出口额为 72 144 万日元。其次为韩国 49 193 万日元、中国香港 40 723 万日元、美国 20 911 万日元和中国内地 19 084 万日元。（见表 12）

表 12　2017 年期刊出口贸易情况

单位：万日元

地区	2016 年	2017 年
中国台湾	75 469	72 144
韩国	44 899	49 193
中国香港	43 523	40 723
美国	20 609	20 911
中国内地	19 121	19 084
菲律宾	13 703	16 296
泰国	9 618	8 490
新加坡	7 106	6 191
其他（略）		
合计	254 278	255 879

资料来源：日本财务省《贸易统计 2017》

2017 年，日本期刊进口总额为 35 亿 1 446 万日元，同比减少了 493 万日元。从地区来看，美国仍然是日本期刊最大的进口地区，2017 年的进口额为 18 亿 229 万日元，比上一年增加了 20%，约占总出口额的 51%。居第二位的是英国，2017 年的进口额为 85 729 万日元，同比减少了 18%。中国台湾以 22 464 万日元的进口额夺得第三位，同比增长了近 8 倍。2016 年排第三位的新加坡被挤到了第四位，进口额为 2 亿 269 万日元，同比减少了 11%。（见表 13）

表 13　2017 年期刊进口贸易情况

单位：万日元

地区	2016 年	2017 年
美国	176 665	180 229
英国	104 208	85 729
中国台湾	2 524	22 464
新加坡	22 869	20 269
意大利	9 627	9 241
法国	8 530	8 977
中国香港	8 767	8 762
中国内地	5 739	7 451
韩国	7 144	3 827
其他（略）		
合计	351 939	351 446

资料来源：日本财务省《贸易统计 2017》

（二）细分市场情况

2017 年，日本期刊类别中出版种数最多的是“兴趣”类，为 574 种，出版种数最少的是“学习参考书”，仅为 8 种。在种类繁多的日本期刊市场中，“大众”“兴趣”和“医学”类一直是期刊出版的大头，出版种数长期位居前三。（见表 14）

表 14　近年来日本期刊细分市场情况

单位：种

年份 / 类别	2013	2014	2015	2016	2017
儿童	209	210	204	197	190
女性	155	158	152	143	135
大众	615	589	537	507	489
综合	106	107	108	108	106
文艺	50	50	49	47	45
艺能	71	71	66	65	60
美术	23	23	22	20	20

续表

类别＼年份	2013	2014	2015	2016	2017
音乐	76	73	70	70	67
生活	220	215	206	189	187
兴趣	591	586	580	585	574
体育	131	130	129	124	120
经济	117	115	115	113	111
社会	24	23	23	24	24
时政	22	22	22	22	22
哲学	16	15	15	15	14
学习参考书	8	8	8	8	8
语言学	57	53	53	54	53
教育	101	94	90	84	80
历史地理	15	16	16	14	15
法律	34	34	34	34	34
科学	28	28	28	27	27
工学	166	155	150	147	145
医学	297	294	292	277	263
农林水产	22	22	22	22	22
周刊	90	88	87	81	86
合计	3 244	3 179	3 078	2 977	2 897

资料来源：全国出版协会・出版科学研究所《出版指标年报 2018 年版》

“儿童”类期刊 2017 年的发行量为 6 997 万册，与 20 年前 1997 年的 28 983 万册相比，下降了近四分之三。此类期刊发行量最高的纪录是 1988 年的 33 930 万册。“儿童”类期刊发行量持续下降的主要原因是少子化问题。1988 年，日本 10 岁以下人口数为 1 473 万人，2016 年为 1 027 万人，实际减少了 446 万人。此外，儿童娱乐方式的多样化也是影响“儿童”类期刊发行量的一个重要因素。从 1983 年任天堂发售电子游戏机开始，迷你四驱车、卡片游戏机等各种各样的娱乐设备接连出现，尤其是便携性游戏机和卡片游戏机长期受到儿童的欢迎。

2017 年“女性”类期刊的发行量为 11 760 万册，十年间减少了三成以上。随着女性社会关系、就业情况和晚婚化等女性生存环境的变化，“女性”类期刊的分类也越来越细化。20 世纪 90 年代前半期，“女性”期刊主要是以高中生、大学生、主妇等生活方式的不同为区分依据的，进入 21 世纪后，随着女性个性的解放和和跨年龄层时尚期刊的流行，“女性”期刊迎来了发行的顶峰。但 21 世纪 00 年代后半期以来，互联网的普及使得以年轻人为中心的时尚杂志得到了发展机会，“女性”杂志发行规模由此开始逐渐走低。

包含面向男性的时尚杂志在内的“大众”类期刊 2017 年的发行量为 15 085 万册，与 1997 年巅峰的 41 928 万册相比，减少了 64%。以互联网为基础的数字出版物的旺盛发展依旧是影响“大众”类期刊发行量的一个重要因素。

“兴趣”类期刊在 2015 年超过“大众”成为出版种数最多的期刊，2017 年的发行量为 20 250 万册，“体育”类期刊为 3 058 万册。“兴趣”类期刊由于主要是面向核心兴趣爱好者，所以减少幅度并不是很大，但近年来许多休闲活动的参与者都有减少的倾向。互联网的发展使得信息交换更加方便，人们在网上就能交到兴趣相投的朋友，并且互联网的即时性、广泛性等特点也是传统期刊所不能及的。

“周刊”杂志 2017 年的发行量为 54 829 万册，与 1995 年巅峰的 194 265 万册相比减少幅度达到了 71.8% 之多。受到报纸和电视新闻节目的影响，出现了不买杂志就可以获取信息的情况，“周刊”杂志的时效性失灵，特别是互联网新闻登场以来，“周刊”的读者日趋减少。近年来，面向特定领域的信息汇总、汇编特集等方向成为“周刊”发展的显著倾向。

（三）主要企业情况

2017 年，日本出版的 2 897 种期刊分别由 741 家出版社出版，其中有 395 家出版社各出版了 1 种期刊。期刊出版种数排名前三的出版社及其出版期刊种数依次为讲谈社 90 种、小学馆 85 种和 Recruit Holdings 69 种。

参考文献

1. 全国出版协会・出版科学研究所 .《出版指标年报 2018 年版》.

2. 日本内阁府 .《平成 29 年次经济财政报告》.

3. 每日新闻社 .《第 71 次读书舆论调查》.

4. 日本总务省 .《通信利用动向调查》.

5. 日本图书馆协会·图书馆统计.
6. 经济产业省 .《特定服务产业实态调查报告》.
7. 日本财务省 . “贸易统计”.
8. 内阁府国民经济计算（GDP 统计）.

（作者单位：华北科技学院）

2017 年韩国出版业发展报告

叶　子

一、出版业发展背景

（一）经济环境

2017 年，世界经济迎来逐步向好局面。全球经济增长预期提升，发展势头良好，新兴市场增速企稳回升，全球贸易和投资回暖。在如此大背景下，2017 年的韩国局势跌宕起伏，在经济方面经历了巨变。

根据韩国央行公布的 2017 年韩国经济统计数据显示，2017 年韩国国内生产总值（GDP）增长率为 3.1%，为 2014 年的 3.3% 以来最高，实现保三目标。分季度看，韩国央行发布的数据显示，韩国 2017 年第一季度 GDP 环比增长 0.9%，增速比上季度高出 0.4 个百分点，创近三个季度来最高纪录。第三季度环比增速为 1.5%，加上中秋节假期导致开工日减少，因此第四季度环比增速下滑 0.2%，同比增长 3.0%。

另外，根据韩国产业通商资源部公布数据可知，2017 年韩国出口总额为 5 737 亿美元，同比增长 15.8%，创 60 年以来最高纪录，其中向中国的出口额同比增长 14.2%。进口总额为 4 796 亿美元，比 2016 年增长 18.3%，贸易顺差从 2016 年的 890 亿美元增长至 960 亿美元。2017 年韩国民生消费增长 2.6%，为 2011 年以来最高。

2017 年，全球经济复苏，带动出口恢复，韩国建筑投资增长 7.5%，设备投资增长 14.6%，经济复苏势头明显。政府消费增长 3.7%，制造业增长 4.2%，建筑业增长 7.2%，服务业增长 2.1%。去年实际国内总收入（GDI）增幅为 3.4%，为 5 年来最低。韩国统计厅发布的数据显示，韩国老龄化问题和低出生率问题也日趋严峻，韩国青年失业率高达 9.9%，创这项统计有史以来新高。韩国 2017 年整体失业率为 3.7%，与

2016 年持平。

2017 年韩国人均国民收入（GNI）2.97 万美元。韩国央行分析认为，这可能得益于韩国物价上涨率比其他国家低。

2017 年韩国文化信息产业销售总额达到 110.53 万亿韩元，同比增长 4.8%，近五年平均增速达到 4.8%。韩国文化产业振兴院负责人表示，与 3.1% 的韩国经济增速和近五年 1.5% 的全产业平均增速相比，文化产业的增长势头十分强劲。

（二）政策法律环境

1. 文化产业政策

2017 年，文在寅当选新一任总统，韩国实现新一次政权更替。2017 年 7 月 19 日，文在寅政府公布公布“国政运营五年规划”，制定韩国未来五年将推进的政策方向，描绘“国民做主的政府、正义的大韩民国”总蓝图，部署五大施政目标、百项国政课题等战略问题，强调国民才是政府的主人，经济需共同繁荣发展，打造为每个公民负责的大韩民国政府，强化国民福祉，促进地方均衡发展，推进朝鲜半岛的和平与发展。

在此政治背景下，2017 年韩国文化体育观光部发表韩国文化信息产业的中长期发展方向，以“人性化的文化内容，共同发展的文化产业”为总蓝图，涵括了三个基本方向、七大战略、26 各推进课题等内容。

具体来看，七大战略的主要内容为：营造公平公正、相辅相成的产业环境；强化正义公平的版权基础设施；提高就业率，培养对口型专业人才；重视发展第四次革命的中心——R&D 和创新产业；保障资金来源和基础设施，助力企业发展；带动地方共同繁荣发展；实现文化产业国际化。这七大战略的三个主要基本方向为公平相辅、创新发展、共享合作。改善不公平交易环境，保障创作者的正当权利，培养对口型人才，挖掘文化信息领域的新兴产业，扩大中央和地方、韩国和世界的共享和合作。

为了给文化产业中存在的不公平行为提供惩处依据，完善书面合同义务化等相关法律制度，韩国文化产业振兴院在 2017 年开设并运营公平相辅中心，提供关于不公平交易的举报、咨询等相关服务。另外，以文化产业为中心的大学等教育机构和研究机关、企业等相互合作，设立洪陵文化产业园区，积极开发创新型文化产业，带动企业发展。

2. 出版政策法律

2017 年韩国实行的出版业相关法律法规有《出版法》《版权法》《出版文化产业振兴法》《印刷文化产业振兴法》《阅读文化振兴法》《图书馆法》《期刊等定期刊行物振兴相关法律》《地区报纸发展援助特别法》等，政府通过不断修订与出版业相关的法律法规，加强出版市场的竞争力，并促进文化产业的发展。

2017 年 3 月 21 日，韩国国会修订《出版文化产业振兴法》，重新规定了资助和培育出版文化产业、定期刊物审查、建立健全的流通秩序等出版相关事项的具体内容。2017 年，韩国文化体育观光部公布《出版文化产业振兴五年计划（2017—2021）》，将夯实出版产业持续发展的基础、促进出版流通先进化、带动出版文化产业投资、扩大出版文化信息需求定为四大发展战略，并规划了 16 项具体推进课题。

出版文化产业是维持文化多样性的核心，也是文化产业的源泉。随着第四次产业革命时代的到来，韩国处在发展缓慢和低出生率等各种困境中，为了帮助国民更便利地接触书籍，实现文化强国的目标，出版业流通环境的改善迫在眉睫。尤其在松仁书籍的破产事件之后，韩国杜绝出版交易的不透明性和不合理性的交易潜规则。“读书实现文化强国”和“提高出版环境的自生力”是韩国出版文化产业振兴第四个五年计划的蓝图和目标，为了取得预期效果，需要文化体育观光部强烈的推行意志，持续监督、评价和改善问题，同时确保所需预算（5 年 3 024 亿韩元），规范出版振兴院组织结构，与出版相关团体紧密合作。

2014 年 11 月开始，韩国改正实施图书定价制，核心内容为对于新刊、旧刊图书折扣率不得超过 15%，原定暂时实施 3 年，但是 2017 年 8 月，出版界和书店业界等相关业界人士协议决定，将图书定价制延长实施至 2020 年 11 月。在图书定价制实施的三年间，韩国出版业发生了很多有意义的变化，新刊和再定价旧版图书价格回落，图书价格泡沫逐渐消除，新刊在畅销书榜单占有率稳步上升，中小型出版社出版活动质量大大改善，出版社销售额减少，趋势逐渐稳定，书店数量减少趋势有所钝化，综合型书店、潮流书店等新型独立书店的创业趋势明显。这些效果都可以看出韩国的出版文化业正在蜕变，但是为了使图书定价制的益处更均衡在出版业、流通业、消费者三者之间运转，仍需要进一步重点改善出版社的图书供给率问题。

图书定价制作为营造出版文化产业环境健康发展的基础，有助于构建创作—出版—发行—消费间的良性循环，促进作家—出版社—流通方（书店）—读者之间共生均衡发展。在经合组织35个成员国中，德国、法国、日本等14个国家为了保护本国的出版文化，确保出版文化的多样性，比韩国更早施行了该制度。

在促进国民阅读方面，修订版《阅读文化振兴法》于2017年正式实施。此次修订详细规定了振兴阅读文化的基本事项，保障国民平等阅读活动机会，扩大阅读弱势群体的定义，致力于提高国民智力技能，培养国民健全的情绪。阅读作为终生教育的基础，有利于强化国家竞争力，改善国民生活质量。2017年，韩国中央政府和地方自治团体共拨款2 825亿韩元用于开发促进国民阅读相关项目，截至年底全国地方自治团体共实行5 054件相关项目。

在图书馆层面，随着信息通信技术的不断发展和完善，2017年12月12日，韩国国会对《图书馆法》进行第16次修订，规定了图书馆在保障国民的信息使用权和知情权方面须履行的相关事项，进一步完善图书馆服务功能，减少不同读者群使用上的差距，保障"阅读弱势群体"的利益，提高藏书提供和流通的效率。同时，随着"第二个图书馆发展综合计划：2014—2018"的顺利展开，图书馆服务进一步强化，信息共有化进程得以推进，国民生活水准进一步提高。

为了提高出版产业竞争力，巩固基础设施，2017年3月，韩国政府共出资225亿韩元设立大邱出版中心。2017年，坡州出版园区第二阶段基础设施建设顺利完工，86家出版相关企业进驻。

随着第四次产业革命时代的到来，大数据已经融入人们的日常生活，出版流通信息化问题已经成为出版业整体发展的标杆。2017年，韩国政府致力于构建新版图书数据库，完善电子书流通分工协作系统、地方书店销售管理系统（以下简称"POS"），运营地方书店信息门户网站"书店ON"。2017年年末，POS的相关项目地方书店信息门户网站"书店ON"（www.booktown.or.kr）完成第三阶段的开发，正式开始运营，有效连接各书店间的销售管理系统，为读者提供规范的新版图书信息共享，实现图书订购自动化，提供销售统计服务。目前有300余家地方书店积极参与，提供现场图书推荐服务，建立公共机关和出版相关团体推荐的图书目录数据库，通过出版社书评活动等措施灵活运用数据库和文化信息，更新地方书店销售统计的数据分析系统，开发和完善互动型手机用户程序（APP）。"书店ON"项目由韩国文化体育观光部资助运营，韩国出版文化产业振兴院主办，并委托韩国书店组合联合会运营。今后为了更好地为读者提供便利，通过书店专用 POS 开发和普及，不断加强书店之间的联系，扩大“书店 ON”的功能和附加服务，进一步完善出版流通融合系统的开发。

与此同时，韩国政府重视并且不断发展电子出版业，韩国文化体育观光部一如既往扶持韩国出版产业文化振兴委员进行电子出版业发展，推进运营电子出版支援中心，2017 年，针对创业人士和出版社相关从业人员共进行五次专业教育，介绍最新数字出版热门资讯，共享数字创新技术和商业发展模式。韩国的电子出版市场依然具有一定的发展空间，纸质书出版社试图进军电子出版市场，优秀电子书稀缺。为了挖掘优秀电子书并将其普及，韩国 NAVER 财团赞助推进“无偿电子书企划募集”资助项目，对 PDF、EUB3、EPUB3、APPBOOK 等 196 种形态的优秀电子书赞助制作费用，并无偿将优秀电子书在市场上进行宣传营销。

在版权方面，2017 年韩国违法复制版权市场规模约为 3 792 亿韩元，与 2016 年相比减少 10.3%，共有 20 349 人违反《版权法》。韩国政府为了加强对版权著作的保护力度，针对网络违法复制版权的行为导入官民联合应对措施，设立韩国版权保护院，加强版权保护的基础设施建设，提高信息技术水平和自身竞争力，完善非法复制抄袭追踪系统，研发手机举报应用程序等；以学校为中心向韩国民众宣传版权保护知识，提高韩国民众正确使用版权的法律意识。

在发展印刷业方面，2017 年下半年，韩国文化体育观光部发表第四个“印刷文化振兴五年计划（2017—2021）”，提出四大战略课题，并由国库拨款 6.42 亿韩元，用于强化印刷文化产业的国际竞争力，开发环保高端印刷技术，巩固印刷文化产业基础设施，推动活字印刷技术世界化，宣传韩国古代印刷文化。在开拓海外市场方面，大韩印刷协会印刷输出支援中心的对外合作事业非常活跃，2017 年韩国派出代表参加了英国伦敦、中国北京、日本东京、德国法兰克福、墨西哥瓜达拉哈拉等国际图书展，设立韩国馆进行国际印刷技术宣传，完成商谈 931 次，取得 1 775 万韩元的业绩，获得了可观的印刷业出口商谈结果。

韩国政府为了促进韩国图书海外出版和版权输出，制定“海外图书展委托图书出口资助”“出口专用宣传资料资助”等支援政策。2017 年，韩国文学翻译院共资助

657 件摘抄翻译项目 ① 和 190 件样品翻译项目 ②。同时，韩国文化体育观光部开展“寻找图书展”“海外图书展韩国绘本展示馆”等项目，进一步开拓东南亚、中南美等海外新兴市场。

在国际出版交流方面，韩国运营出版输出支援中心，积极提供出版出口咨询服务，构建海外出版信息合作链，资助对日 K-Book 宣传，开拓海外出版业的“韩流市场”。2017 年 6 月 14—18 日这五天期间，韩国在首尔 COEX 会展中心举办首尔国际图书展，共有 18 个国家前来参加。此次展会设立 718 个展台，参观者与 2016 年相比增加一倍，突破 20 万人次。此次图书展特别搭建“书店时代”区域，邀请各具特色的 20 家小众书店进行展示，展台现场门庭若市。此外，2017 年韩国参加台北国际图书展、博洛尼亚儿童图书展、北京国际图书博览会、法兰克福图书展、上海国际童书展等五个海外国际图书展并设立韩国展台、韩国馆进行宣传活动，共有 83 家出版相关企业参与，版权商谈件数达 1 939 件。此外，2017 年是韩国与土耳其建交 60 周年，为了增进两国间的友好往来和互惠合作，韩国作为主宾国参加伊斯坦布尔国际图书展通过韩国特别展、韩国作家交流会和“韩土出版人圆桌会议”等活动积极宣传韩国图书和文化。1996 年以来，中韩学术会议每年在首尔和北京交替举办，主要进行两国出版业难题的交流和对比，探索如何应对出版环境变化带来的危机等战略问题。2017 年 8 月 7 日，仁川大学松岛校区举办中韩出版学术会议，邀请中国新闻出版研究院等中国出版相关机构和团体的 6 位出版学研究者访问韩国，以“电子书的出版、流通、读书”为主题，与韩国学者共同进行探讨。

在报纸方面，由于报纸、网络报纸的报道存在一定错误信息或者恶意性报道的情况，为了不造成读者误解，应在报纸、网络报纸的必要刊登事项上加入主要办事处或发行处的联系方式，供读者参考。因此，2017 年 3 月 21 日韩国国会修订并实施《报纸振兴相关法律》，规定报纸和网络报纸等相关企业在其发行的报纸和网络报纸上必须公示相关联系方式、营业执照、发行日期、编辑、印刷等信息，让读者可以一目了然，这一修订案对于保护读者的知情权益有重大意义。

---

① 摘抄翻译项目指资助图书信息、作家、作品介绍、宣传信息的翻译和制作费用。

② 样品翻译项目指对希望出口的图书正本部分内容（前 50 页以内）进行翻译和制作。

为了提高杂志质量，促进期刊业发展，韩国杂志协会得到韩国文化体育观光部资助，从 2005 年开始，每年进行“优秀文化杂志评选”活动，2017 年共有 16 个领域的 108 种杂志被评选为年度优秀文化杂志。同时，为了应对媒体环境的快速变化，2017 年韩国展开了丰富的教育培训活动，培养期刊业人才，对期刊从业者进行再教育。

（三）国民阅读情况

据韩国文化观光部 2017 年进行的国民阅读情况调查数据显示，阅读是韩国人重要的休闲娱乐活动。19 岁以上的成人读书时间（纸质书 + 电子书）为工作日 23.4 分钟，周末 27.1 分钟，与 2015 年相比均略有增加。学生的读书时间则为工作日 49.4 分钟，周末 68.1 分钟，但学生的读书时间随着年级的升高而减少。在成人平日生活中，读书占业余生活时间的 11.8%，占周末业余时间的 8.4%；读书在小学生的业余生活中占较大的比重，占平日业余时间的 22.9%，周末业余时间的 14.4%。整体来看，与 2015 年相比，均为增加趋势。

另外，根据韩国统计厅 2017 年家庭动向调查数据可知，2006 年以来，韩国家庭（2 人以上）的文化娱乐支出一直呈增长趋势，但是图书购买这一项目所占的比重自 2010 年以来却不断下降。2017 年，韩国家庭月平均购买图书的费用为 12 157 韩元，与 2016 年相比减少 20.7%，所占比重也剧跌至 7%。（见表 1）

表 1　2007—2017 年韩国家庭月平均文化娱乐支出和图书购买费用变化趋势

单位：韩元，%

项目	类别＼年份	2007	2008	2009	2010	2011	2012	2013	2014	2015	2016	2017
娱乐文化	金额	107 711	108 886	112 251	126 568	128 946	135 691	138 991	146 814	149 908	149 652	174 693
图书	金额	20 868	22 638	21 211	21 902	20 570	19 026	18 690	18 154	16 623	15 335	12 157
	比重	19.4	20.8	18.9	17.3	16.0	14.0	13.4	12.4	11.1	10.2	7.0

资料来源：韩国统计厅《家庭动向调查》
大韩出版文化协会，文化体育观光部《2018 年韩国出版年鉴》

2017 年，韩国国民成人纸质书购买数量为 4.1 本，学生为 4.7 本，购买图书费用各为 55 000 元韩币和 43 000 元韩币。成人电子书年购买数量为 0.7 本，学生为 1 本，年购买费用分别为 5 000 元韩币和 3 000 元韩币。

据对比分析，2017 年国民读书率和读书率均有所减少。年满 19 岁的成人中，在过去一年（2016 年 10 月—2017 年 9 月）中，59.9% 阅读过一本以上的纸质图书（不包括教科书、参考书、期刊、漫画），与 2015 年相比减少 5.4%，与 2013 年相比减少 11.5%，四年间减幅较大，可见促进成人读书相关政策需要加强，其中，60 岁以上的成人读书率为 47.8%，17~29 岁的成人读书率为 73.5%，中学以下学历的成人读书率为 44.2%，大学以上学历的成人读书率为 73.1%，低收入人群读书率结果尤其不理想，可见年龄层越低、学历越高、收入越高，读书率也越高。另外，2017 年学生的读书率为 91.7%（小学生为 96.8%，初中生为 92.5%，高中生为 87.2%），与 2015 年调查结果相比减少 3.2%，各年级学生读书率与 2015 年相比也呈下降趋势。（见图 1）

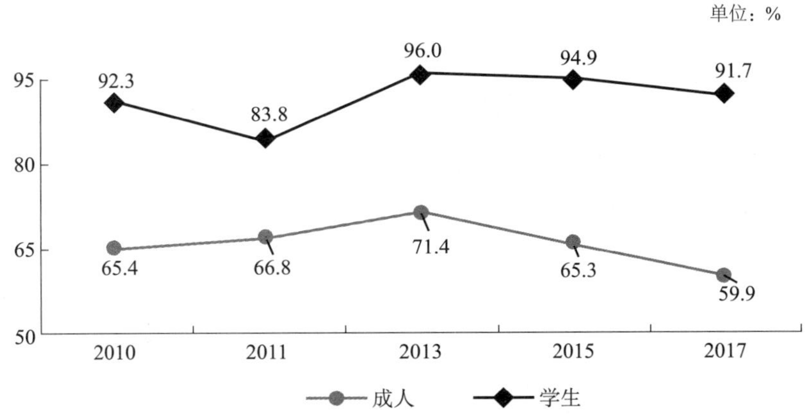

图 1　2010—2017 年纸质书阅读率变化趋势（成人 / 学生）

资料来源：文化体育观光部《2017 年国民阅读调查》

在电子书阅读率方面，在过去一年（2016 年 10 月—2017 年 9 月）中，14.1% 的成人阅读过一本以上的电子书（不包括教科书、参考书、期刊、漫画），与 2015 年 10.2% 的电子书阅读人口比率增加 3.9%。这主要是由于网络小说盛行，并且越来越多信息门户网站向读者提供免费阅读服务，使得电子书阅读率有所上升。学生整年的电子书阅读率为 29.8%，其中小学生为 34.1%，初中生为 30.0%，高中生电子书阅读率则为 26.5%，小学生的电子书读书率依旧最高。整体而言，与 2015 年数据相比，增加 2.7%。（见图 2）

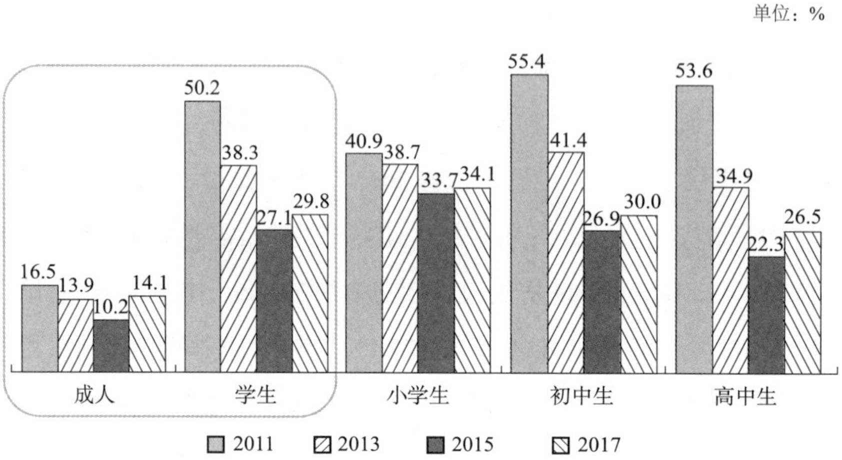

图 2　2011—2017 年电子书阅读率变化趋势（成人 / 学生）

资料来源：文化体育观光部《2017 年国民阅读调查》

经对比分析，过去一年（2016 年 10 月至 2017 年 9 月）中阅读过一本以上纸质书或者电子书的阅读人口比率，即 2017 年纸质书 + 电子书综合阅读率为成人 62.3%、学生 93.2%，与纸质书阅读率数据相比没有较大变化。由此我们可知，只有 2.4% 的成人和 1.5% 的学生只阅读电子书，这说明阅读纸质图书还是读书生活的主要阅读方式。（见图 3）

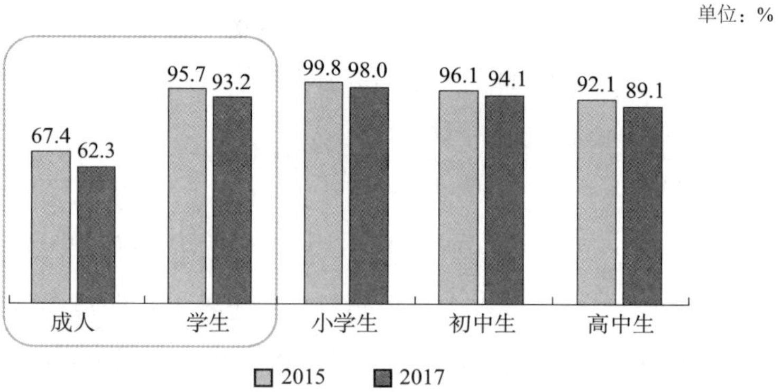

图 3　2015—2017 年纸质书及电子书读书率

资料来源：文化体育观光部《2017 年国民阅读调查》

纸质书阅读量方面，2017 年韩国成人年阅读量平均为 8.3 本，与 2015 年调查相比减少 0.8 本。2007 年成人阅读量为 12.1 本，自此一直呈下降趋势。但是如果只以读书的人为对象来看的话，2017 年纸质书阅读量为 13.8 本，与 2015 年（14 本）基本持平。2017 年小初中学生年阅读量为 28.6 本，与 2015 年调查相比平均减少 1.2 本。其中小学生为 67.1 本，初中生为 18.5 本，高中生为 8.8 本，与 2015 年相比，小学生的阅读量减少 3.2 本，而初中生和高中生则各减少 0.1 和 0.9 本，呈下降趋势。可见，成人年龄越低、学历和收入水平越高，读书量越多，学生则是年级越低，读书活动越丰富活泼。

电子书阅读量方面，包括从不阅读电子书的人在内，成人的电子书年阅读量平均为 1.1 本，比 2015 年增加 0.4 本，但如果只以有阅读电子书经验的人为基准，那么，2017 年韩国成人的电子书阅读量年平均为 7.9 本。同样，在学生中间，如果包括不阅读电子书的学生在内，年平均电子书阅读量为 5.7 本，小学生为 8.7 本，初中生和高中生分别 5.4 本和 3.7 本，年级越高，点数阅读量越低。由于学业加重以及高考等原因，高中生的综合阅读量大幅下降。（见图 4）

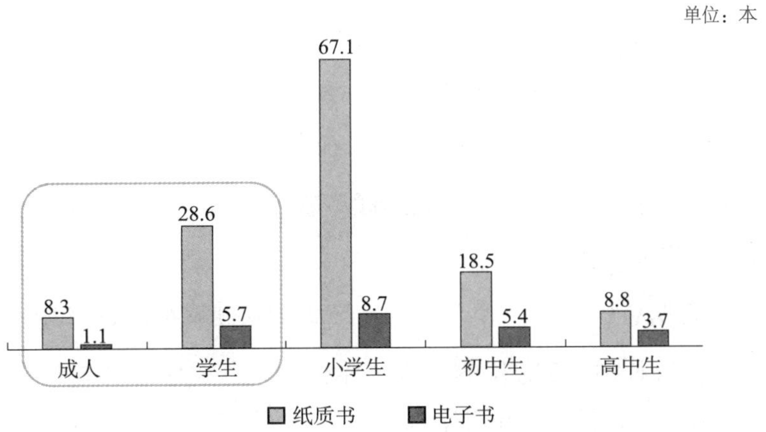

图 4　2017 年成人与学生纸质书·电子书阅读量对比图

资料来源：文化体育观光部《2017 年国民阅读调查》

经对比分析，过去一年（2016 年 10 月至 2017 年 9 月）中纸质书 + 电子书综合阅读量为成人 9.4 本，学生 34.3 本，与 2015 年相比均呈下降趋势。

从性别上看，韩国男性和女性的阅读人数比例差别不大，分别占同性别的 61.3% 和 63.3%；平均阅读册数男性偏高，为 10 本，女性为 8.8 本。

从年龄层次上看，阅读人口比例随着年龄的增长而呈明显的下降趋势。青年人和中年人是韩国主要的阅读人群，60 岁以上人口的阅读比例较低。18~29 岁的阅读人口比例最高，为 78.7%，其次是 30~39 岁的人口，为 73.1%，60 岁以上的人口中有 48.1% 的人有阅读习惯，与过去相比有大幅度的提高，说明越来越多的韩国人重视阅读，养成了良好的阅读习惯。

在被调查对象中，有 59.6% 的成人对自身读书量感到不足，51.5% 的学生认为自身读书量不够，只有 15.4% 的成人和 21.4% 的学生对自己的读书量感到满意。读书量越少的人群，越认为自身阅读量不够。

在选择阅读图书种类时，文学和小说在成人和学生中人气最高。在纸质图书中，23.7% 的成人喜欢阅读诗、小说、随笔等文学作品，13.0% 喜欢阅读推理、武侠、科幻、浪漫等主题明确的题材小说，10.9% 成人喜欢阅读旅游、健康养生、娱乐类图书。在电子书方面，34.6% 的成人喜欢阅读主题较为明确的题材小说，16.4% 喜欢阅读诗歌、一般小说、随笔等文学作品。与纸质书相比，电子题材小说更受欢迎。

小学生喜好的图书依次分别为小说（19.7%）、人物传记（12.2%）、娱乐（10.6%）、历史（10.4%）等，与 2015 年的情况基本一致。具体来看的话，女学生阅读中人气最高的是小说、童话类图书，而历史、娱乐、体育类在男学生中最受欢迎。中学生中，30.3% 喜欢阅读题材小说，17.3% 喜欢阅读诗歌等文学作品，9.9% 喜欢阅读和娱乐、演艺、体育、旅行等有关的图书。

根据调查数据分析显示，成人年平均纸质书阅读量和阅读率均为下降趋势，被问及读书的主要障碍时，32.2% 的成人表示由于工作（学业）繁忙没有时间阅读，19.9% 表示是因为受到智能手机、网络、游戏的影响，15.7% 表示因为要参加其他休闲活动。当然，这其中 68.7% 的成人意识到自身阅读量不足。因此，为了进一步扩大阅读人口数，急需落实改善社会整体的阅读环境，不断创造日常生活中可以直接阅读的机会等振兴国民阅读的政策和措施。

韩国读书人口数量减少，但在这样的情况下韩国成人的纸质书阅读时间反而增加，与 2015 年相比平日增加 6 分钟，周末增加 8 分钟，这是由于阅读书籍的群体整体阅读时间增加。不阅读的人越来越多，而阅读的人读书时间不断增加，这种现象在韩国被称为“阅读两极化”。大学生学业和就业竞争压力日益剧烈，职场人社会生活节奏加快，导致大多数成人的休闲时间减少，精神压力加大，另外，缺乏良好的读书习惯，智能手机的普及等日新月异的媒体环境更替，都导致人们对读书投入的时间和精力减少，最终导致读书率和读书量的降低。

家庭、学校、职场的读书环境对一个人的读书习惯有着决定性的影响，是提高阅读能力的“牵引车”。在家庭方面，读书习惯及周期性读书活动有利于培养孩子读书习惯。在成长过程中，家庭环境非常重要，家长对孩子的读书关心程度是决定孩子阅读率高低的关键因素。同时，学校开展写读后感、读书讨论、作家演讲、早读等活动有助于养成学生平日的读书习惯，近些年正规授课之前的早读率呈增加趋势（2010 年 55.4% → 2011 年 61.0% → 2013 年 69.6%），但是由于 2014 年下半年开始韩国教育厅开始实施“9 点上学制度”之后，2015 年早读实行率为 52.3%，2017 年则下降至 41.8%，这也是导致学生阅读量下降的原因之一。其中 61.6% 的受访学生认为“早读有助于养成读书习惯”，并且参与早读学生的阅读量远远超过未参与早读学生。在职场，设有读书室或者开展与读书有关的活动，具有良好的阅读氛围，都有助于提高阅读率。但是仍然有 87.3% 的成人表示“办公室完全没有读书室、读书活动等相关文化”，所占比例相当高。时间和精神层面的空余减少，以及智能手机使用时间上升和媒体环境的巨变成为成人阅读量减少的原因。

（四）图书馆使用情况

1. 公共图书馆使用情况

根据《2017 年国民阅读调查》报告显示，成人使用图书馆率为 22.2%，小中高学生使用图书馆率为 63.0%（其中小学生为 72.0%，初中生为 64.0%，高中生为 55.6%），与 2015 年相比成人减少 6.0%，学生减少 1.9%，年龄越大公共图书馆使用率越低。随着年龄的增加，图书馆使用率随之下降（20~30 岁人群使用率为 42.2%，60 岁以上人群使用率则为 8.4%），且成人与学生的阅读量和图书馆使用率成正比。去年一年间（2016 年 10 月至 2017 年 9 月）一次都没有使用过公共图书馆的成人约为 77.8%，学生约为 36.3%。与 2015 年相比，2017 年公共图书馆使用率成人和学生均减少。

图 5　韩国国会图书馆

由于成人和学生的读书量和图书馆使用率及使用次数为正比，同时，图书馆作为社会文化资本的根坚和国民的最佳读书设施，因此为了增进整体国民读书力，韩国政府致力于增加和改善图书馆设施，有计划地增加藏书量，扩大读书活动等。

2013 年数据显示，韩国人（15 岁以上）的公共图书馆使用率为 32%，与欧盟平均值 31% 相接近，但是与发达国家的瑞典（74%）、芬兰（66%）等国之间的还是差距很大。公共图书馆作为社会读书环境的核心设施，需要以国家政策支援为基础，扩大图书馆使用者，同时改善三大读书指标（读书量、读书率、读书时间），构建良性循环的读书环境。

去年一年间（2016 年 10 月至 2017 年 9 月），包括一次都没有使用过公共图书馆在内的 19 岁以上成人每月平均使用 0.5 次，学生每月平均使用 1.9 次，相比 2015 年数据持平。如果只以图书馆使用者为调查对象，那么月平均使用次数为成人 2.5 次，学生 3.1 次（小学生 3.7 次，初中生 3.1 次，高中生 2.5 次）。年龄越低，或者年级数越低，公共图书馆的月使用频率就越高，阅读量和图书馆使用频率也成正比。和 2015 年相比，2017 年韩国成人和学生的公共图书馆月使用率变化不大。（见图 6）

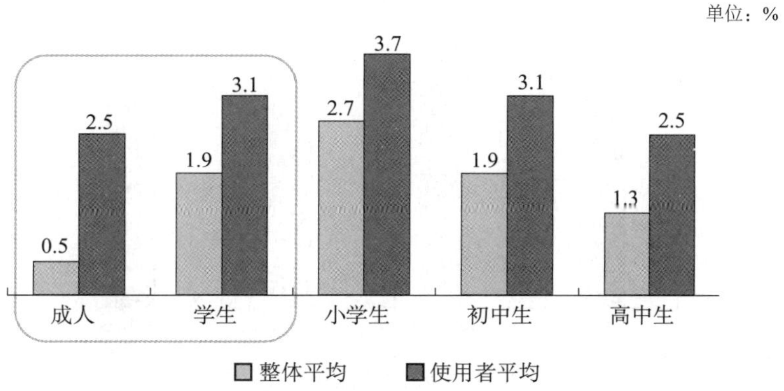

图 6　2017 年公共图书馆月平均使用率（成人·学生）

资料来源：文化体育观光部《2017 年国民阅读调查》

关于图书馆使用目的方面，成人 62.6% 主要是为了读书或者借书，23.5% 是为了学习，9.3% 是为了检索资料、开展研究。学生中，54.3% 主要是为了看书或者借书，28.0% 是为了考试而在图书馆复习，9.9% 表示是为了完成学校作业而在图书馆找资料。成人和学生整体上使用公共图书馆的目的为读书或者借书，但是高中生或者 20 岁左右的年轻人主要是为了学习和考试，此目的占较大比率。

在谈及不使用图书馆的理由时，43% 的成人表示工作太忙没有时间去图书馆等，35.6% 的成人表示没有必要使用图书馆，而 2015 年数据显示“没有必要使用图书馆”的比率最高。32.4% 的学生表示离家远，17.6% 表示由于参加培训班和补习没有时间去图书馆，13.0% 表示没有必要去图书馆，8.3% 认为学校图书馆更加便利。

2. 学校图书馆使用率

2017 年韩国小初高学生学校图书馆使用率为 83.5%（小学生 94.1%，初中生 82.0%，高中生 77.2%），与 2015 年学校图书馆的使用率相比略微减少，学生年级越高，学校图书馆的使用率越低，并且图书馆使用率与学生的阅读量有密切的关系。（见图 7）

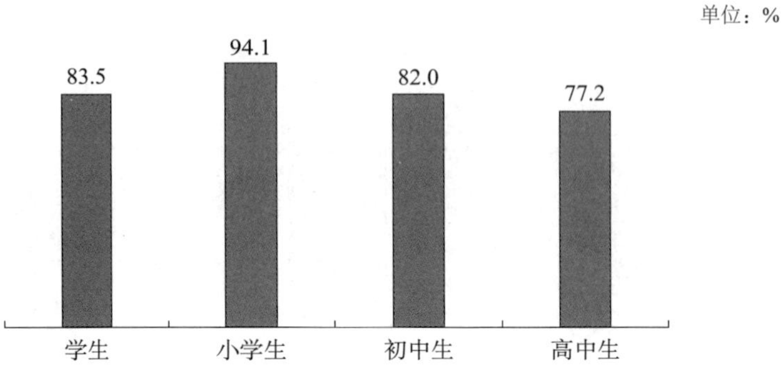

图 7　2017 年学校图书馆使用率（学生）

资料来源：文化体育观光部，《2017 年国民阅读调查》

使用学校图书馆的学生大约 12.1% 每天都去学校图书馆。每周 1~2 次以上去学校图书馆的学生平均占整体平均的 47.2%（小学生 60.4%，初中生 43.8%，高中生 38.5%），可见年级越高，由于学业负担，图书馆使用率越低。

根据《2017 年国民阅读调查》[①] 显示，44.5% 的学生使用学校图书馆是为了借书，23.2% 是为了阅读，除此以外，15.9% 表示是为了学习和完成学校作业，6.2% 是为了在图书馆接受老师的读书指导。

就学校图书馆使用目的而言，年级越高，以“借书”为使用目的比例越高，而“读书”这一目的则相反。主要以读书为使用目的的学生年读书量也相对较多。

从来不使用学校图书馆的学生（2017 年参加调查 3 329 名学生中共有 525 名）中，18.4% 的学生则是因为要上补习班而没有时间去，18.3% 认为没有值得阅读的图书，这两点原因主要集中在低年级学生中。另外，16.8% 的学生认为在学校图书馆找书困难，9.7% 认为智能手机的使用可以代替学校图书馆的功能。

二、图书业发展状况

（一）概况

2017 年韩国出版业状况依然不容乐观，发展轨迹模糊不清，让人无法预测，但

① 接受《2017 年国民阅读调查》的人数为 9 329 名，其中 19 岁以上成人有 6 000 名，学生有 3 329 名（包括小学生、初中生和高中生）。文中出现的年读书率指 2016 年 9 月至 2017 年 10 月一年间读过一本以上一般图书的调查对象的比率（不包括定期刊物、漫画等），年阅读量数据包括一年间阅读一般图书的数量，图书馆使用率指一年间使用图书馆一次以上的比率。

是严峻的形势中蕴藏了新的发展可能。

2017 年 1 月，韩国图书流通批发领域第二位的松仁书籍宣布破产，出版业在艰难中出发。5 月，韩国发生“烛火革命”，新总统文在寅登上青瓦台，新政府开始着手对出版相关黑名单进行严格调查，受此事影响韩国出版文化振兴院院长被免职。但是另一方面独立书店如雨后春笋般迅速发展，首尔国际图书展大获成功，图书期刊出版多样化，这些积极变化中爆发出的新希望令人瞩目。

2017 年是韩国图书定价制实施的第三个年头，积极效果日渐显现，确保了新版图书的价格竞争力，促进独立书店发展迅速，预计往后每年全国各地将会新增 100 家此类新型书店。在各出版界人士的努力下，2017 年 6 月举办的首尔国际图书展吸引来 20 万消费者，创历史新高，并且打破出版界“无折扣无消费者”的固有观念。

这一年，韩国的出版业有较为显著的两大特点，第一点是企业型二手书书店过度膨胀发展。出版相关市场中，二手书市场一枝独秀，网络书店的发展也是起因于二手书需求的扩大。网络书店通过收购新版二手书的营销手段，大量“生产”二手书。另外，在网络书店的电商平台网站上若要直接买卖二手书或者开网店，都需要交 10% 的手续费。在全国各地开设大型实体店也是二手书市场发展的一大特征，韩国规模最大的网络书店阿拉丁在全国大都市运营着 40 家以上大规模二手书实体店。2010 年，韩国企业型二手书书店开始急速发展，与现存的个人经营的二手书书店不同，他们有标准化的指标和活跃的市场营销战略，在短时间内不断拓展图书市场并发展壮大。因此，一些重视新刊销售的出版社和线下书店纷纷指责二手书市场的发展打破了出版市场秩序。

第二点为策展时代和读者对口出版趋势的抬头。伴随着出版发行量的萧条，消费萎靡，挖掘高质量图书已经成为出版行业的经营、市场营销的核心问题。如果说原来的图书策展着重于将已经出版的图书向读者推荐、介绍、连接，那么现在的策展核心理念则需要从“发行后”转向“发行前”，重视图书本身质量。2017 年首尔国际图书展以“书店的时代”为主题，邀请 20 家独具特色的书店开设站台，收获了很高的人气。书店、图书馆、读者之间对“图书策展”的关心度较高，图书策划讲座或者图书策划资格证等衍生产物也随之而生。目前，韩国国民读书率下降，图书市场萎缩，但越是这样的情况，越是需要让读者遇见高质量图书，因此图书策划越来越受到行业的重视。

根据韩国统计厅统计指标概要可知，韩国 2017 年图书出版业生产指数为 82.2，与前一年对比减少 8.9%。国内最大的线上、线下书店教保文库 2017 年的年度总结资料显示，政治、社会领域的图书销售额同比增长 14.5%，文学（诗歌 / 散文 +16%，小说 +13.9%）与就业（8.8%）类出版市场都与 2016 年相比发展势态良好，实用性图书（语言学、旅游等）和学习参考书领域与 2016 年相比销售额下降减少，政治上的激变和就业困难等社会问题导致了出版市场各领域变得复杂多变、起伏跌宕。

韩国出版版权研究所公布的《2017 年出版市场统计——主要出版社和书店销售盈利现状》结果显示，2017 年韩国 68 家主要出版社的销售额为 4.877 兆韩元（2013—2017 年连续五年进行公示的出版社共有 61 家），与 2016 年的 4.98 兆相比减少 1.4%（669 亿韩元）。与 2016 年数据相比，销售额以及营业利润均为上涨趋势的出版社比例减少，均为下降趋势的出版社比例增加。

2017 年韩国六大零售书店（教保文库、YES24、InterParkINT、阿拉丁、永丰文库、首尔文库）的图书销售额为 1.7119 兆亿韩元，与 2016 年相比增加了 659 亿韩元，同比增加 4.0%，这也是线上销售额首次超过线下销售额。2017 年 6 大书店营业利润为 139 亿韩元，较 2016 年同比减少 49.8%。根据韩国统计厅《网络购物动向调查》数据显示，2017 年书籍电子交易销售额为 1.5413 兆亿韩元，同期对比增加 8.3%。网络书店的销售额连续三年持续增长，但是线下书店销售趋势停滞，呈相反状态。虽然近几年韩国的大型书店拥有购物广场得天独厚的有利空间条件，新设卖场数量在全国各地递增，但是整体销售额却不尽如人意。换句话说就是线下书店的情况不容乐观，与此相反，网络书店呈持续发展态势，尤其是手机端销售市场，发展势头迅猛，2016 年销售额比去年增长 34.6%，图书出版市场结构逐渐趋向于网络市场为主导。

2017 年韩国出版新版图书 59 724 种，发行量为 8 365.6 万册，种数比 2016 年减少了 1.9%，册数减少 5.7%。平均每种图书发行 1 401 册，每册平均价格为 16 090 韩元。（见表 2）

表 2 2006—2017 年图书发行种数册数情况

年份	发行种数		发行册数	
	总发行种数（种）	增减率（%）	总发行册数（册）	增减率（%）
2006	45 521	4.4	113 139 627	-5.5
2007	41 094	-9.7	132 503 119	17.1
2008	43 099	4.9	106 515 675	-0.3
2009	42 191	-2.1	106 214 701	-19.6
2010	40 291	-4.5	106 309 626	0.1
2011	44 036	9.3	109 550 227	3.0
2012	39 767	-9.7	86 906 643	-20.7
2013	43 146	8.5	86 513 472	-0.5
2014	47 589	10.3	94 165 930	8.8
2015	45 213	-5.0	85 018 354	-9.7
2016	60 864	34.6	88 676 892	4.3
2017	59 724	-1.9	83 656 330	-5.7

资料来源：大韩出版文化协会《2018 年韩国出版年鉴》

2017 年图书共发行 59 724 种，与 2016 年相比减少 1.9%，其中呈增长趋势的依次为哲学类（16.6%）、历史类（7.4%）、宗教类（6.8%）、综合类（6.3%）、自然科学类（4.8%）等。文学类图书共发行 12 904 种，占有率依旧保持最高，为整体的 21.6%。其次，社会科学类占整体 19.6%，技术科学类占 11.6%，儿童类占 11.2%。

2017 年新版图书共发行 8 365.633 万册，与 2016 年相比减少 5.7%。与 2016 年相比，2017 年韩国新版图书发行册数增加的类别依次为自然科学类（10.4%）、历史类（6%）、漫画类（2.8%）、哲学类（1.4%）、综合类（0.7%），其中艺术类和儿童类图书发行册数减幅较大，增减率分别 -17.5% 和 -11.3%。（见表 3）

发行册数最多的种类为儿童类图书，2016 年共发行 1 715.852 6 万册，占总发行册数的 20.5%，其余依次为文学类（18.4%）、社会科学类（16.3%）和漫画类（8.6%）。

表 3　2016—2017 年图书具体类别发行种数册数情况

类别	新版图书发行种数				新版图书发行册数			
	2016（种）	2017（种）	增减率（%）	比例（%）	2016（册）	2017（册）	增减率（%）	比例（%）
综合	1 419	1 509	6.3	2.5	2 247 114	2 262 141	0.7	2.7
哲学	1 612	1 880	16.6	3.1	2 103 711	2 132 950	1.4	2.6
宗教	3 158	3 374	6.8	5.6	4 551 483	4 259 100	−6.4	5.1
社会科学	12 417	11 674	−6.0	19.6	14 719 141	13 656 368	−7.2	16.3
自然科学	916	960	4.8	1.6	1 122 222	1 239 215	10.4	1.5
技术科学	7 080	6 935	2.0	11.6	6 501 040	6 420 605	−1.2	7.7
艺术	2 572	2 308	−10.3	3.9	3 204 253	2 642 312	−17.5	3.1
语言学	2 371	2 219	−6.4	3.7	3 355 371	3 055 703	−8.9	3.7
文学	12 901	12 904	0.0	21.6	15 855 816	15 416 048	−2.8	18.4
历史	1 985	2 131	7.4	3.6	2 822 143	2 992 466	6.0	3.6
辅导书	1 426	1 203	−15.6	2.1	5 882 493	5 259 930	−10.6	6.2
儿童	7 217	6 698	−7.2	11.2	19 346 676	17 158 526	−11.3	20.5
小计	55 074	53 795	−2.3	90.1	81 711 463	76 495 364	−6.4	91.4
漫画	5 790	5 929	2.4	9.9	6 965 429	7 160 966	2.8	8.6
合计	60 864	59 724	−1.9	100	88 676 892	83 656 330	−5.7	100

资料来源：大韩出版文化协会、文化体育观光部，《2018 年韩国出版年鉴》

2017 年每种图书约发行 1 401 册，与 2016 年的 1 457 册相比减少 56 册（3.8%），减少幅度相比较小，据统计，自 2010 年（2 639 册）后发行册数持续减少。其中发行册数最多的种类为辅导书类，共发行 4 125 册，也是涨幅最大的，同比增加 6%。最少的种类为技术科学类图书，共发行 960 册，与 2016 年数据相比小幅增加。在所有类别中只有自然科学、技术科学、漫画和辅导书，其余均为负增长。

2017 年韩国图书的平均定价为 16 090 韩元，与 2016 年（17 007 韩元）相比下跌 5.4%，但是与 2015 年的均价 14 929 韩元相比依旧是上涨趋势。价格最高的图书种类依然是技术科学类（23 254 韩元），其余依次为艺术类（22 353 韩元）、社会科学类（21 216 韩元）、自然科学类（20 866 韩元），其中艺术类图书价格跌幅最大，下跌

25%，不再占据图书平均定价榜单第一位。价格最低的图书种类是漫画类（5 451韩元），其余依次为儿童类（11 332韩元）、文学类（12 003韩元），辅导书类（12 860韩元）。大多数图书定价呈降价趋势，艺术类和儿童类图书减幅较大。

出版图书页数方面，一本书平均页数为284页，与2016年相比减少5页，减幅为1.7%。页数最多的图书种类为社会科学类，平均为385页，其余依次为历史类（367页）、自然科学类（345页），除了儿童类和漫画类图书，其余图书页数均减少，这与大部分图书定价下降有一定关联。（见表4）其中哲学类图书页数减幅最大，其次自然科学类图书，各减少28页和21页。

表4　2016—2017年平均图书发行册数、定价、页数情况

类别	平均册数			平均定价			平均页数		
	2016（册）	2017（册）	增减率（%）	2016（韩元）	2017（韩元）	增减率（%）	2016（页）	2017（页）	增减率（%）
综合类	1 584	1 499	-5.3	20 882	20 518	-1.7	365	344	-5.6
哲学	1 305	1 135	-13.0	20 541	19 534	-4.9	355	327	-7.8
宗教	1 441	1 262	-12.4	15 461	16 177	4.6	326	325	-0.5
社会科学	1 185	1 170	-1.3	22 023	21 216	-3.7	392	385	-1.7
自然科学	1 225	1 291	5.4	22 184	20 866	-5.9	366	345	-5.7
技术科学	918	926	0.8	25 387	23 254	-8.4	359	344	-4.2
艺术	1 246	1 145	-8.1	29 819	22 353	-25.0	226	222	-1.9
语言学	1 415	1 377	-2.7	16 566	16 581	0.1	305	303	-0.7
文学	1 229	1 195	-2.8	11 738	12 003	2.3	291	282	-3.2
历史	1 422	1 404	-1.2	21 639	20 085	-7.2	374	367	-1.8
辅导书	4 125	4 372	6.0	11 994	12 860	7.2	241	239	-1.0
儿童	2 681	2 562	-4.4	12 813	11 332	-11.6	92	99	7.2
漫画	1 203	1 208	0.4	5 197	5 451	4.9	157	159	1.5
平均	1 457	1 401	-3.8	17 007	16 091	-5.4	289	284	-1.7

资料来源：大韩出版文化协会，文化体育观光部《2018年韩国出版年鉴》

就国外翻译图书情况来看，2017 年韩国翻译图书种类占整体图书出版种类的 19%，共有 11 383 种，与 2016 年的 11 370 种相比变化不大，同期对比增加 0.1%。其中文学类翻译图书 2 698 种，漫画类 2 240 种，儿童类 1 698 种，位列前三。（见表 5）

表 5 2016—2017 年翻译图书分类情况

类别	翻译图书（种）		占有率（%）		增减率（%）
	2016 年	2017 年	2016 年	2017 年	
综合	307	320	2.7	2.8	4.2
哲学	552	624	4.9	5.5	13.0
宗教	769	761	6.7	6.7	-1.0
社会科学	1 437	1 297	12.5	11.4	-9.7
自然科学	289	315	2.5	2.8	9.0
技术科学	779	714	6.9	6.3	-8.3
艺术	387	328	3.4	2.9	-15.2
语言学	89	94	0.8	0.8	5.6
文学	2 781	2 698	24.5	23.7	-3.0
历史	279	293	2.5	2.6	5.0
辅导书	3	1	0.0	0.0	-66.7
儿童	1 657	1 698	14.6	14.9	2.5
漫画	2 041	2 240	18.0	19.6	9.8
合计	11 370	11 383	100.0	100.0	0.1
总发行种数	60 864	59 724	—	—	—

资料来源：大韩出版文化协会，文化体育观光部《2018 年韩国出版年鉴》

（二）图书细分市场情况

1. 整体情况

这一部分，我们将从哲学类、历史类、辅导书类等几方面来了解一下 2017 年韩国图书市场的发展状况。

总体来看，2017 年新刊图书发行种数与前年相比减少 1.9%，共发行 59 724 种图书，平均发行 1 401 册，与 2016 年相比小幅减少，自 2010 年以来新版图书平均发行册数持续呈下降趋势。与 2016 年相比，平均发行册数增幅最大的是辅导书，涨幅 6.0%；减幅最大的为哲学类图书，同比减少 16.6%，恰好与图书发行种数情况相反，哲学类增幅最大，同比增加 16.6%；辅导书降幅最大，减少 15.6%。其中文学类图书共发行 12 904 种，占比率最高，为 21.61%。相比较前年，2016 年儿童类图书发行种数减少 7.2%，共发行 6 698 种，占整体比重 11.21%，平均发行册数为 2 562 册。（见表 6）

表 6　2016—2017 年新版图书具体类别平均发行册数定价情况

类别	发行册数			2017 年平均定价（韩元）
	2016 年（册）	2017 年（册）	增减率（%）	
综合类	1 584	1 499	−5.3	20 518
哲学	1 305	1 135	−13.0	19 534
宗教	1 441	1 262	−12.4	16 177
社会科学	1 185	1 170	−1.3	21 216
自然科学	1 225	1 291	5.4	20 866
技术科学	918	926	0.8	23 254
艺术	1 246	1 145	−8.1	22 353
语言学	1 415	1 377	−2.7	16 581
文学	1 229	1 195	−2.8	12 003
历史	1 422	1 404	−1.2	20 085
辅导书	4 125	4 372	6.0	12 860
儿童	2 681	2 562	−4.4	11 332
漫画	1 203	1 208	0.4	5 451
平均	1 457	1 401	−3.8	16 091

资料来源：大韩出版文化协会、文化体育观光部，《2018 年韩国出版年鉴》

受到政权更替的影响，2017 年韩国哲学类和历史类图书出版态势活跃，共出版哲学类图书 1 880 种，历史类图书 2 131 种，同比涨幅分别为 16.6% 和 7.0%。发行册数也相应增加，2017 年哲学类和历史类图书发行册数依次同比增长 1.4% 和 6.0%。

2017 年辅导书出版为 1 203 种，2016 年为 1 426 种，减少 15.6%，由于韩国出生率降低，学龄人口的急剧减少，2017 年辅导书的发行册数大幅下降，共发行约

525.993 万册，同比减少 10.4%。2017 年辅导书平均定价为 12 860 韩币，比 2016 年增长约 7.2%。

2017 年韩国文学图书出版种数为 12 904 种，（见表 7）与 2016 年相比变化很小，其中其他（22.9%）、戏剧（11.7%）和诗歌（0.5%）为增长趋势，其余种类出版种数均有所减少，依次为评论（-60.0%）、小说（-11.1%）和随笔（-5.6%）。

表 7　2017 年韩国文学图书具体类别发展现状

单位：种，%

分类	诗歌	戏剧	小说	随笔	评论	其他	小计
2017 年	2 346	67	5 735	752	2	4 002	12 904
2016 年	2 334	60	6 449	797	5	3 256	12 901
增减率	0.5	11.7	-11.1	-5.6	-60.0	22.9	0.0

资料来源：大韩出版文化协会、文化体育观光部，《2018 年韩国出版年鉴》

2. 畅销书情况

在 YES24 整理的 2017 年韩国综合畅销书榜单中，前 100 位中，社会政治领域的图书同比增加 4 种，文学类图书占 20%，人气最高。

《文在寅的命运》《国家是什么》《再一次，宪法》《为何愤怒》等与总统和政治相关图书以及对于韩国法律和经济系统进行重新省察的书籍都收获了不错销量。

为了更好地迎接人工智能和网络快速发展的超链接社会，文在寅政府越来越重视第四次产业革命委员会的作用，在经济经营领域的畅销书中，《四次产业革命》一度成为国民必读书籍。另外，2017 年，有 400 余种与四次产业革命相关的图书出版，但是这种过热现象在外国很少见，这与目前韩国就业困难和社会的不安定性有很大关系。

2000 年以后，韩国小说市场发展滞缓，直至 2013 年，韩国小说得到暂时发展，2016 年韩江小说《素质主义者》获得国际布克奖，为韩国小说市场注入了新的活力。在这样的情况下，《82 年生金智英》在 2017 年的韩国出版界一鸣惊人，销售量突破 50 万册，占领畅销书榜前位。大型线上、线下书店年度综合畅销书第一位是李启珠的《语言的温度》，第二名就是小说销量最高的赵南珠的《82 年生金智英》。该小说以

30 岁女性为主人公，谈论了韩国女性的艰辛，在韩国掀起一阵热潮，也促成了女权主义相关图书的大发展。韩国外表上看似是男女平等社会，但其实从工资差距到生活文化到处都体现着性别不平等。在韩国，侮辱女性甚至伤害女性的事件层出不穷，由此从女性观点出发讨论男女平等的女权主义书籍从 2016 年开始受到重视和欢迎。

近两年盛行的女权主义和科学类图书的燎原之火一直蔓延到了期刊，女性杂志和科学杂志读者层不断壮大，同时，人文科学类的自我开发图书也独树一帜。2017 年的出版流行趋势可以总结为一个字——“我”。《自尊心课堂》《做我自己》等以探讨自身为主题的图书销售量创新高，这也迎合了 YOLO（You Only Live Once）的流行趋势，主张不惧未来，活在当下。另外，宠物主题相关书籍的良好销量也反映出韩国越来越多的单身、无子女家庭用宠物填补生活空白的社会现象。

下面我们以 2017 年教保文库畅销书排行榜为例（见表 8）进行分析，可以看出这一年的畅销书基本以哲学、文学、历史以及日本图书为主，小说、诗歌和散文等韩国文学作品均榜上有名，通俗易懂的人文类教养书籍也广受读者欢迎，海外文学在韩国图书销售市场发展良好，前十位中两本为日本文学类图书。经济、工商管理类相关图书发展形势则较为薄弱，无一本上榜。

表 8 2017 年韩国畅销图书排名 Top10

排序	领域	作品名	作家
1	韩国文学	《语言的温度》	李起周
2	韩国文学	《82 年生金智英》	赵南珠
3	自我开发	《自尊心课堂》	尹鸿均
4	海外文学	《解忧杂货店》	（日）东野圭吾
5	韩国文学	《做我自己》	金秀贤
6	韩国文学	《语言的品格》	李起周
7	韩国文学	《像 BONOBONO 一样活着真幸运》	金善回
8	海外文学	《杀死骑士团长 1》	（日）村上春树
9	韩国文学	《杀人者的记忆法》	金英夏
10	历史	《薛民锡的朝鲜王朝实录》	薛民锡

资料来源：2017 年韩国教保文库畅销书榜单 Top 10，http：//www.kyobobook.co.kr/bestSellerNew/bestseller.laf

畅销书榜单在很大程度上反映了读者的关注点和心理。关于“自尊心”这一主题已在韩国流行颇久，单身人口逐渐增加，中年人群缺乏安全感，国民渴望生活质量提高和日常时间均衡分配，导致人们对“自尊心”的关注度只增不减。从历年畅销书来看，“自尊心”图书经历了三个发现过程，从《因为疼痛才是青春》的认识阶段到《被讨厌的勇气》的激励阶段，再到现在《做我自己》的实践阶段，此外女权主义图书的流行也体现了社会弱势群体对于自尊心的社会性渴望和诉求。

值得一提的是，位列教保文库畅销书榜单的第一、第二位图书均出版于 2016 年，但是凭借读者的口碑，销售量如日中天，在畅销书界逆流而上。

（三）电子出版情况

由于韩国国内没有如欧洲尼尔森（Nielsen）、美国 NPD、加拿大 BNC、中国 Open Book 等类似出版市场相关统计和数据分析资料的收集和发表机构，因此在分析韩国国内电子出版市场规模方面比较困难。但是通过参考各发行公司的公示资料，可以大致估算出以韩国出版社下属各发行公司销售占有率为基准的韩国国内出版市场规模。

首先就电子书单行本情况来看，电子书发行公司 RIDIBOOKS 公示资料显示，2017 年电子书销售额规模约为 1 820 亿韩元，比 2016 年增长 30%。网络小说市场方面，以 KAKAO、MOONPIA 等平台的公示资料和其报道资料来看，2017 年韩国网络小说市场规模约为 2 325 亿韩元。

在全球化出版市场中，数字革命的重点不仅只在电子书销售，而是逐渐往文化产业的出版流程、流通渠道、市场宣传、商业模式上转移，这同时蕴藏着危机和机遇，为了更好应对这一趋势，出版界更应以读者为中心，而非电子转换商和生产者，摆脱固有思考方式，制定可持续发展性出版战略，给读者提供更丰富多样的使用体检（UX）和服务。与时俱进，不能再继续单纯认为电子出版就是将纸质书转换成电子书并进行出版。

2017 年，为了促进电子出版产业的发展，韩国政府做了多方努力，开发完善基础设施，扩大数字中心的读者群。最近电子书不仅以纸质书为基础进行制作，更与 ODO、AR、VR 等数字技术相融合进行制作，因此需要日后不能局限提供单纯的制作环节支援，更需要以艺术及阅读环境和基础设施为重点，积极开发和摸索新型辅助产业。

（四）主要出版相关企业情况

1. 出版社情况

2017 年，依据《出版文化产业振兴法》上报注册的韩国出版社有 57 153 家，比 2016 年增加 6.7%。（见表 9）1987 年 10 月，政府为发展出版业实施新举措，使出版社注册逐渐开放自由化，任何个人或团体都可以设立出版社。到了 1988 年，韩国国内出版社数量剧增到 4 397 家，与 1987 年当时的 3 000 家相比，增加了 46.4%，每年都呈上升趋势。2003 年 2 月 27 日《出版印刷振兴法》实施后，出版社或者印刷厂必须在政府注册登记，不过，依旧呈不断增长趋势。2017 年，韩国全国出版社中的 79.2%（45 287 家）都聚集在首都圈（首尔仁川京畿道）附近，其中 33 499 家位于首尔。

表 9 2012—2017 年出版社数量增加趋势

年份	2013	2014	2015	2016	2017
出版社数量	44 148 家	46 982 家	50 178 家	53 574 家	57 153 家
同比增长率	4.7%	6.4%	6.8%	6.8%	6.7%
有业绩出版社数量	5 740 家	6 131 家	6 414 家	7 209 家	7 775 家
有业绩出版社比率	13.0%	13.0%	12.8%	13.5%	13.6%

资料来源：大韩出版文化协会《出版产业动向》（2017 下半年）

在韩国出版社 2017 年一年间的出版业绩方面，大韩出版文化协会以样本图书为基准发行的种类为调查对象进行统计，其结果如下：2017 年发行 5 种以下图书的出版社占韩国整体出版社的 9.4%，发行 6~10 种的占 1.7%，发行 11~20 种的占 0.7%，其中发行 1 种图书以上的出版社为 7 775 家，同比增长 13.6%，无业绩出版社所占比例为 86.4%，共有 49 378 家，与去年相比小幅减少。（见表 10）

表 10　2013—2017 年出版业绩类别出版社数量分布

单位：家，%

发行种数	2013 年		2014 年		2015 年		2016 年		2017 年	
	出版社数量	比例	出版社数量	比例	出版社数量	比例	出版社数量	比例	出版社数量	比例
1～5	3 730	8.4	4 070	8.7	4 278	8.5	4 938	9.2	5 397	9.4
6～10	793	1.8	817	1.7	837	1.7	906	1.7	969	1.7
11～15	392	0.9	380	0.8	381	0.8	406	0.8	421	0.7
16～20	217	0.5	238	0.5	234	0.5	240	0.4	239	0.4
21～25	123	0.3	124	0.3	148	0.3	122	0.2	159	0.3
26～30	89	0.2	94	0.2	108	0.2	100	0.2	98	0.2
31～40	129	0.3	118	0.3	120	0.2	132	0.2	146	0.3
41～50	59	0.1	71	0.2	71	0.1	80	0.1	75	0.1
51～100	120	0.3	132	0.3	138	0.3	162	0.3	159	0.3
100 种以上	88	0.2	87	0.2	99	0.2	112	0.2	112	0.2
小计	5 740	13.0	6 131	13.0	6 414	12.8	7 209	13.5	7 775	13.6
无业绩出版社数量	38 408	87.0	40 851	87.0	43 764	87.2	46 365	86.5	49 378	86.4
出版社总数	44 148	100.0	46 982	100.0	50 178	100.0	53 574	100.0	57 153	100.0

资料来源：大韩出版文化协会《出版产业动向》（2017 下半年）

2. 主要出版社销售额和盈利情况

根据韩国出版版权研究所公布的《2017 年出版市场统计——主要出版社和书店销售盈利现状》结果显示，2017 年共有 68 家主要出版社在韩国金融监督院电子公示系统上提供年度报告，2017 年这些出版社的销售额为 4.877 兆亿韩元，与 2016 年的 4.98 兆亿相比减少 1.4%，约 669 亿韩元，其中 40 家出版社销售额呈下降趋势。根据近五年（2013—2017 年）61 家出版社公示的销售额数据来看，2013 年出版社销售额为 5.1555 兆亿韩币，2014 年开始连续四年呈负增长态势，具有一定的长期性和持续性，2014 年至 2017 年销售额增减率分别为 -2.3%、-2.6%、-1.1%、-1.7%，与 2013 年相比，2017 年销售额减少 7.5%。

从各出版社核心出版内容来看，主要有习题集、全集（成套出版销售图书）/ 教具、

教科书 / 学习辅导书、单行本、外语及其他这五个部分。（见表 11）其中，以出版单行本为主的 22 家出版社 2017 年销售额增加 7.0%，涨幅最大，可以说 2017 年是单行本销售较为活跃的一年，而以全集 / 教具为主的出版社销售额则减少 5.7%，二者发展情况反差较为严重。以出版习题集为主的出版社销售额小幅增长 0.8%，其余两种出版社均为负增长趋势，以全集 / 教具为主的出版社销售情况最不容乐观。

表 11　2016—2017 年 68 家主要出版社销售额比较

单位：百万韩元，%

分类	2016 年		2017 年		增减率
	销售额	比重	销售额	比重	
习题集	2 417 654	48.9	2 436 372	50.0	0.8
全集 / 教具	861 318	17.4	811 875	16.6	-5.7
教科书 / 学习辅导书	993 181	20.1	951 567	19.5	-4.2
单行本	287 394	5.8	307 573	6.3	7.0
外语及其他	384 373	7.8	369 612	7.6	-3.8
总计	4 943 920	100.0	4 876 999	100.0	-1.4

资料来源：韩国出版版权研究院《2017 年韩国出版市场统计》

营业利润可以说是一个企业活动成果和收益性的检验指标，具有很高的研究价值。根据电子公示系统提供的主要数据，我们可以大致了解韩国出版社的营业利润现状。2017 年 68 家出版社总营业利润为 3 170 亿韩元，与 2016 年的 3 964 亿相比减少 20.0%，2017 年的平均营业利润为 6.5%，也较上一年减少 1.5%，收益性一定程度恶化。其中 56 家出版社盈利，12 家出版社亏损，所占比例分别为 82.3% 和 17.7%。另外有 3 家出版社由亏损转为赢利，7 家出版社由盈利转为亏损。在此 68 家出版社中，销售额以及营业利润均为上涨趋势的有 16 家，同时也有 29 家出版社的销售额和营业利润均为下降趋势或呈赤字状态，各占整体比例约为 23.5% 和 42.6%。与 2016 年数据相比，销售额以及营业利润均为上涨趋势的出版社比例从 31.0% 减少到 23.5%，均为下降趋势的出版社比例从 31.0% 增加到 42.6%。2017 年伊始，韩国出版批发商的中坚力量松仁书籍因为其不道德、不合理的经营问题宣布破产，最终由网络电商书店

INTERPARK 收购。但是与松仁书籍有过交易的两千余家出版社和一千余家书店，在经济不景气的情况下，遭遇了更大的损失。松仁书籍的倒台对出版界的影响范围之广之深，无法用数字计算。由此可见，韩国出版社的整体状态在 2016 年短暂回春之后，却经历了年初松仁书籍破产事件，这对出版社造成的打击巨大，2017 年又呈现走低趋势，收益性变差。

各大出版社以此事为契机，为了减少对批发的依存度，扩大与书店间的直接往来。为了完善现有流通系统的局限，促进小型出版社和小型书店之间的直接交易等，构建一个以读者为中心的销售网，出版社做出了很多努力和尝试。

3. 印刷厂情况

得益于《印刷文化产业振兴法》，2017 年上报注册的印刷企业共有 14 925 家，新开设 658 家，倒闭 24 家，与 2016 年相比增加了 4.2%。（见表 12）

表 12　2012—2017 年印刷厂数量增加趋势

单位：家，%

年份	2012	2013	2014	2015	2016	2017
印刷厂数	11 703	12 265	13 196	14 138	14 925	15 559
增加率	7.7	4.8	7.6	0.2	0.6	4.2

资料来源：韩国文化体育观光部《韩国印刷厂登录现状》

4. 书店情况

（1）韩国书店整体情况

根据韩国书店组织联合会的调查，2017 年韩国实体书店数共有 3 586 家，除去一般（兼营文具、阅读咖啡厅）书店 2 116 家，纯书店有 1 559 家。与 2015 年相比，一般书店同比减少 1.5%，纯书店数量同比减少 3.2%，（见表 13）近两年来韩国书店数量持续减少，但是下降趋势有所减缓。经分析，这主要得益于图书定价制的进一步强化和实施，各地方政府对书店援助政策的扩大，以及韩国书联和韩国文化体育观光部的相关地方书店扶持发展政策。

表 13　2007—2017 年韩国书店数量情况

单位：家，%

类别	2007 年	2009 年	2011 年	2013 年	2015 年	2017 年	2015 年对比增减率	2007 年对比增减率
纯书店	2 042	1 825	1 752	1 625	1 559	1 536	−1.5	−24.8
般书店	3 247	2 846	2 337	2 331	2 116	2 050	−3.2	−36.9

资料来源：韩国文化体育观光部《2018 年韩国出版年鉴》

根据《2018 年韩国书店年鉴》统计数据我们可以发现，分布在韩国首都首尔以及六大广域市（仁川、釜山、蔚山、大邱、大田、光州）的书店有 1 110 家，占整体的 54.1%，地方书店数量占整体的 45.9%，但是在韩国以郡为单位的地区里，仍有 6 个郡的书店数量为 0，并且有 43 个地区在未来几年可能面临“书店灭绝危机”。

另外，随着改正图书定价制政策的施行（2014.11），主要销售咖啡、酒类和其他综合商品的书店（也被称为复合型书店、独立书店、综合书店、潮流书店等）日益成为热门话题，《2018 年韩国书店年鉴》将其作为“其他书店（独立书店）”类别进行单独统计，全国共有 301 家这样的独立书店，按数量分布依次为首尔 133 家、济州岛 44 家、京畿道 25 家等，这些书店并不包括在一般书店和纯书店统计数据内。（见表 14）

表 14　2017 年其他书店（独立书店）数量情况

单位：家

地区	首尔	釜山	大邱	仁川	光州	大田	蔚山	京畿	江原	忠北	忠南	全北	全南	庆北	庆南	济州	世宗	合计
数量	133	17	13	6	12	8	3	25	6	8	2	8	3	9	6	41	1	301

资料来源：韩国文化体育观光部，《2018 年韩国出版年鉴》

根据 2017 年 10 月发表的《线上 / 下二手书店实况调查》数据显示，韩国二手书店的实体店在全国约有五百余家，网络二手书店主要有阿拉丁、YES24、InterParkINT、教保文库、首尔文库，截至 2017 年 10 月，阿拉丁在全国有四十余家二手书实体店，YES24 在首尔和釜山共有 6 家二手书实体店。

在这些二手书书店中，发行不到 18 个月的图书的二手书约占整体的 50.3%，这对新版图书的销售带来很大冲击，尤其是目前韩国的二手书书店大多为企业型，规模大，范围广，这就进一步造成出版市场流通发行秩序混乱。韩国出版流通审议委员会认识到该问题的严重性，提出“出版业自律协议”，规定出版未满 6 个月的新版图书不得在二手书书店进行销售，阿拉丁和 YES24 首先做出响应。但是从长远来看，随着二手书市场愈加活跃，新版图书的流通发行将会愈加陷入困境。二手书网络书店不断在全国各地新设实体店，并计划开拓新版图书市场，这一举动遭到很多书店的强烈反对。

根据 2017 年韩国电子公示系统上发布的报告书可知，韩国主要的大型零售书店和网络书店主要有六家，分别为：教保文库、YES24、阿拉丁、InterParkINT、首尔文库、永丰文库。这些书店除了销售图书，也销售旅游等其他商品，其中，教保文库、首尔文库、永丰文库兼具实体书店和网络书店，YES24、InterParkINT、阿拉丁、LIBRO 则为专门的网络书店。

最近三年（2015—2017）韩国 6 家大型零售书店的销售额如表 15 所示。六大网络 / 实体书店 2017 年销售额为 1.7119 兆亿韩币，与 2015 年相比增加 4.0%（660 亿韩币）。YES24、阿拉丁、InterParkINT 三家网络线上书店 2017 年销售额为 9 212 亿韩币，同期对比增加 5.9%，线上线下同时进行的书店销售额为 7 907 亿韩币，同期对比只增加了 1.9%，继 2016 年网络书店第一次超过实体店的销售额之后，差距进一步拉大。（见表 15）

表 15　2015—2017 年六家大型零售书店销售情况

单位：亿韩元，%

2016 年销售排名	2017 年销售排名	书店名	2015 年	2016 年	2017 年	同期对比增减率
1	1	教保文库	5 235	5 255	5 450	3.7
2	2	YES24	3 586	4 085	4 397	7.6
3	3	阿拉丁	2 394	2 849	3 237	13.6
4	4	InterParkINT（图书部分）	1 614	1 767	1 578	-10.7
5	5	永丰文库	1 372	1 333	1 352	1.4
6	6	首尔文库	1 115	1 170	1 105	-5.6
合计			15 316	16 459	17 119	4.0
同期对比增减率			-2.2	7.5	4.0	—
仅有线上销售渠道书店小计（YES24+ 阿拉丁 +InterParkINT）			7 594	87 01	9 212	5.9
线上 + 线下销售渠道书店小计（教宝文库 + 永丰文库 + 首尔文库）			7 722	7 758	7 907	1.9

资料来源：金融监督院电子公示系、韩国出版版权研究所《2017 年出版市场统计（2018.4.23）》；文化体育观光部《2018 年韩国出版年鉴》

其中，阿拉丁发展态势好，销售额与前年相比上升 13.6%，YES24 销售额相比去年增长 7.6%。教保文库和永丰文库这两家书店销售额增长趋势较为缓慢，首尔文库呈现负增长，6 家书店整体销售额同比增长 4%，尤其是只靠网络销售图书的书店销售额与 2015 年相比增长 5.9%，达到 9 212 亿韩元，整体发展态势良好。

经过分析，虽然 2017 年松仁书籍破产，但韩国书店持续开设实体店、二手书店销售市场活跃，因此书店业整体销售额略有增长。另外，由于松仁书籍的没落，大型书店和大型网络书店得以和出版社进行直接交易，这也从中获取了一定的间接利益。而其他书店（独立书店）持续增加，中小型地方书店的平均销售额下降，2017 年书籍和文具合计零售额为 5.9979 兆亿韩元，其中线上交易额为 1.9932 兆亿韩元，与 2016 年相比增加 10.0%，线下交易额为 4.47 兆亿韩元，较去年减少 2.2%。

2017 年，韩国六个大型零售书店的营业收益为 139 亿韩元，前年对比减少了 138 亿，同比减少 49.8 个百分比，盈利率也持续走低，下降到 0.8%。（见表 16）

表 16 2015—2017 年主要书店盈利情况

单位：百万 韩元，%

2016 年销售排名	2017 年销售排名	书店名	2015 年	2016 年	2017 年	同期对比增减率
1	1	教保文库	8 342	8 133	5 556	-31.7
2	2	YES24	15 287	4 019	2 628	-34.6
3	3	阿拉丁	14 665	14 610	12 930	-11.5
4	4	InterParkINT（图书部分）	-963	-5 798	-9 471	赤字扩大
5	5	永丰文库	2 191	4 118	2 105	-48.9
6	6	首尔文库	-3 211	2 539	123	-95.2
合计			36 311	27 621	13 871	-49.8
同期对比增减率			148.7	-23.9	-49.8	—
仅有线上销售渠道书店小计（YES24+ 阿拉丁 +InterParkINT）			28 989	12 831	6 087	-52.6
线上 + 线下销售渠道书店小计（教宝文库 + 永丰文库 + 首尔文库）			7 322	14 790	77 84	-47.4
盈利率			2.4	1.7	0.8	—

资料来源：大韩出版文化协会《2018 年韩国出版年鉴》

下面我们以 InterParkINT 书店为例分析其 2017 年的业绩。（见表 17）

表 17 2014—2017 年 InterParkINT 书店业绩状况

单位：百万 韩元，%

类别	2014 年		2015 年		2016 年		2017 年	
	销售额	营业收益	销售额	营业收益	销售额	营业收益	销售额	营业收益
合计	407 330	17 136	402 027	23 469	466 490	9 391	482 554	16 477
图书（比重）	189 573 (46.5)	-6 706	161 441 (40.2)	-963	176 723 (37.9)	-5 798	157 765 (32.7)	-9 471
购物	69 913	-2 398	77 738	-417	79 794	-3 136	85 628	-1 652
ENT	86 951	14 873	82 364	10 192	116 445	15 337	133 623	11 472
旅游	60 893	11 368	80 484	14 657	93 529	2 916	105 538	15 858

资料来源：2014—2017 年 InterParkINT 事业报告书

图书销售虽然占了 InterParkINT 书店的大部分份额，但是发展状况却在走下坡路，所占比例也逐年递减，2017 年销售额约为 1 578 亿，与 2015 年相比减少 189 亿，且盈利额仍在连续亏损，业绩不佳。

（2）韩国网络书店

据韩国统计局公布的《2017 年韩国图书类网络购物交易额》数据显示，2017 年，韩国书籍类的网络购物销售额为 1.4820 兆亿韩币，同期对比增长 10.5 个百分点。从 2012 年起，韩国的网络书店销售额一直呈下降趋势，直至 2014 年回升至 1.2804 兆亿韩元，同比增长 7.0%。到了 2015 年，韩国网络购买图书的交易额为 1.1512 兆亿韩元，与 2014 年相比减少 1 292 亿韩元，增长率为 -10.1%，与 2013 年相比，减少 3.8%，增长率史上最低。2013 年至 2015 年韩国网络书店销售额年平均增长率约为 -1.9%。（见表 18）究其原因，是因为在 2014 年 11 月 21 日的“图书定价制度”实施之前，各大网络书店大搞促销活动，提前销售图书，从而导致 2015 年销售量剧减。为打破市场萎缩局面，韩国各大网络书店积极采取市场战略措施，大幅度提高了市场占有率，2016 年开始网络书店的销售额呈恢复趋势，2017 年更上一层楼。

表 18 2011—2017 年网络书店销售额变化趋势

单位：亿韩元，%

年份	2011	2012	2013	2014	2015	2016	2017
销售额规模	12 743	12 728	11 962	12 804	11 512	13 406	14 820
增减率	9.0	−0.1	−6.0	7.0	−10.1	16.5	10.5

资料来源：韩国国家统计局国家统计信息门户（KOYESIYES）《2017 年网络购物动向调查》

通过电脑端进行图书交易的销售额为 9 510 亿韩币，与 2016 年的 9 359 亿韩币相比增加 1.6%。另外，得益于智能手机的普及和应用程序的不断开发完善，2017 年韩国通过手机渠道购买图书的比例占整体销售额的 35.8%，为 5 310 亿韩币，与 2016 年相比增加 31.2%（见表 19、表 20），增长速度有所放缓，但是所占比例越来越重。网络书店的良好发展状态与图书市场整体的萎靡态势形成鲜明对比。

表 19 2015—2017 年网络书店销售渠道销售额比率对比

单位：亿韩元，%

年份	销售额	同比增长率	电脑端销售额	同比增长率	手机端销售额	同比增长率	比重
2015	1 151 195	−10.1	871 946	−17.7	279 249	26.1	24.3
2016	1 340 629	16.5	935 904	7.3	404 726	44.9	30.2
2017	1 481 971	10.5	950 974	1.6	530 998	31.2	35.8

资料来源：韩国国家统计局国家统计信息门户（KOYESIYES）《2016 年网络购物动向调查》

表 20 2013—2017 年网络书店运营形态类别销售额发展趋势

单位：亿韩元，%

类别		2013 年		2014 年		2015 年		2016 年		2017 年	
		交易额	比例	交易额	比例	交易额	比例	交易额	比例	交易额	比例
图书交易		1 196 163	100	1 280 404	100	1 151 195	100	1 340 629	100	1 481 971	100
运营形态	Online only	910 150	76.0	98 923	76.9	891 262	77.4	1 042 689	77.9	1 043 566	70.4
	On/off-line	286 013	24.0	295 481	23.1	259 934	22.6	296 542	22.1	438 406	29.6
图书种类	综合类	389 324	32.5	469 258	36.6	417 527	36.3	437 447	32.7	481 740	32.5
	专业类	806 825	67.5	811 146	63.4	733 668	63.7	901 785	67.3	1 000 232	67.5

资料来源：韩国国家统计局国家统计信息门户（KOYESIYES），《2017 年网络购物动向调查》

表 21 为韩国三大主要网络书店（YES24、阿拉丁、InterParkINT）2013 年至 2017 年的年度销售额以及同期对比增长率数据。三大网络书店的销售额同期对比均有所增长，但是增长速度有所放缓，尤其是 2017 年 10 月韩国迎来 10 天公休长假，导致一段时间的负增长。2017 年是韩国图书定价制实行的第三个年头，出版界和线上/线下流通公司在过去三年间对图书定价制的实效性问题进行了激烈的讨论。在废止和强化两种声音下，图书定价制依然延长实施到了现在，但依然争议不断。

表 21　2013—2017 年三大网络书店（YES24、网络教保、阿拉丁）销售情况

单位：亿韩币，%

书店名称	2013 年		2014 年		2015 年		2016 年		2017 年	
	销售额	同比增减率	销售额	同比增减率	销售额	同比增减率	销售额	同比增减率	销售额	同比增减率
YES24	4 112	-5.0	4 508	9.4	4 889	8.5	5 629	15.1	6 347	12.8
网络教保	1 892	2.4	1 956	3.4	1 791	-8.4	2 046	14.2	2 198	7.4
阿拉丁	1 290	3.4	1 568	21.6	1 604	2.3	1 943	21.2	2 113	8.7

资料来源：韩国网络书店协议会/YES24

2017 年 9 月，YES24 在位于釜山的复合型文化空间 F1963 内新设 1 800 多平方米规模的二手书书店，阿拉丁则新设 10 家实体书店，相比 2016 年网络书店的线下扩张趋势延续，线上和线下相结合的 O2O（Online To Offline）服务持续发展，各书店之间的竞争也愈加激烈。

三、报刊业发展状况

（一）报纸、网络报纸

1. 定期刊物注册情况

根据韩国相关法律规定，韩国的定期刊物主要包括报纸、网络报纸、期刊、新闻通信四大类，其中，报纸根据发行周期细分为日刊、周刊、其他（特殊日刊、特殊周刊），期刊根据发行周期具体分为月刊、双月刊、季刊、半年刊。

至 2017 年 12 月 31 日，韩国定期刊物共 19 504 种，比 2016 年增加 5.1%，其中，

日刊报纸有380种，其他日刊有380种，周刊有3 457种，报纸小计共有4 217种（21.6%），期刊有8 113种（41.6%），网络报纸有7 151种（36.7%），通信类报纸有23种（0.1%）。（见表22）2017年韩国定期刊物注册情况最显著的特征之一就是网络报纸注册种类占到整体三分之一以上，并且较2016年相比增加12.4%。而纸质报纸中，日刊报纸和周刊报纸则分别减少4.8%和0.5%，两者间的反差令人深思。

表22　2015—2017年定期刊物注册种类发展趋势

单位：种，%

分类		2015年	2016年	2017年	比例
报纸	日刊报纸	383	399	380	1.9
	周刊	3 427	3 473	3 457	17.7
	其他日刊	378	372	380	1.9
网络报纸		6 605	6 360	7 151	36.7
期刊	月刊	5 046	4 983	4 977	25.5
	双月刊	697	723	740	3.8
	季刊	1 564	1 597	1 641	8.4
	半年刊	592	625	755	3.9
新闻通信		20	22	23	0.1
合计		18 712	18 563	19 504	100.0

资料来源：韩国舆论振兴财团《2018年报纸产业实况调查》

2. 经营状况

截至2017年12月31日，韩国舆论振兴财团以地方自治团体上注册登录的定期刊行物中正常发行的日刊报纸和全国综合周刊报纸等为对象进行调查。此次调查结果显示，2017年韩国纸质报纸和网络报纸的销售额整体为3.7695兆亿韩元，其中，纸质报纸销售额主要构成为广告收益、附加产业和其他产业收益、纸质新闻销售收益、网络销售收益四大类，总销售额为3.2726兆亿韩元，占报纸产业销售额整体的86.8%。具体来看，广告收益为1.9491兆亿韩元，占整体销售额的59.6%；其次为附加产业及其他产业收益，为 6 799 亿韩元，占整体比率 20.8%。网络报纸销售额则为 4 969 亿韩元，约占整体的 13.2%，主要构成部分依次为广告收益、附加产业和其他产业收益和网络销售收益，其中，广告收益为 3 081 亿韩元，占整体收益 62%，比率最大；其次为附加产业及其他产业收益，占整体 20.8%，为 1 608 亿韩元。（见表 23）可见在两种形态中，广告收益所占比重最大，是报纸行业的主要收益来源。

表 23　2017 年报纸产业销售额情况

单位：百万 韩元，%

类别	广告收益	附加产业及其他产业收益	纸质新闻销售收益	网络收益	合计	比率
	比率	比率	比率	比率	比率	
日刊	1 785 222	608 938	378 723	167 943	2 940 826	78.0
	60.7	20.7	12.9	5.7	100.0	
周刊	163 922	70 913	90 235	6 673	331 743	8.8
	49.4	21.4	27.2	2.0	100.0	
纸质报纸小计	1 949 144	679 851	468 958	174 616	3 272 569	86.8
	59.6	20.8	14.3	5.3	100.0	
网络报纸	308 115	160 786	—	27 989	496 890	13.2
	62.0	32.4	—	5.6	100.0	
合计	2 257 259	840 637	468 958	202 606	3 769 459	100.0
	59.9	22.3	12.4	5.4	100.0	

资料来源：韩国舆论振兴财团《2018 年报纸产业实况调查》

2017 年韩国日刊报纸的销售额为 3.2726 兆亿韩元，占整体的 86.8%，其中销售额最高的报社为全国综合日刊类 I，所占比例约为 36.4%，为 1.3706 兆亿韩元；其次是经济日刊类，销售额为 7 683 亿韩元（20.4%）；地方综合日刊类销售额为 5 951 亿韩元，排列第三，所占比例约为 15.8%，（见表 24）2009 年以来一直保持这样的排位。

表 24　2017 年日刊报纸产业销售情况

单位：百万 韩元，%

分类	销售额	比例	前年对比增减率
全国综合日刊Ⅰ	1 370 586	36.4	-2.7
全国综合日刊Ⅱ	33 450	0.9	1.1
地方综合日刊	595 066	15.8	21.9
经济日刊	768 321	20.4	9.2
体育日刊	61 595	1.6	-1.2
外语日刊	16 178	0.4	64.3
其他专门日刊	89 705	2.4	2.9
免费日刊	5 925	0.2	-0.1
日刊小计	2 940 826	78.0	5.1
周刊小计	331 743	8.8	-17.0
纸质报纸总计	3 272 569	86.8	2.3
网络报纸总计	496 890	13.2	9.8
总计	3 769 459	100.0	3.2

资料来源：韩国舆论振兴财团《2018 年报纸产业实况调查》

* 全国综合日刊Ⅰ与全国综合日刊Ⅱ分类基准（下列条件全部满足为Ⅰ，部分满足为Ⅱ）：

①韩国文化体育观光部提供的“定期刊行物目录”中注册类别为“一般日刊报纸”，性质为“综合日刊”，并且普及地区为全国；

②持续 10 年以上稳定发行；

③一定规模以上（以韩国金融院公告为准）。

2017 年报纸产业从业者共 42 364 名，与去年相比增加 2.6%，其中，网络报纸从业者有 17 795 名，所占比例最大，为 42%；其次为日刊报纸，有 16 557 名（39.1%）。周刊报纸从业者共有 7 994 名，与 2016 年相比减少 15.3%，这与专业周刊数量减少 19.7% 有直接联系。从业者中记者共有 27 692 名，与 2015 年相比增加 7.1%。

大数据作为四次产业革命的产业原动力，在报纸行业也备受瞩目。2017 年 4 月，韩国舆论振兴财团开发新闻大数据分析系统 BIGKINDS，不断扩大新闻数据库，提供新闻报道中主要人物、场所、机关的关系图查询系统，以及关键字、关联词检索服务。目前韩国报社中存在的最大问题就是无法准确掌握读者信息，报纸的广告依赖度较高，但是却无法提供所需的消费者信息，因此通过大数据对读者的行动进行分析也非常重要。

网络数字时代快速发展，新闻消费方式也发生巨变，新闻的制作和流通过程有必要以网络为中心的方向转换。为了提高大众对新闻媒体的信赖度，不仅需要进一步强化完善新闻基础设施，同时应该不断强化报纸从业者的职业力量，加强职业素养。

（二）期刊情况

1. 期刊注册情况

根据韩国文化体育观光部的统计，（见表 25）2017 年韩国注册期刊共有 4 093 家相关公司，注册种数达 8 113 种，其中 2 021 家公司以期刊出版为主。2017 年韩国期刊的注册种数与 2016 年的 7 939 种相比，增加 2.2%。其中，月刊 4 977 种，双月刊 740 种，季刊 1 640 种，半年刊 755 种，月刊所占比例最大。

最近五年，韩国的注册期刊种数持续增加，其原因为利用相对较少的人力和费用创办的可以提供专业信息的专门期刊的大幅增加。因此，在期刊产业的收益性低下和经营环境恶化的现状下，整体的期刊注册种数暂时还是会呈上升趋势。

表 25　2010—2017 年注册期刊种数变化趋势

单位：种

年份	月刊	双月刊	季刊	半年刊 / 年刊	合计
2010	3 936	542	1 161	408	6 047
2011	4 209	584	1 266	425	6 484
2012	4 512	611	1 354	451	6 928
2013	4 697	646	1 408	506	7 257
2014	4 905	665	1 495	551	7 616
2015	5 046	667	1 564	592	7 899
2016	4 983	732	1 597	625	7 937
2017	4 977	740	1 640	755	8 113

资料来源：大韩出版文化协会、文化体育观光部《2018 年韩国出版年鉴》

2017 年韩国期刊产业规模为 1.0353 兆亿韩元，相关从业者 12 154 人，与 2014 年的调查数据相比销售额减少 24.7%，从业者减少 33.6%，期刊产业规模整体萎缩。（见表 26）

表 26　2010—2017 年韩国期刊产业年度销售额情况

单位：百万 韩币，%

年度	2010	2012	2014	2017
销售额	1 095 348	1 862 515	1 375 393	1 035 351
增减率	—	70.0%	26.2	24.7
平均销售额	1 002	1 259	548	515

数据来源：韩国舆论振兴财团《2018 年韩国期刊产业实况调查》

2. 广告收入情况

2017 年韩国媒体整体广告费用为 10.5122 兆韩元，占广告产业整体（16.4133 兆韩元）的 64.0%，与 2016 年相比增长 0.5%，与 2015 年相比有所好转，其中除了有线电视、手机广告等广播媒体外，大多数的媒体呈现下降趋势或涨幅不明显。（见表 27）由于新媒体的日益发达，传统四大媒体受到冲击较大，尤其是期刊方面，广告收益情况不佳。

表 27　2016—2017 年媒体广告费趋势

单位：亿 韩元，%

种类	媒体	广告费		构成比
		2016 年	2017 年	
四大媒体	地面电视	17 602	16 522	15.7
	广播	3 003	2 940	2.8
	报纸	8 673	8 807	8.4
	期刊	4 086	2 855	2.7
	小计	33 363	31 124	29.6
新媒体	有线电视	16 459	17 049	16.2
	PC	22 679	21 671	20.6
	手机	12 154	14 735	14.0
	IPTV	485	733	0.7
	卫星电视	229	491	0.5
	DMB	90	92	0.1
	小计	52 131	54 771	52.1
屋外广告		19 140	19 277	18.3
合计		104 633	105 122	100.0

资料来源：韩国文化体育观光部，《2018 年韩国广告产业统计》

与 2016 年广告费数据对比，2017 年韩国四大传统媒体（TV、广播、报纸、期刊）广告费约为 3.1124 兆韩元，占整体的 29.6%；新媒体（有线电视、卫星、网络、手机、IPTV、DMB）广告费约为 5.4771 兆韩元，占整体的 52.1%；屋外广告则为 1.9227 兆韩元，占整体比重 18.3%。按照媒体类别分类来看，广播类（地面电视、广播、有线电视、IPTV、卫星电视、DMB）广告费为 3.7827 兆韩元，占媒体类广告费的 23%；网络类广告费为 3.6406 兆韩元，占整体 22.2%；其余依次为屋外广告费 1.9227 兆韩元（18.3%）、印刷类广告费 1.1662 兆韩元（11.1%）。

近两年，受到韩国经济不景气的影响，广播和印刷媒体广告市场发展态势迟缓，尤其是期刊广告费大幅缩水，减少 30.1%，而手机广告媒体的广告市场则快速发展，与 2016 年同比增长 21.2%，作为社交网络广告市场的主要构成部分，手机媒体可以说是其中唯一保持持续增长趋势的广告媒体。

根据《2018 年报纸产业实况调查》数据显示，2017 年韩国纸质报纸中报道和广告平均比率为 7 ∶ 3，报纸广告收益占整体销售额的 59.6%，其中纸质报纸广告收益为 1 兆 9 491 亿韩元，占纸质报纸整体收益的 59.6%，网络报纸的广告收益则为 3 081 亿韩元，占网络报纸销售额比重的 62%，可见报纸对广告收益的依存度非常大。

根据《2018 年杂志产业实况调查》数据显示，2017 年韩国杂志的报道平均占有率为 89.1%，其中体育、娱乐、旅游等休闲类和健康类杂志的广告刊登面积较大。2017 年，韩国杂志广告收益占整体销售额的 37.7%，连续三年呈下降趋势。

整体来看，2017 年韩国广告业整体稳定，但是市场规模发展速度有所停滞，传统媒体状况不佳，网络端广告费市场需求持续增加。

参考文献

1. 大韩出版文化协会 .《2018 年韩国出版年鉴》.

2. 韩国文化体育观光部 .《2018 年韩国文化产业动向调查书》.

3. 韩国文化体育观光部 .《2018 年文化产业白皮书》.

4. 韩国文化体育观光部 .《2018 年韩国出版产业时况调查》.

5. 韩国舆论振兴财团 .《2018 年韩国期刊产业实况调查》.

6. 韩国舆论振兴财团 .《2018 年韩国报纸产业实况调查》.

7. 韩国图书馆协会 .《2018 年韩国图书馆年鉴》.

8. 大韩出版文化协会 .《出版产业动向》（2017 下半年）.

9. 韩国文化体育观光部 .《2018 年韩国广告产业统计》.

10. 韩国出版版权研究院 .《2017 年韩国出版市场统计》.

11. 韩国出版研究所统计数据 .

12. 大韩出版文化协会统计数据 .

（作者：韩国出版业观察员）

第三篇
业界观点

2017年澳大利亚出版业发展报告

张 岩 范冬雨 张敏洁 薛锦谊

一、出版业发展背景

（一）政策法律环境

澳大利亚全称为澳大利亚联邦（The Commonwealth of Australia），是高度发达的资本主义国家，目前是南半球经济最发达的国家和全世界第十二大经济体、全球第四大农产品出口国，也是多种矿产出口量全球第一的国家。澳大利亚不仅经济发达，同时也是英语国家中重要的图书出版市场，其出版业、图书业和期刊业均居世界前列。

第二次世界大战之前，作为英国出版业最大的海外市场，澳大利亚的出版业还落后于当时的主要资本主义国家。20世纪50年代以后，随着国内经济的快速发展和国民意识的不断增强，澳大利亚力图摆脱自身出版业受制于人的不利状况。与此同时，澳大利亚国内争取教育和文化独立的倾向越来越强，一系列的变化成为该国出版业快速发展的重要因素。20世纪60—80年代，澳大利亚的出版业迅速腾飞，政府为了扶持本国图书出版产业的发展，对私人出版企业提供各种优惠政策，鼓励本国出版商协会的发展。20世纪80年代以后，澳大利亚已经成为继美国、英国之后的世界第三大英语图书市场。

澳大利亚国家内部文化多元，出于发展本国经济、文化的目的，政府对国内的出版市场活动采取宽松政策，没有设立专门的全国性图书出版管理和审查机构。与采取审批制的许多国家不同，澳大利亚出版社的成立采取注册制，申请者只需提供相应有效证件并到管理部门完成注册即可。这大大降低了出版行业的准入门槛，提高了效率。

1991年，澳大利亚政府针对《版权法》中有关“平行进口”（Parallel Imports）

的条款提出了修正案[①]，推动了澳大利亚本土出版和创意产业的发展。《版权法》在经过修订后提出，合法的非盗版海外图书在被进口至澳大利亚之后，其版权所有者可能失去对该图书进口的控制权；根据 30 天规则，图书在海外出版后 30 天内未在澳大利亚出版的、图书在澳大利亚首次出版或在海外出版后 30 天内在澳大利亚出版，但是该书的版权所有者在订单发出后 90 天内未提供该书的、以非商业目的为客户提供单本海外图书，或为非营利性图书馆提供两本或多本海外图书的，若出现以上情况之一，则允许澳大利亚出版商进口合法的非盗版海外图书[②]。这一修正案改变了以往澳大利亚作为英国图书出版倾销市场的角色，提高了本土平装图书的贸易额，也为本土出版市场吸引了更多投资。

澳大利亚政府为了扶持本国出版业，从 2000 年 7 月开始向出版市场提供一项价值约为 2.4 亿美元的优惠措施，即“图书行业援助计划”（The Australian Book Industry Assistance Plan），为澳大利亚的印刷、出版、图书销售、图书作者和图书馆活动提供支持，这其中的 4 800 万美元款项用以资助出版书籍及“提高印刷行业竞争力计划”（Book Production Enhanced Printing Industry Competitiveness Scheme）。作为“图书行业援助计划”的一部分，澳大利亚各地的小学图书馆在 2001—2004 年期间获得了 4 500 万美元的资助，用于购买和收藏澳大利亚图书，这是联邦政府为图书行业提供的商品及服务税的补贴方案之一。

2017 年 6 月 15 日，《2017 年版权法修正案（障碍者获得和其他措施）》[*Copyright Amendment*（*Disability Access and Other Measures*）] 在澳大利亚议会两院获得通过。该修正案强调要将《马拉喀什条约》中关于阅读残障人士的规定落实在国内法律中，对图书馆、档案馆等其他文化机构的副本保存问题做出了规定，对版权材料的教育用途的许可规定和部分版权作品的版权保护期进行了调整，并根据澳大利亚目前的互联网数字环境对原《版权法》进行了调整，使其更符合版权管理现代化的现状。[③]

---

① 此修正案为 *COPYRIGHT AMENDMENT ACT 1991* No.174，1991，编号：C2004A04249。此修正案的详情可参见 https://www.legislation.gov.au/Details/C2004A04249

② 该内容引自 *Australian Business Law 2012*，Pual Latimer，CCH Australia Limited，2011（163—164）

③ 澳大利亚议会官网对这一修正案有极为详尽的记述，可参阅 https://www.aph.gov.au/Parliamentary_Business/Bills_Legislation/Bills_Search_Results/Result?bId=r5 832

互联网的发展催生了以亚马逊为代表的电子书平台，不断扩大的电子书市场正在冲击澳大利亚的纸质出版行业。2017 年年底，亚马逊澳大利亚店开张，其首个本地配送中心也于当年开业。这些举措引起了当地书商的警惕，他们的业务受到了亚马逊日益增长的垄断地位的威胁。经过当地书商的游说，澳大利亚政府计划于第二年对从海外网上零售商购买的低价值商品征收 10% 的商品和服务税。作为对此项计划的回应，亚马逊将禁止澳大利亚消费者从其国际网站上购买图书商品，澳大利亚消费者被重新引导至该公司在澳大利亚的新网站。[①]

互联网技术的不断发展革新，对澳大利亚出版业来说既是机遇又是挑战。从一方面来看，澳大利亚出版行业可以积极利用互联网的即时性、无界性、碎片化等特点来扩大自身影响力。而从另一方面看，数字媒体将会对传统纸质书籍市场造成冲击，网络购物平台的发展也将会对实体书店产生深远影响。如何把握好互联网带来的机遇并从容应对其伴随而来的挑战，这将是澳大利亚出版业不断探索的方向。

（二）重大事件

1. 澳大利亚包容性出版倡议（Australian Inclusive Publishers Initiative，简称 AIPI）召开年度会议

在出版商、书商、作家、编辑、图书馆和残疾人团体的支持下，澳大利亚包容性出版倡议（AIPI）于 2017 年 11 月在悉尼召开年度会议。该会议在促进澳大利亚“默认可访问”的图书生产方式方面取得了进一步进展：一是关于执行《马拉喀什条约》议定书草案的磋商已在印刷残疾人信息获取圆桌会议上进行；二是残疾人访问版权指南草案已经制定出来，供 AIPI 成员进行最终评论和批准，关于可访问性标准的简明英语指南正在编写中；三是阅读商 How you Want 已经开发了三个在线技能课程，即为编辑器提供可访问的准备文件、为出版制作团队准备文件和教育专业人员有效使用可访问的格式。此外，澳大利亚出版商协会（Australian Publishers Association）的 Title Page 平台和澳大利亚国家图书馆（National Library of Australia）的数据库也将被用于开发商业和非商业图书的元数据存储库。

---

① 数据来自澳大利亚图书与出版官网，Book and Publishing，https://www.booksandpublishing. com.au/articles/2018/10/02/116464/the-market-down-under-2/

2. 澳大利亚出版商协会对澳大利亚生产力委员会（Productivity Commission）的报告表示反对

2017 年，澳大利亚生产力委员会提出一份报告，针对澳大利亚的教育和文化领域提出取消“平行进口规则”，并计划引入美国式的“合理使用”方案。澳大利亚出版商协会认为这一调整将会让澳大利亚读者和书籍随之减少，对澳大利亚的教育和文化造成巨大打击，使投资以及书籍出版变得更加困难。理由是现在的版权法案允许作者和出版商投资制作和销售书籍，但是生产力委员会的提议从根本上侵犯了作者决定其作品内容的基本权利。澳大利亚作家协会（Australian Society of Authors）、澳大利亚印刷工业协会（Australian PrinIndustries Association）、澳大利亚版权局（Copyright Agency）和澳大利亚版权委员会（Australian Copyright Council）也加入了反抗的行列，对该报告进行了谴责。

（三）国民阅读状况

1. 国民阅读推动情况

为了增加澳大利亚国民的阅读量，澳大利亚政府于 2001 年发起全民阅读的倡议，资助并委托澳大利亚艺术委员会（Australia Council for the Arts）发动了名为“Book Alive”的图书阅读活动。该活动于每年 8—9 月举行，旨在通过提供大量的澳大利亚名著来提高国民的阅读兴趣，并帮助国民认识到更多的本土优秀作家。这一活动在澳大利亚各地的书店和图书馆发放 120 万份图书阅读指南和“你爱不释手的 50 本书”（50 Books You Can’t Put Down）书单，任何人只要购买其中一本，就会免费获赠一本指定图书。

2012 年，澳大利亚一些图书馆和图书馆协会联合举办了全国阅读年，将图书与阅读和写作能力联系在一起，并通过在全国各地举办的活动，进一步扩大全国阅读年活动在澳大利亚国民中的影响范围。澳大利亚图书馆和图书馆协会共举办了 4 000 多场活动，提供了价值 560 万美元的书籍材料和价值 2 600 万美元的媒体宣传。这些活动也凸显了一个不容忽视的情况，即近一半的澳大利亚国民缺乏文化技能，其文化水平无法满足日常生活和工作的最基本需求，有 46% 的澳大利亚人不识字、不理解时间表或药品说明。随着活动的圆满结束，15 位创始合作伙伴决定充分利用在全国阅读年期间营造的热潮，将 Love2read 品牌推向未来。2017 年，澳大利亚图书馆与信息协会（Australian Library and Information Association）和澳大利亚作家协会（Australian Society of Authors）、澳大利亚出版商协会（Australian Publishers Association）、澳大利亚书商协会（Australian Booksellers Association）、澳大利亚版权局（Copyright Agency）一起将该活动发展成为一项全新的国民阅读活动——“Australian Reading Hour”，这一活动鼓励所有年龄段的澳大利亚人在每年的 9 月 19 日阅读一小时。

儿童阅读推广是澳大利亚图书推广活动的重要组成部分，其主要目标就是致力于提高儿童早期的识字能力，通过阅读来培养孩子认识字母和听音辨词的能力。具有较大影响力的专项推广项目包括土著扫盲基金（Indigenous Literacy Foundation）、全国早期扫盲计划“Let’s Read”“Read 4 Life”、全国同步故事时间（National Simultaneous Storytime）、澳大利亚儿童图书委员会（Children’s Book Council of Australia）与澳大利亚图书与情报协会（Australian Library and Information Association）儿童及青少年服务部门联合举办的 CBCA 图书周等。土著扫盲基金得到了澳大利亚出版商协会、澳大利亚书商协会、澳大利亚作家协会和澳大利亚儿童图书委员会的支持，旨在提高偏远地区的原住民和托雷斯海峡岛民的识字水平，尊重澳大利亚土著居民的独特地位。根据 2017 年 NAPLAN（全国读写算数统考）统计，澳大利亚偏远地区仅有 34% 的 5 年级的土著学生达到或超过国家最低阅读标准，而主要城市的非土著学生为 95%。除了历史、健康、社会和教育方面的劣势问题外，许多偏远社区也缺乏图书。到目前为止，土著扫盲基金已经向 280 多个图书较少的土著社区赠送了超过 35 万本新书。同时与 30 多家出版商合作，向学校、图书馆、游戏小组、妇女中心、青年中心和其他服务机构赠送图书。

2. 国民阅读调查

根据麦考瑞大学经济系在 2017 年组织的调研——《澳大利亚读者：调研方法与结论》（*Australian Book Readers: Survey Method and Results*）报告显示：澳大利亚人平均每周花 7 个小时阅读（包括书籍、网络和其他媒体），其中 70% 是为了娱乐的目的，每月平均阅读三本书。[①]（见表 1）

---

① 关于阅读情况的内容来源于 *Australian Book Readers: Survey Method and Results*，由麦考瑞大学的 Throsby David、Jan Zwar 和 Callum Morgand 调查，2017 年 3 月发布。

表 1　各年龄段受访者阅读率百分比[①]

类别	非阅读者	阅读者			总计
		偶尔	频繁	小计	
每周阅读总时数（时）	1.4	4.7	10.8	7.4	6.9
每周为消遣而阅读的总时数（时）	0.0	2.7	9.1	5.5	5.1
每月阅读图书数量（种）	0.0	1.2	6.4	3.5	3.2
访问人数（人次）	243	1 481	1 197	2 678	2 921
百分比（%）	8.3	50.7	41.0	91.7	100.0

数据来源：《澳大利亚读者：调研方法与结论》

但是近年来，随着科学技术的发展，特别是互联网和电子书对澳大利亚图书行业尤其是终端消费者产生了很大影响。近五分之二的受访者认为，与五年前相比，他们花在读书上的时间减少了，他们花了更多的时间在以使用社交媒体为代表的其他休闲活动上，其中有 76% 为 29 岁及以下。

表 2　受访者休闲活动百分比

类别＼频率	每周至少一次	每周少于一次	从不	总计
上网	95.7%	2.8%	1.5%	100.0%
看电视	92.0%	5.6%	2.4%	100.0%
读书	65.5%	29.1%	5.4%	100.0%
锻炼（非运动）	59.3%	27.7%	13.0%	100.0%
创意手工活动	57.5%	33.5%	9.0%	100.0%
打游戏	43.3%	20.4%	36.3%	100.0%
创意艺术活动	33.9%	38.1%	28.0%	100.0%
运动	24.9%	30.8%	44.3%	100.0%

数据来源：《澳大利亚读者：调研方法与结论》

① 该表格不包括每周阅读时间超过 50 小时或更长的少数异常值。

图 1 澳大利亚国家图书馆

与五年前相比，澳大利亚人的阅读习惯发生了变化：人们花在读书上的时间似乎略少，但总体上有更多的时间阅读。

表 3 各年龄段受访者为消遣而阅读的时间百分比变化（与五年前相比）

阅读时间（与五年前相比）	书籍阅读时间			所有媒介阅读时间		
	非阅读者	偶尔阅读者	频繁阅读者	非阅读者	偶尔阅读者	频繁阅读者
更多	5.8%	11.0%	26.3%	12.1%	21.2%	32.4%
比较多	3.4%	14.1%	19.0%	9.8%	14.9%	18.6%
几乎相同	39.8%	29.8%	35.0%	36.3%	29.6%	32.0%
比较少	9.5%	21.6%	13.1%	7.0%	18.5%	10.1%
更少	41.4%	23.4%	6.6%	34.7%	15.8%	6.9%
总计	100.0%	100.0%	100.0%	100.0%	100.0%	100.0%

数据来源：《澳大利亚读者：调研方法与结论》

以上数据显示，尽管通信技术的发展丰富了人们的娱乐渠道和方式，在一定程度上占用了人们的阅读时间，但同时也给人们提供了众多的阅读中介和平台，给数字化时代的图书行业发展带来了新的机遇。

（四）图书馆发展情况

1. 图书馆借阅图书情况

在澳大利亚，大洋洲国家和州立图书馆联合会（National and State Libraries Australia，简称 NSLA）是代表澳大利亚国家图书馆和州立地区图书馆的最高机构，其成员基本囊括了州和其他地区内的公共图书馆网络。澳大利亚境内共有 1 656 个公共图书馆服务点和网点，包括 1 408 个分支机构、78 个移动图书馆和 170 个其他网点，它们组成了澳大利亚公共图书馆网络，用来向澳大利亚公民提供信息查阅和收集服务，以满足一般公众和不同用户群体的信息需求。该网络向澳大利亚公共图书馆的 930 万名会员提供了超过 1.653 亿本藏书，每年有超过 1.13 亿次的用户访问量，平均每月超过 940 万次。

2017 年 2 月 24 日，大洋洲国家和州立图书馆联合会委托昆士兰州州立图书馆（State Library of Queensland）区域存取与公共图书馆部制作并发布了《澳大利亚公共图书馆 2015—2016 年统计报告》（*Australian Public Libraries Statistical Report 2015-2016*）。报告显示：在 2011—2015 的五年内，澳大利亚公共图书馆向公众借出的图书总数目下跌 8.6%，全国各州图书借出情况基本保持下跌态势，仅有西澳大利亚州在五年内保持了 1.7% 的增长。在呈现下跌形势地区中，北领地五年内下跌情况最为严重，达到 20%。[①]

表 4　2011—2015 年澳大利亚公共图书馆借出书籍数目统计

单位：次

	澳大利亚首都地区	新南威尔士	北领地	昆士兰	南澳大利亚	塔斯马尼亚	维多利亚	西澳大利亚	澳大利亚
2011	3 090 717	47 720 855	1 014 087	39 629 608	16 850 921	4 755 821	51 336 800	16 395 311	180 853 246
2012	3 173 342	46 328 680	1 011 471	37 808 192	16 466 085	4 494 194	48 927 877	15 505 467	173 715 308
2013	3 052 368	45 420 892	1 042 517	37 209 851	16 048 792	4 366 611	48 341 500	16 083 328	171 405 722
2014	3 061 633	43 676 357	994 303	36 415 025	15 273 273	4 181 141	46 998 912	16 183 917	166 784 561
2015	2 856 975	42 178 654	811 352	36 098 022	15 163 280	4 132 875	47 428 702	16 665 968	165 335 828
过去五年增长比	-7.6%	-11.6%	-20.0%	-8.9%	-10.0%	-13.1%	-7.6%	1.7%	-8.6%
去年同期增长比	-6.7%	-3.4%	-18.4%	-0.9%	-0.7%	-1.2%	0.9%	3.0%	-0.9%

资料来源：《澳大利亚公共图书馆 2015—2016 年统计报告》

① 数据来自《澳大利亚公共图书馆 2015—2016 年统计报告》，*Australian Public Libraries Statistical Report 2015-2016*, State Library of Queensland，2017

澳大利亚全国范围内的图书借阅颓势同样也反映在澳大利亚人均图书借阅情况中。在2011—2015的五年里，澳大利亚的人均借出图书数量降低14.0%。各州中，降幅最大的仍旧是北领地，达到23.3%，新南威尔士州则以跌幅16.6%紧随其后。从其五年的发展趋势来看，未来的人均图书借阅情况依然有持平或下降的可能。

表5　2011—2015年澳大利亚公共图书馆人均借出书籍数目统计

单位：册

年份	澳大利亚首都地区	新南威尔士	北领地	昆士兰	南澳大利亚	塔斯马尼亚	维多利亚	西澳大利亚	澳大利亚
2011	8.25	6.55	4.32	8.69	10.18	9.29	9.13	6.75	7.97
2012	8.28	6.25	4.22	8.12	9.86	8.76	8.53	6.16	7.51
2013	7.91	6.04	4.25	7.88	9.52	8.48	8.28	6.25	7.30
2014	7.83	5.73	4.07	7.62	8.99	8.09	7.91	6.25	7.01
2015	7.21	5.46	3.31	7.45	8.88	7.96	7.82	6.37	6.85
过去五年增长比	-12.6%	-16.6%	-23.3%	-14.3%	-12.8%	-14.3%	-14.4%	-5.6%	-14.0%
去年同期增长比	-7.9%	-4.8%	-18.5%	-2.2%	-1.3%	-1.6%	-1.2%	2.0%	-2.3%

资料来源：《澳大利亚公共图书馆2015—2016年统计报告》

2. 国家书目数据库建设

澳大利亚国家书目数据库（Australia National Bibliographic Database）是澳大利亚最大的单一书目资源和全国性出版物目录，目前由澳大利亚国家图书馆（National Library of Australia）负责管理和建设。书目记录是澳大利亚图书馆馆藏资源的一部分，包括已发表和未发表的资源，如原始图片、档案和手稿、独特的项目，以及媒体所能提供的资源。澳大利亚国家书目数据库中除了书目记录外还包括：①澳大利亚图书馆为支持复印编目而要求的其他书目记录（如国会图书馆记录）；②以支持副本编目和馆际借阅的显示级别记录；③如果显示级别记录不可用或有显示级别记录之外的记录，则收集级别记录；④专著各组成部分的分析记录，而如果提交记录的图书馆判定该部分有足够的价值，需做出单独的说明，例如罕见地图集中的地图图版；⑤以书目记录或单独的保存记录提供的保存数；⑥名称和主题权限记录；⑦符合澳大利亚图书馆要求的数据元素的记录；⑧以服务支持的格式之一提供给澳大利亚图书馆的记录等。澳大利亚图书馆为形成馆藏而购买的精选书目记录也加入澳大利亚国家书目数据库中，例如康复和残疾文学、妇女历史和 1971 年以后的地下出版社收藏。

2017 年，澳大利亚图书馆开展了一系列活动，以提高澳大利亚国家书目数据库的数据质量，包括管理权控制、丰富书目数据、向数据库添加分析记录。这些数据逐渐向 Trove、WorldCat 及其他地方传播，提高了数据库成员与更广泛的元数据网络的数据使用和交换能力。通过对澳大利亚国家书目数据库的统计，图书馆在资源描述和访问（RDA）编目标准中对记录的贡献继续增长。2017 年底，澳大利亚国家书目数据库中有 3 790 878 份 RDA 书目记录和 82 575 份 RDA 权威记录，其主要贡献者是国会图书馆，其次是书目数据服务、Overdrive 和电子书中心。

表 6 2014—2017 年度澳大利亚国家书目数据库部分数据[①]

单位：百万条

类别	2014 年	2015 年	2016 年	2017 年
国家书目数据库馆藏	52.78	52.27	54.35	57.05
国家书目数据库中的书目记录	26.91	29.49	31.44	34.21
国家书目数据库的权威记录	1.84	1.86	1.92	1.94
国家书目数据库的搜索记录	14.0	13.4	12.7	12.6
国家书目数据库中的“资源描述和访问”书目记录	1.3	2.1	2.8	3.7
国家书目数据库中的“资源描述和访问”权威记录	—	0.067 672	0.072 566	0.082 566

资料来源：《澳大利亚图书馆 2017—2018 年度报告》

（五）中澳出版业交流

中国与澳大利亚自 1972 年 12 月 21 日建交以来，两国在出版业方面的交流与合作的频率不断提高，程度不断加深，为两国的文化交流和发展做出了极大的贡献。

经中华人民共和国原对外经济贸易合作部批准，新华书店（福建）澳洲有限公司于 2002 年 10 月 9 日成立。该公司由福建省新华发行集团、厦门对外图书交流中心和

① 此表数据综合澳大利亚图书馆咨询委员会发布的《澳大利亚图书馆 2017—2018 年度报告》所得，Libraries Australia Annual Report 2017—2018，Libraries Australia Advisory Committee，2018

澳大利亚经济文化企业有限公司合资组建，所成立的悉尼新华书店是新华书店第一家中外合资的境外书店。该店主要经营图书、杂志、音像制品等，其图书品种丰富、内容齐全，是中国版（不包括港澳台地区）图书在澳大利亚的主要销售书店。2013 年 11 月 23 日，澳大利亚第六家新华书店——布里斯班店在澳大利亚昆士兰州布里斯班开业，该店除经营图书音像制品外，还经营具有福建地方特色的文化产品。

2007 年，中国出版集团公司、中国出版对外贸易总公司与澳大利亚多元文化出版社签订协议，合资成立“中国出版（悉尼）有限公司”（CPG International-Sydney）。这一公司的成立是中国出版业资本向海外“走出去”的重要一环，有利于推动中澳文化产业交流、中澳版权交流和图书贸易等活动。

澳大利亚驻华大使馆于 2008 年在中国举办了第一届澳大利亚文学周活动，该活动目前已经连续举办十年，活动行程遍布中国许多城市。在每年的澳大利亚文学周活动中，澳驻华使馆都会邀请中澳两国作家进行文学交流，其目的在于向中国读者推广澳大利亚优秀的作家和作品，帮助他们与中国出版社和读者建立紧密的联系，展现澳大利亚的故事和声音，并促进澳大利亚文化在中国的交流与传播。

2015 年，时代出版公司旗下安徽美术出版社与澳大利亚 ATF 出版社合资成立了“时代亚澳公司”，该公司主要负责图书出版、文化产品贸易、文化交流培训等业务，并致力于搭建中澳图书文化交流的新平台。时代出版公司还发起了“时代——澳大利亚国际出版商合作联盟”，该联盟旨在吸引中澳两国的出版社参与，建立中澳出版业交流合作机制，丰富中澳出版资源和文化内容，进一步推动中澳文化进行深层次的交流与合作。该联盟成立之后定期开展中澳文化交流合作论坛、中澳图书互译出版项目、人员互访交流、文化资本合作等活动。

2014 年，山东出版集团山东友谊出版社在澳大利亚首都堪培拉澳大利亚标准中文学校成立了澳大利亚第一家“尼山书屋”，并与澳大利亚森隆集团签订了战略合作协议。尼山书屋主要经营的业务有文化、版权、出版、旅游、教育等，其旗下的尼山书系立足海外当地，聘请国外专家主持编辑修订图书，以海外读者的角度讲述中国故事。2017 年 5 月 1 日，澳大利亚尼山书屋国际出版社在堪培拉正式成立，这是中国山东友谊出版社在海外建立的第二家尼山书屋国际出版社，主要负责开展国际出版和国际版权贸易等工作。

二、图书业发展状况

（一）基本概况

澳大利亚是一个非常重视阅读的国家，阅读已然成为其国民的一种生活方式。在澳大利亚家庭中，父母从婴幼儿期就注重培养孩子的阅读习惯。*PM Readers* 系列丛书是澳大利亚很多学校正在使用的推广分级阅读的指导性书目，共分为 30 个等级，内容包括从简单辅助训练到自主阅读的完整体系。政府也投入大量资金，通过建立遍布各个社区的图书馆来营造良好的阅读氛围。澳大利亚书商协会推出了图书券（Purchase Book Vouchers），图书券从 10 美元至 100 美元不等，有效期为三年，可以在 600 余家书店使用，包括领先的独立书店、Dymocks、柯林斯书店、QBD 和大学校园书店。学校也可以使用澳大利亚图书券奖励学生阅读，进而最大限度地提高学校和社区的阅读能力和读写水平。

尼尔森图书公司（Nielsen Bookscan）显示，自 2000 年开始，澳大利亚印刷格式贸易（即消费者零售）图书的国内销售稳步增长，2009 年达到近 13 亿美元的峰值。但自 2010 年起，国内图书零售市场收缩，直至 2014 年开始复苏。2011 年以来，图书的平均销售价格逐渐下降，这表明消费者开始转向购买更便宜的书籍，并促使行业内部转向更低的图书销售价格。

表 7　2006—2015 年澳大利亚贸易图书销售情况[①]

类别 \ 年份	2006	2007	2008	2009	2010	2011	2012	2013	2014	2015
销量（百万册）	52.4	59.0	61.3	64.8	66.3	60.5	56.7	54.2	55.5	56.4
贸易额（百万美元）	1 036	1 169	1 214	1 290	1 259	1 080	980	919	939	979
平均成交价格（美元）	19.75	19.85	19.80	19.90	19.00	17.85	17.30	16.95	16.90	17.35

数据来源：尼尔森图书调查公司

在印刷和数字贸易销售和出版格式方面，阿歇特出版社（Hachette）的 Louise Sherwin Stark 估计，数字销售占大多数大型贸易出版商营业额的 17%~20%。澳大利

① 这些数字是四舍五入的估计，包括平均售价，已经四舍五入到最接近的 0.05 美元，该数据未按通货膨胀调整。

亚哈珀柯林斯出版社旗下出版部门 Harlequin Australia 的 Michelle Laforest 报告说，他们销售的大约 75% 是纸质书。索普·鲍克（Thorpe Bowker）于 2015 年提供了另一个关于印刷格式持续相关性的观点：2014 年，54% 的国际标准书号（ISBN）用于印刷图书的注册（与 2008 年的 64% 相比有所下降），20% 的国际标准书号用于电子书（高于 2008 年的 4%），其余的国际标准书号则用于其他类型的出版物，包括 CD、DVD 等。

尼尔森图书调查公司总经理肖恩·西蒙兹认为基于小说改编的影视作品的卖座程度对其原著的销售有一定的影响，“大片总是有两年的效果——它们放映那一年以及之后的一年，当它们撤档之后，它们原著的销售趋势则截然不同”。《哈利波特与死亡圣器》（*Harry Potter and the Deathly Hallows*）于 2007 年年中上映，促进了当年原著销量的上升。次年，由于没有其他大片能有像它一样的影响力，因此原著的销量出现下降的趋势。《暮光之城》系列电影在 2008 年上映了第一部，原著销售于 2009 年掀起了一股热潮，但到了 2010 年，同样由于没有大片上映，随后原著销量便出现了低迷情况。2011 年，图书业因 Redgroup 零售业的倒闭受到了负面影响。不过，由于 2012 年《五十度灰》（*Fifty Shades of Grey*）电影取得了巨大成功，使得原著销量迅速提升，帮助图书业进行缓慢的复苏。但是值得注意的是，2015 年的图书销量的回升则主要来源于成人涂色书籍的流行。

（二）出版情况

根据《澳大利亚图书行业的颠覆与创新：贸易和教育出版商案例研究》的调查，图书出版业传统上分为贸易（消费者）出版和教育出版，贸易出版包括成人小说、成人非小说以及儿童书籍，教育出版包括小学、中学和高等教育。目前，全球图书业正在经历着主要源于技术发展的结构性转型。随着互联网和各种通信技术的发展，数字出版、发行和零售日益崛起，亚马逊、谷歌和苹果公司先后进入图书市场，加之手持数字阅读平台和设备与在线社交媒体兴起，这就使得澳大利亚出版业原有的发展形态面临着新的机遇与挑战。

1. 贸易出版

过去几年，贸易出版最大的变化表现在其商业模式的转变。首先，出版商、作者、读者三者之间的关系发生了变化。一方面，出版商和作者之间发展出一种新版税协议，这种商业模式可以向作者支付小额预付款，直到他们的书收支平衡，然后再进行更高的版税分割；另一方面，出版商首次与读者建立了直接的联系，许多出版商都开始在其网站上建立相应的社区，方便与读者进行直接的沟通。由澳大利亚书商协会整合的年度出版物——ABA 儿童阅读指南（*Kid's Reading Guide*）推荐的读物由澳大利亚书商精心挑选和审核，并得到了一些年轻读者的热心参与，其中包括大约 100 本优秀儿童书籍，主要面向从婴幼儿到青少年年龄段的受众。该项目在 Facebook 和 Instagram 适时推荐读物，读者也可以在指定社区发表自己的观点和建议，在一定程度上打通了出版商、作者和读者三者之间的沟通渠道。

另一种较为新颖的商业模式是为出版物设计应用程序。例如 Hello Table Cook Book 出版商创建了一个食谱应用程序，食谱中的每个菜谱都有一个二维码，用智能手机扫描会在手机上创建一个购物清单，并按超市分类。该应用程序的创建者正与多家出版商讨论，以扩大该应用的覆盖范围。这一应用在无障碍出版系统（Accessible Publishing Systems）方面表现在创建者设计了一个程序，用简单的图形将标准电子书转换成标记版本，可以显示其语音版本并进行英语发音。目前已经有超过 4 000 本的麦克米伦电子书被转换成可读的英语语音版本，并同时在可读英文（Readable English）电子书商店出售。

2. 教育出版

澳大利亚学术和教育业务一直处于良好的增长趋势。根据 Bookseller 报道，2016 年至 2017 年 3 月 31 日的一年间，牛津大学出版社（OUP）的营业额同比增长了 3.3%，达到 8.474 亿英镑（14.5 亿澳元），其中学术部门的营业额同比增长 2.4%。另外，教育部门的营业额同比增长了 3.7%，这主要得益于英国和澳大利亚等市场的课程变化。在此期间，教育出版商 Cengage 收入为 15 亿美元（20 亿澳元），同比下降了 10%。但是近几年，澳大利亚高等教育出版行业出现波动，主要原因是由于学生购买行为变化以及渠道订购趋势的影响。在购买和订购图书方面，学生通常会寻找最实惠的解决方案。近几年的趋势是从购买新文本转向成本较低的电子书、租赁或二手书。

澳大利亚出版商协会宣布了 2017 年澳大利亚教育出版奖的获奖者。图形小说《看不见的战争：两个尺度上的故事》（*The Invisible War: A Tale on Two Scales*）获得了澳大利亚教育出版的全面卓越奖。Origo Education 被评为年度最佳小学出版商，牛津大学出版社被评为年度最佳中学出版商。

教育出版受到多方面因素的影响，政府对学校的财政限制在某些方面也制约了教育出版业的发展。例如，学校可能无法支付订购大型课程集或更基本的费用，也很难拥有使用最新在线学习资源的技术基础设施和 IT 支持。一些资源丰富的具有知识领导能力的学校本身有能力实现这一技术和教学上的飞跃，但其他学校可能会受到有限的预算、专业知识或时间的限制。澳大利亚的教育出版商正致力于弥合这一差距。

运用数字化教材以适应不同的学生学习风格成为教育出版中的一大趋势。基于学习者对于视觉、听觉、学习偏好性及进度的使用差异，数字化教材根据学生对知识的掌握程度动态调整学习进度。在订阅模式方面，教育出版商正从一次性销售印刷教科书和相关数字资源的模式转向年度数字订阅模式。在订阅成本的支付归属上，小学阶段由学校来提供，中学阶段则需要由学生支付三个年级的订阅成本。

2013 年，澳大利亚版权局创建了名为"Reading Australia"的在线教育资源中心，该中心旨在创建澳大利亚文学的深度教学资源，鼓励学校教师向学生教授澳大利亚的本土故事。推出四年以来，"Reading Australia"从仅有 21 种澳大利亚书籍教学资源已经扩展到 142 种，其中包括 95 篇论文。2017 年，澳大利亚版权局文化基金向"Reading Australia"提供了 51 200 美元的资金，用于支持新资源的开发。

3. 自助出版

澳大利亚麦考瑞大学对全澳超过 1 000 名作家展开了的大规模调查①显示，在技术对作家发行图书的影响方面，70% 的作家表示他们已经使用新技术改变了发行方式，超过一半的作家表示新技术为图书发行开辟了新路径，对流派小说和诗歌的影响分别是 78.5% 和 69%。在作家与出版商之间的关系上，25% 的作家目前不再与出版商合作，超过 42% 的作家与一家出版商合作，三分之一的作家与多家出版商合作。在自助出版方面，19% 的作者在 2014 年自行出版了印刷书籍或电子书。流行小说作者是最活跃的自助出版者，数量超过三分之一。59.4% 的作家表示，自助出版可以保障他们的

---

① 关于麦考瑞大学所做的澳大利亚图书行业的系列报告总共分为三个阶段，第一阶段研究考察了澳大利亚图书作者的经历，并进行了超过 1 000 名作者的全国调查。第二阶段该项目以出版商为重点，包括 25 个创新案例研究 *Disruption and innovation in the Australian book industry: Case studies of trade and education publishers*（Jan Zwar 2016），*Australian Book Publishers in the Global Industry: Survey Method and Results*（Throsby，Zwar 和 Morgan 2018）。研究的第三个阶段进行了关于读者的研究 *Australian Book Readers: Survey Method and Results*（David Throsby，Jan Zwar and Callum Morgan 2017）。

创作性和财政水平；28% 的作家表示，自助出版在主流图书门类出版中的变得越来越普遍，特别是诗歌、教育、创意图和非小说图书方面。

在澳大利亚，传统出版机构、政府部门、地方议会、社区、业余志愿组织、专业协会、利益集团、宗教个体及团体等都可以从澳大利亚指定的国际标准书号系统管理员 Thorpe-Bowker 那里购买国际标准书号（ISBN）。澳大利亚独立墨水自助出版平台 Independent Ink（www.independentink.com.au）为自助出版图书的作者提供一站式服务，包括编辑校对、排版、设计、打印和发布、营销推广，并且作者仍然保留其版权。同时，该网站还提供《自助出版免费指南》（*A Guide to Self-Publishing*），帮助作家了解小说类、非小说类、家族历史、食谱或任何其他类型的作品出版的相关知识。此外，还有付费指南 *Modern Australian Usage*：*A Practical Guide for Writers & Editors*、*The Entrepreneur's Guide to Self-Publishing*、*Interactive Publishing Checklist* 等。

表 8　澳大利亚自行发布图书平台提供的自助出版包类型

套餐类型	售价（美元）	包含内容
基本自助出版 Self-Publisher Prime	269	适合希望利用多种格式进行出版的自助出版商，包含 10 个 ISBN、1 个创建电子书文档，能将 Word 格式转为电子书格式（Ebook Creator.doc-Word Doc To Ebook），2 个条形码（Barcode）
图书情报自助出版 Self-Publisher+Book Intelligence	444	适合希望利用前沿的调查信息来把握市场趋势的自助出版商，除了基本自助出版套餐里的各项服务之外，还包含《图书与出版》（Books+Publishing）的年度订阅服务
电子书自助出版 Self-Publisher Ebook	477	适合希望利用先进的产品来发展电子图书业务的自助出版商，去除了基本自助出版套餐里的两个条形码，保留其他服务。同时增添了 1 项电子书的封面制作基础服务以及发行服务
专业自助出版 Self-Publisher Pro	990	适合希望将他们的书推广给合适的读者的自助出版商。包含 Bowker 提供的完整自助出版服务。除了基本自助出版套餐包含的各项服务之外，还提供 1 项电子书的发行服务，2 个二维码（QR Code），1 套印刷 / 数字广告组合包装服务以及 1 个在线图书营销工具包 "Biblet"

数据来源：澳大利亚索普鲍克标识符服务平台（https://www.myidentifiers.com.au）

（三）发行情况

随着技术的发展，图书的发行渠道更加丰富和通畅。除了传统的实体零售渠道外，还包括海内外的网络供应商。澳大利亚本土出版社利用最新的技术和具有竞争力的价格提供最新格式的电子书，与在线图书零售商、在线社区密切合作，扩大对图书读者的覆盖范围，提高零售市场份额。根据 David Throsby 对澳大利亚读者的研究报告，读者的购书渠道可以分为线上和线下两大类。

表 9　从不同渠道购书的频率（受访者百分比）

渠道	购书频率（%）				总计（%）
	经常	有时	很少	从不	
实体渠道					
主要连锁书店	11.4	35.1	28.3	25.2	100.0
当地独立书店	8.5	28.9	28.6	34.0	100.0
廉价书店	6.0	23.9	29.7	40.5	100.0
超市及百货商店	7.9	27.8	27.4	36.9	100.0
二手渠道	13.4	25.6	26.3	34.7	100.0
在线渠道					
国内供应商	6.5	24.0	27.0	42.6	100.0
海外供应商	15.5	24.8	22.7	36.9	100.0

数据来源：《澳大利亚读者：调研方法与结果》

澳大利亚主要的线上图书零售平台有亚马逊（Amazon）、巴诺书店（Barnes & Noble）、Book Depository、Booktopia、Audible 等；最受欢迎的实体书店是连锁书店，例如 Dymocks、QBD 和 Koorong 以及其他系列连锁书店；系列折扣店和百货店有 BIG W、Kmart and Target、Myer and David Jones 等。除此之外，还有一些独立书店以及本地市场的书摊等二手书渠道。

1. 线上发行渠道

亚马逊平台销售图书类型主要包括从美国出版商引入向澳大利亚市场供应印刷书籍和利用 Kindle 阅读器销售电子书。巴诺书店（Barnes & Noble）是美国最大的实体书店，也是仅次于亚马逊的全球第二大网络书店。Book Depository 是全球领先的专业网上书店之一，拥有自己的出版品牌 Dodo Press，能够提供超过 1 800 万种图书，每天从位于英国格洛斯特和澳大利亚墨尔本的履行中心向全球客户发货，免费送达全球一百多个国家。Booktopia 是澳大利亚最大的在线零售商，2015 年并购了在线书店 Bookworld，目前市场份额在 6%~7% 左右。Booktopia 通过与谷歌合作，为澳大利亚顾客提供来自国际和地区出版商的几千种谷歌电子书产品。

Audible 是全球最大的有声电子书制作和分发商，为亚马逊旗下全资子公司，提供业界首屈一指的有声下载书库、拥有丰富多元的原创音讯节目，同时顾客也可以在此平台上收听喜爱的报纸、杂志以及各类出版品的订阅服务。而苹果 iBooks 只卖电子书，相比竞争对手亚马逊、Nook、Kobo，跨平台覆盖是 iBooks 最大的优势。

2. 主要线下发行渠道

连锁书店目前仍是澳大利亚图书零售市场的主要力量。悉尼乔治街的 Dymocks 旗舰店是澳大利亚最大的书店，其历史可以追溯到 1879 年，是澳大利亚 140 年来的领先书商，在澳大利亚本土、新西兰有多家连锁店。除此之外，Dymocks 还创立了儿童慈善机构（DCC），这是一个澳大利亚范围内的免税慈善机构，为学龄前儿童和小学儿童提供高质量的书籍。Big W 是澳大利亚零售连锁超市巨头 Woolworths 旗下的折扣百货连锁商店，于 1964 年在新南威尔士州成立。截至 2017 年，Big W 在澳大利亚共有 186 家门店，聘用员工近 23 000 人。柯林斯（Collins）书店于 1922 年开始营业，1929 年以 Collins Book Depot 的名义注册成为一家私人股份有限公司。20 世纪 70 年代，柯林斯开始在全国扩张，除了购物中心的新分店外，柯林斯还进入了其他领域，包括书店、机场和特许经营产业。近年来，柯林斯与在全球 100 多个国家拥有超过 430 万用户的电子阅读全球领导者 Kobo 合作，为其客户提供电子阅读服务。

图 2　澳大利亚 Dymocks 书店

尽管由于门店租金的上涨以及在线书店和电子书的强势登场，许多独立书店陷入生存的困境，但新的业态环境也催生了新的书店模式。墨尔本的 Readings 独立书店既荣获了 2016 年“全球最佳书店”的称谓之后，又于 2017 年 5 月 25 日和 Potts Point Bookshop 共同荣获澳大利亚图书业奖（ABIA）颁发的年度最佳独立图书零售商。Readings 开展了一系列独具特色的经营活动。比如，通过免费刊物 *Readings Monthly* 向读者推荐好书，先后设立了“新澳大利亚小说奖”（The Readings Prize for New Australian Fiction）、“儿童图书奖”（The Readings Children’s Book Prize）和“青年图书奖”（The Readings Young Adult Book Prize）作为对阅读活动的鼓励性措施。Readings 还通过开展向土著扫盲基金会（Aboriginal Literacy Foundation）提供赞助等多种公益活动来扩大自身的影响力。Readings 的经营活动和公益活动成为展示其形象的一个窗口，凝聚了社会大众的情感，从而成为独立书店当中的佼佼者。

（四）主要企业情况

根据澳大利亚出版商协会（APA）和小型新闻网络（Small Press Network）的会员人数统计，澳大利亚目前有多达 400 家专业传统图书出版商，其中包括非常小的“微型出版商”。澳大利亚少数大型出版商占据了大部分的市场份额，包括培生出版社（Pearson）、企鹅兰登书屋（Penguin Random House）、哈珀·柯林斯出版社（Harper Collins Publishers LLC）、阿歇特出版社（Hachette Livre）、麦克米伦出版社（Macmillan）、西蒙与舒斯特出版（Simon&Schuster）等，其中麦克米伦出版社于 2017 年获得年度最佳出版商奖。澳大利亚最大的本土独立出版商是艾伦—昂温（Allen&Unwin）出版社，主要儿童书籍出版商为 Scholastic，教育部门的出版商有培生出版社、圣智出版集团（Cengage）、Wiley 出版社、牛津大学出版社（Oxford University Press）等。小型出版机构有 Text、Scribe、孤独星球（Lonely Planet）、Affirm Press 和 Exisle 等。大学附属出版社有墨尔本大学出版社（Melbourne University Press）、昆士兰大学出版社（The University of Queensland Press）、西澳大利亚大学出版社（The University of Western Australia Press）、弗里曼特尔出版社（Fremantle Press）和新南威尔士州大学出版社（The University of New South Wales Press）等。

图 3 显示了 2008—2016 年澳大利亚出版书籍与出版商总数增长变化。其中，2016 年，在规模较大的出版商中，有 26 家出版商出版了 100 多种书，与 2015 年的

27 家出版商相比略有下降。91 家出版商出版了 20—99 种图书，另有 91 家出版商出版了 11—20 种图书。在规模较小的出版商中，2 479 家出版商仅出版了一种书。

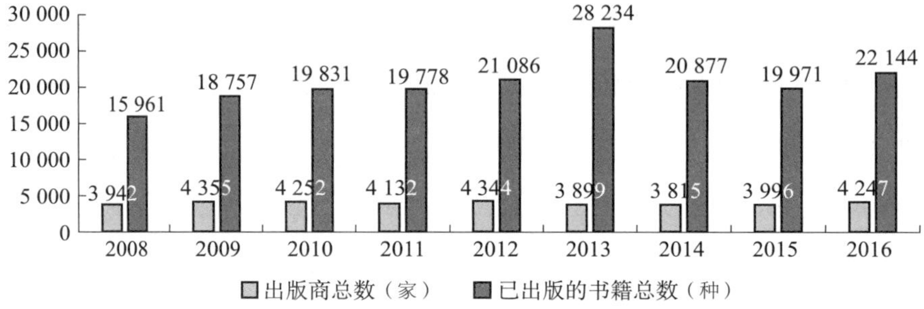

图 3　2008—2016 年澳大利亚出版书籍与出版商总数增长变化

数据来源：*Think Australian 2017*

澳大利亚的出版企业除了传统的图书出版商，还有政府部门、地方议会、社区、休闲和志愿者组织、专业协会、兴趣团体、宗教团体和个人，根据图书出版的总数可以区别出专业出版商和非专业出版商。

1. 哈珀·柯林斯（Harper Collins）出版社

哈珀·柯林斯是全球最大的英文出版集团之一，在美国、英国、澳大利亚以及印度等都设有分部并且占有较大的市场份额，每年推出新书 1 300 多种，是第一家创办全球数字书库的出版商。哈珀·柯林斯澳大利亚官网最大的特点就是全面。读者可以按照各种分类进行浏览，包括主题、作者、儿童与青少年等，其博客的档案最早可以追溯到 2014 年。根据哈珀·柯林斯 2017 年发布的全年业绩显示，2017 年的全年总收入为 16.4 亿美元（20.8 亿澳元），相较于 2016 年的 16.5 亿美元（20.9 亿澳元）有所下降。同时，出版商的 EBITDA（利息、税项、折旧和摊销前收益）增长了 7.5%，2016 年从 1.85 亿美元（2.34 亿澳元）增加到 1.99 亿美元（2.52 亿澳元）。

哈珀·柯林斯在图书技术方面不断创新。根据《出版商周刊》（*Publisher Weekly*）报道，美国柯林斯公司于其两个 Facebook 页面上引入了人工智能书籍推荐引擎。与澳大利亚正在经历的音频市场巨大增长的生态相适应，2017 年，柯林斯与有声读物出版商 Bolinda 合作，共同制作澳大利亚书目的音频版本，并且将 50 种左右的书目纳入发布计划之中。柯林斯公司预测数字音频未来将获得两位数增长，这一增长有助于抵消电子书的下滑趋势，总体上数字收入总额持平，占消费者销售额的 19%，在具体合作分工层面，出版商为其所有项目制作数字音频格式，而 Bolinda 凭借其在音频市场的尖端优势，通过详细的理解和洞察力创新和拓展市场。

图 4　哈珀·柯林斯出版社

2. 艾伦—昂温（Allen&Unwin）出版社

艾伦—昂温（Allen&Unwin）出版社本是一家英国公司，在澳大利亚设有分公司。之后在英国总公司被 HarperCollins 出版社收购时，澳大利亚分公司独立出来，一跃成为澳大利亚最成功的本土“独立”公司。目前该公司每年出版多达 250 本新书，内容涵盖小说、儿童读物等几乎所有题材，曾十三次被评为澳大利亚“年度最佳出版商”。在 2017 年澳大利亚图书业奖（ABIAs）年度书籍中，有两本由艾伦 & 昂温出版社出版，分别是 Dominic Smith 所著的 *Sara de Vos* 和 Clementine Ford 所著的 *Fight Like a Girl*。

作为一家本土出版商，艾伦 & 昂温出版社能在激烈的图书市场竞争中占有一席之地，主要原因就是它极具国际视野。2017 年，艾伦—昂温出版社收购了儿童和青年作家 Jack Heath 的首本成人惊悚小说 Hangman，在此之前，Hangman 已经通过澳大利亚最古老的的文学作品代理机构 Curtis Brown Australia 出售给了五个地区，包括北美的哈珀·柯林斯出版社以及德国、法国和俄罗斯的出版商。

3. 千禧之家（Millennium House）出版社和新前沿（New&Frontier）出版社

千禧之家出版社和新前沿出版社的共同点是两家以出版插画类书籍为主并因此成名。千禧之家出版社于 2005 年在澳大利亚悉尼成立，是一家文化艺术图书出版商。

因其生产高质量、插图精美的书籍而获得国际声誉。同时，它也是一家精品书籍包装商公司，专门从事科学、地理、制图、自然以及一般历史、流行文化、建筑等类型书籍的包装。它的包装工作由来自世界各地的专业作家、编辑、研究人员和设计师组成的优秀团队承接，对出版的每一本书精心挑选，非常重视视觉和编辑细节。

新前沿出版社是一家专门出版由澳大利亚作家和插图画家创作的儿童读物的公司，出版的图书曾荣获澳大利亚许多重要的图书奖项，其高品质图书作品一度响彻海外。迄今为止，该公司已经出版了一百多位澳大利亚作家和插图画家创作的二百多部儿童图书，其原创书籍已经打入欧洲、北美洲、南美洲、非洲，以及韩国、中国等亚洲市场。2015 年 8 月，浙江少年儿童出版社收购澳大利亚新前沿出版社的签约仪式在第 22 届北京国际图书博览会期间举行，这是中国专业少儿社进行海外并购的第一次探索，是加快出版“走出去”的一次有益探索和实践。收购后的新前沿出版社作为浙少社所属的海外全资子公司，作为浙少社面向国际童书市场的窗口共享优质资源，共享销售发行渠道，共享出版市场，进而实现助推中国文化走向海外英语国家。

4. 孤独星球（Lonely Planet）出版公司

孤独星球出版公司是世界上最大的独立旅行信息提供商，其出版的《孤独星球》旅游系列书籍历史悠久，是第一套针对旅行者撰写的旅游系列丛书。该书英文版有 20 多个品种、600 多个专题，在全球 200 多个国家销售，年销量达 650 万册，约占英文旅游指南销售量的四分之一。现在，孤独星球出版公司已经出版了囊括世界各个洲、国家、省份、城市的旅游指南，甚至涉及南极洲，具体题材分类包括旅行指南、城市指南、语法小册子和旅行文学等，被奉为自助旅行者的“圣经”。目前孤独星球出版公司的作品已经有了英语、法语、德语、意大利语、西班牙语、日语、韩语、中文等多种版本。《泰晤士报》称《孤独星球》系列丛书为“旅行指南出版的领军者”，《时代周刊》则称其为“世界旅行图书的领导者”。

（五）畅销书情况

从尼尔森发布的报告来看，澳大利亚 2017 年图书销售总量为 5 550 万册，比 2016 年的 5 460 万册增长 1.6%。图书总价值为 10.7 亿美元，高于 2016 年的 10.6 亿美元。在 2017 年十大畅销书排行榜中，与 2016 年相同，分别有 4 部成人非小说、4 部成人小说、2 部儿童书籍上榜。

在 4 部成人非小说类书籍中，斯科特·帕斯（Scott Pape）的《赤脚投资者》（*The Barefoot Investor*（Wiley））是 2017 年澳大利亚销量最高的书籍，销量为 43 万之多；杰米·奥利弗（Jamie Oliver）的《5 种成分：快速简单的食物》（*5 Ingredients：Quick & Easy Food*）售出 23 万多册，排名第三。吉米·巴恩斯（Jimmy Barnes）的《工人阶级》（*Working Class Man*）在 2017 年的最后两个月销量近 11 万之多，在排行榜中位列第七。在成人小说类书籍中，莉安·莫利亚提（Liane Moriarty）有两部榜上有名，分别是《大谎言小谎言》（*Big Little Lies*）和《真正疯狂的罪恶》（*Truly Madly Guilty*）。前者 2014 年出版，被改编成了电视剧，两个版本合并销售数量为 16 万册，后者在 2016 年出版时售出了 97 000 册，且延续至 2017 年又售出 10 万册之多。

与 2016 年相比，2017 年儿童类书籍排名比较靠前。一部是排名第二的安迪·格里菲斯（Andy Griffiths）和特里·丹顿（Terry Denton）的《91 层的树上的房子》（*The 91-Storey Treehouse*），销量为 31 万。另一部是排名第六的《逃亡之路：小屁孩日记》（*The Getaway：Diary of a Wimpy Kid*），销量达 15 万之多。

对犯罪类书籍作家简·哈珀（Jane Harper）来说，2017 年是非常重要的一年，她赢得了澳大利亚图书业（Australian Book Industry）年度大奖。她的第一部小说《干燥》（*The Dry*）于 2016 年 6 月出版，在 2017 年销售量达 8 万多，第二部小说《自然之力》（*Force of Nature*）也售出了将近 7 万册。

表 10　2017 年澳大利亚畅销书排行榜

编号	作品名称	作者	出版社	类别
1	*The Barefoot Investor*	Scott Pape	Wrightbooks	成人非小说
2	*The 91-Storey Treehouse*	Andy Griffiths & Terry Denton	Macmillan	儿童
3	*5 Ingredients: Quick & Easy Food*	Jamie Oliver	Michael Joseph	成人非小说
4	*The Subtle Art of Not Giving a F*ck*	Mark Manson	HarperCollins	成人非小说
5	*Big Little Lies*（两个版本）	Liane Moriarty	Pan	成人小说
6	*The Getaway: Diary of a Wimpy Kid*	Jeff Kinney	Puffin	儿童
7	*Working Class Man*	Jimmy Barnes	HarperCollins	成人非小说
8	*Truly Madly Guilty*	Liane Moriarty	Pan	成人小说
9	*Origin*	Dan Brown	Penguin	成人小说
10	*The Midnight Line*	Lee Child	Dell Publishing	成人小说

数据来源：尼尔森图书调查公司

（六）重大事件

1. 澳大利亚国立大学出版社单年下载量第一次达到 200 万次

澳大利亚国立大学（The Australian National University）在线出版商 ANU Press 在 2017 年已下载了 230 多万本书。这是自 2003 年 ANU 出版社开放所有书籍在线下载以来，首次单年下载量突破 200 万。澳大利亚国立大学新闻咨询委员会主席福克斯（James Fox）表示，这一里程碑凸显了出版商在推进澳大利亚国立大学的学术研究面向更广泛受众。据统计，半数以上的下载来自澳大利亚以外的地区，包括布隆迪、塔吉克斯坦甚至梵蒂冈等 260 多个国家，其中下载次数最多的书是罗恩・梅（Ron May）所著的《亚洲和太平洋地区的军事和民主》（*Military and Democracy in Asia and the Pacific*），另一本受欢迎的书是亚当・舒梅克（Adam Shoemaker）的《黑字白页》（Black Words White page），该书考察了澳大利亚本土文学，已被下载数万次。

2. 澳大利亚作家协会（Australian Society of Authors）着力开发国际数字出版市场

2017 年，澳大利亚作家协会启动了一个新的数字市场，目的是向国际出版商、代理商和书探展示和销售作家的作品。澳大利亚作家协会发表声明称，会员的反馈使其“敏锐地意识到，出版界仍是一个充满挑战的地方”，尽管很多创作者拥有他们之前出版的作品的版权或想在海外代理或出版的手稿，但如果没有代理商的帮助，他们几乎无法进入澳大利亚以外的市场。这个试点项目目前只对成人小说和诗歌作家开放，其他类别会在随后开放。澳大利亚作家协会这一行业组织将在这一过程中充当中介的角色，如果出版商、书探或代理商对某位作家的作品感兴趣，他们可以向澳大利亚作家协会发电子邮件，澳大利亚作家协会会为双方搭建沟通桥梁。

3. 2017 年澳大利亚作家文学获奖一览

澳大利亚身兼诗人、散文家、编剧和演员等多重身份的著名作家萨缪尔・沃特森（Samuel Watson）获得了帕特里克・怀特文学奖，该奖项传统上是颁发给那些“对澳大利亚文学做出重大贡献但未得到充分认可”的作家。沃特森是该奖设立 45 年历史上第二位获奖的澳大利亚本土作家。他最近出版的长篇诗集是《情诗与死亡威胁》，由昆士兰大学出版社出版。

珍妮弗・唐（Jennifer Tang）的短篇小说集《脉搏点》（*Pulse Points*）获得了澳

大利亚新小说阅读奖。评委们称："尽管这些故事发生在世界各地，人物背景各异，但每件事都让人觉得真实可信。"《脉搏点》还在最近的昆士兰文学奖（Queensland Literary Awards）上获得短篇小说类奖项。

乔克・塞荣（Jock Serong）的小说《爪哇海脊》（*The Java Ridge*）讲述了一群澳大利亚冲浪游客和一船寻求庇护者交织在一起的命运。小说获得了科林・罗德里克奖（Colin Roderick Award）和 HT Priestley 奖章。评委们说："塞荣将惊悚片、政治评论和冒险故事以一种让人联想到詹姆斯・邦德的方式结合在一起。"

利比・安吉尔（Libby Angel）凭借处女作《空中飞人》（*The Trapeze Act*）获得芭芭拉・杰弗里斯奖。评委们形容这部小说是"一个大胆的故事，讲述了一个坏妈妈和一个从可怕阴影中走出来的女儿的故事"。据了解，该奖项每两年颁发一次，以表彰"澳大利亚作家以积极的方式或以其他方式赋予妇女和女孩在社会中的地位的最佳小说"。

伯纳黛特・布伦南（Bernadette Brennan）凭借《写作人生：海伦・加纳和她的作品》获得了澳大利亚人文、艺术和社会科学理事会（CHASS）颁发的澳大利亚图书奖。

安德鲁・利（Andrew Leigh）凭借《从放血到安慰剂手术》（*From Bloodlet to Placebo Surgery*）一书获得了布拉格新南威尔士大学出版社（Bragg UNSW Press）的科学写作奖，该书摘自他的《随机主义者：激进的研究人员如何改变我们的世界》（*Randomistas*：*How Radical Researchers Changed Our World*）。

三、期刊业发展状况

（一）大众消费类期刊

2013—2017 年，互联网在澳大利亚的普及率逐年增高，网络对人们来说越来越重要，这种发展态势对期刊出版业构成了严峻挑战。据罗伊・摩根调查公司调查统计，在这五年时间里，澳大利亚期刊业出版发行的收入以 9.8% 的年率下降，达到 18 亿美元。业绩下滑主要是由于在线平台增长、智能手机和平板电脑日益普及的现状改变了消费者获取内容的方式，并且随着消费者越来越多地使用搜索引擎和在线目录查找信息，对黄页的需求大幅下降。但与 2016 年同期相比，2017 年澳大利亚纸质期刊的阅读人数仍继续增长。数字渠道为期刊品牌吸引了新的受众，同时为现有读者提供了更多参与的途径。2014 年 9 月至 2015 年 9 月，纸质期刊在澳大利亚的发行量达到了 1 257.5 万份，比上年同期增长了 2.7%。所有期刊都保持了广泛而多样的增长，例如《美食与娱乐》期刊总发行量增长了 17.1%，再次成为整体表现最佳的类别。其他受欢迎程度上升的类别包括体育类，总发行量上升 15.4%；健康及家庭类，总发行量上升 5.0%；商业、金融及航空类上升 4.7%；音乐及电影类上升 3.1%；女装类上升 1.2%；电视类上升 0.7%；家居及花园类上升 0.2%；总计销售量达到 3 157 000 本。

目前，澳大利亚最流行的期刊品牌包括：《美味》（*Taste.com.au*）《女性周刊》（*Women's Weekly*）、《美好家园与花园》（*Better Homes & Gradens*）、《国家地理》（*National Geographic*）、《新思维》（*New Idea*）、《健康》（*Good Health*）、《开放道路》（*Open Road*）、《母婴》（*Mother & Baby*）等。

表 11　2017 年 5 月澳大利亚十大期刊读者数量[①]

序号	标题	读者人数（千人）
1	Coles Magazine	3 783
2	Fresh	3 400
3	Better Homes & Gardens	1 790
4	Women's Weekly	1 555
5	Women's Day	1 304
6	New Idea	1 148
7	National Geographic	1 082
8	Open Road(NSW)	1 082
9	Royal Auto(Vic)	633
10	Taste.com.au Magazine	597

资料来源：Roy Morgan Single Source Australia

随着互联网的发展和消费观念的改变，来自数字内容提供商、社交媒体平台和其他在线媒体的竞争分流了印刷出版物的广告收入。《悉尼先锋晨报》有数据显示澳大

① 表 11 的数据来源于罗伊摩根调查公司（Roy Morgan Single Source Australia），http：//www. roymorgan.com/

利亚期刊行业广告客户行为正在转向数字化，在线广告收入已经超过了澳大利亚其他种类广告的收入。如图 5 所示，在线期刊广告呈逐年上涨趋势，而其他种类期刊广告的比重则逐年下降。

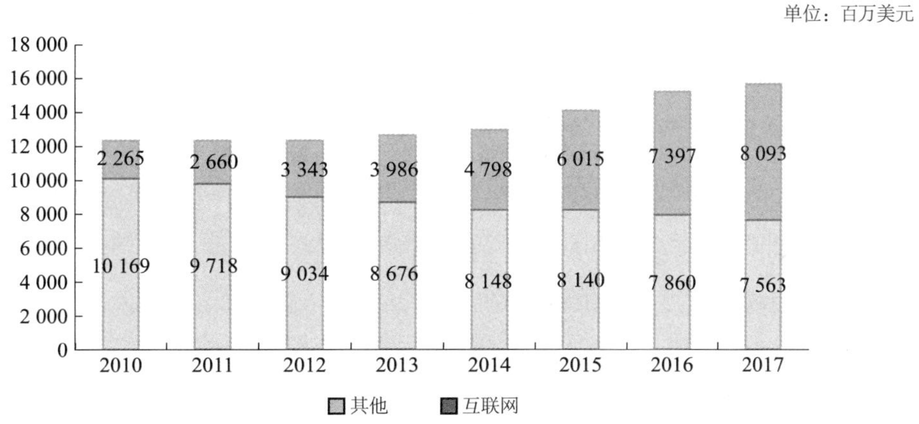

图 5　2010—2017 年澳大利亚期刊行业广告收入

资料来源：《悉尼先锋晨报》（*The Sydney Morning Herald*）

由各行业广告花费比重可见，期刊行业的广告花费比重较小，仅仅占到了 2.7% 左右，而互联网与在线电子广告的花费占据绝对地位，比重达到 54.7%，远远超过其他各类广告花费之和。

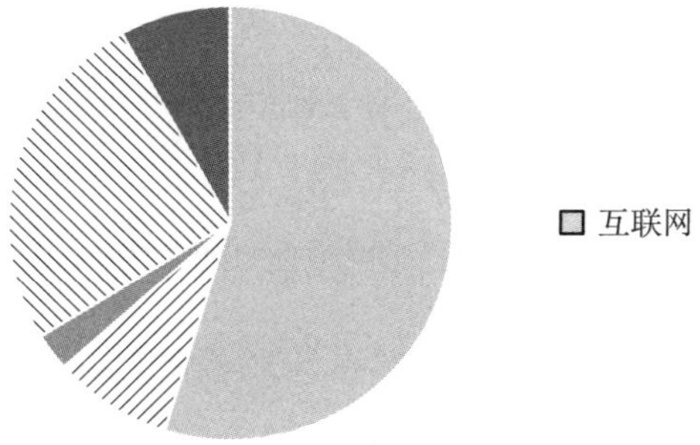

图 6　2017 年各行业广告花费比重

资料来源：《悉尼先锋晨报》（*The Sydney Morning Herald*）

罗伊·摩根澳大利亚读者报告研究结果显示，2017 年大众期刊的读者群比一年前有所增加，共有 1 500 万 14 岁以上的澳大利亚人阅读纸质期刊或者通过网络与应用程序阅读杂志，这一读者群体占阅读人口总数的 74.1%，同比上涨了 0.7%；14 岁以上的纸质期刊读者超过了 1 360 万人，占总体的 67.3%，同比增长 0.5%。从数据来看，人们对食品和娱乐的兴趣不断上升，美食与娱乐类（Food & Entertainment）再次成为澳大利亚表现最好的期刊类别，读者数量有 668.8 万，占总人口的 33%。

澳大利亚期刊行业最重要的行业组织是澳大利亚期刊出版商协会。该协会的职能既包括在行业内部协调资源、制定规则、开展统一性活动；也代表整个行业与相关行业或政府部门进行沟通和对接。2017 年 7 月，该协会旗下网站杂志网（Magazine Networks）启动了年度最大的报纸杂志推广活动。这一活动由澳大利亚主要的杂志出版商 Bauer Media、Pacific Magazines 和 News Life Media 支持，于 7 月 10 日开始举办为期 7 周的全国报刊独家促销活动，包括《女性周刊》《美丽家园》《美味》《美好家园与花园》《大都会》《女性健康》等澳大利亚 12 家著名杂志品牌在此次活动下齐聚一堂，这些品牌每月的期刊读者总数超过 680 万。另外，澳大利亚竞争与消费者委员会（Australian Competition and Consumer Commission）授权澳大利亚杂志出版商协会（Association of Magazine Publishers of Australia）与 40 家同意参与的新闻机构共同开展一项试点杂志发行计划。这一试点计划涉及澳大利亚杂志出版商协会的出版商成员、经销商和网络服务部门之间的协议，以多种方式限制向参与试点的新闻机构供应期刊，包括设置期刊的最低销售额，在无法达到销售量时停止提供期刊，减少期刊退货量，并对期刊的再分配进行限制等措施。这一计划的目的是为了测试新方法的有效性，以解决长期以来新闻机构向杂志供应新闻过剩的问题。

（二）学术期刊

澳大利亚图书馆和信息科学研究报告出版发行的形式有正式的研究报告、会议论文和论文三种，其中大部分的内容可通过期刊文章的形式发表，以便进行更广泛的传播。澳大利亚的大多数研究人员在海外期刊上或者专业图书馆期刊上发表论文，如期刊《图书馆教育与信息服务：澳大利亚》（*Education for library and Information Services：Australia*）。由于学校图书馆只收录了主流期刊的文章，因此，需要对澳大利亚主要期刊和海外期刊上的所有文章进行内容分析，其中包括如专著、研究报告、论文等其他文章格式，以获得更全面的研究结论。澳大利亚学术文章的研究主题主要集中在图书馆和信息服务活动，占比高达到 40%，其次是信息查询和图书馆历史。除此之外，研究还发现，澳大利亚学术文章中关于信息搜寻主题的占比较高，这是采用数据采集进行学术研究主要表现之一，而关于信息储存和检索的学术文章却相对占比较小。

目前，全球每年有多达 18 亿篇学术文章被下载，学术研究产出也在继续增长——目前估计每年发表 150 万篇文章。随着期刊文章数量的增加，学术出版成本也在不断攀升。尽管如此，澳大利亚的大学在期刊订阅上的花费仍然只占总支出的 1%。现在，澳大利亚的作者每年发表 3 万多篇文章，其中大部分发表在全球同行评议期刊中。他们现在还可以选择 770 种本地出版的同行评议期刊，这一选择的目的是与全球社区分享最好的本地研究成果。

（三）数字期刊与在线期刊

据罗伊 · 摩根的数据显示，2015 年 6 月至 2016 年 6 月期间，有 302.4 万澳大利亚人通过阅读、评论或发表自己文章的方式来参与到在线报刊、博客和论坛的互动中，与同期相比增长了 28%，其中有 52% 的人是通过手机设备进行阅读或发表报纸博客的。就具体参与行为而言，有 171.3 万人阅读或添加了他人在线期刊或博客的评论；有 122.6 万人浏览或参与到在线论坛中；有 48 万人创建并管理着自己的在线期刊或博客。报纸出版商还利用澳大利亚人对博客内容的兴趣点将其作为自身接触与吸引读者的一种手段。

数字期刊形式为杂志品牌带来了全新的读者。数据显示，有 38.8 万人通过数字期刊的方式阅读了《美好家园》和《花园》，其中 70% 的读者并不阅读纸质期刊。在《女性周刊》网站及其 APP 的 41.1 万名读者中，五分之四的数字读者是非纸质读者。在所有跨平台出版的期刊中，每本期刊约 82% 的数字读者同时也在阅读着纸质版期刊，这无疑扩大了纸质期刊的读者群。例如，周刊 *Take 5* 和 *That's Life* 在纸质版和网络版之间获得了很高的交叉阅读率。在 Take 5 的 7.2 万名数字读者中，有一半人还在一周内阅读了该期刊的印刷版。竞争对手《生活》期刊的交叉阅读率也是最高的，该期刊三分之一的在线读者同时也在阅读着该期刊的印刷版。除此之外，数字化还允许了消费者以多种方式与期刊品牌进行互动，以达到更好的传播效果。

纸质期刊阅读向数字期刊阅读的转变之所以重要，很大程度上是出于期刊出版业经济效益的需要。由于大多数在线新闻网站并不收取订阅费用，因此广告收入一直是在线期刊经济增长的主要推动力。对于那些在这方面取得成功的传统出版商来说，广告收入约占总收入的 60%，其中数字收入是增长最快的收入来源，数字广告收入通常可以产生总出版收入的 25% 以上。

表 12　2017 年澳大利亚全平台前十位期刊统计

单位：千人

杂志	纸质期刊	电子期刊（网络与应用）	跨平台总读者数
	2017 年 5 月	2017 年 5 月	2017 年 5 月
Taste.com.au	597	3 009	3 408
Women’sWeekly/Now to Love	1 555	926	2 368
Better Homes & Gradens	1 790	362	2 031
Woman’s Day/Now to Love	1 304	341	1 576
National Geographic	1 082	362	1 370
New Idea	1 148	224	1 325
Good Health/Now to Love	222	—	—
Open Road（NSW）	1 082	77	1 118
Mother & Baby/Now to Love	70	—	—
Take 5/Now to Love	505	333	795

资料来源：罗伊·摩根调查公司

参考文献

1. 澳大利亚国家统计局 Australian Bureau of Statistics，http：//www.abs.gov.au/.

2. 澳大利亚图书与出版官网 https：//www.booksandpublishing.com.au/.

3. 澳大利亚出版商协会 Australian Publishers Association，https：//www. publishers.asn.au/.

4. *Australian Public Libraries Statistical Report 2015—2016*，State Library of Queensland，2017.

5. *Libraries Australia Annual Report 2017—2018*，Libraries Australia Advisory Committee，2018.

6. 尼尔森图书调查公司 http：//www.nielsenbookscan.com.au/.

7. 澳大利亚独立墨水自助出版 http：//www.independentink.com.au/.

8. 澳大利亚书商协会 Australian Booksellers Association.

9. 索普鲍克出版公司 Thorpe-Bowker，http：//www.bowker.com/.

10. 罗伊·摩根调查公司官网 http：//www.roymorgan.com/.

11. 全球杂志出版行业市场研究报告 IBIS World，https：//www. ibisworld.com/.

12. *Australian Communications Report 2017—2018*，Australian Communication and Media Authority，2017.

13. 澳大利亚儿童阅读指南 http：//www.kidsreadingguide.com.au/.

14. 澳大利亚商业信用调查公司 https：//www.ibisworld.com.au/.

15. 澳大利亚作家服务代理组织 https：//writerssa.org.au/.

16. 澳大利亚印刷前后服务组织 https：//www.postprepress.com.au/.

17. 澳大利亚图书行业的颠覆与创新：贸易和教育出版商案例研究 *Disruption and Innovation in the Australian Book Industry*：*Case Studies of Trade and Education Publishers*，Jan Zwar，2016，The Department of Economics，Macquarie University.

18. 澳大利亚图书读者：调查方法与结果 Australian Book Readers：Survey Method and Results，David Throsby，Jan Zwar and Callum Morgan，2017，The Department of Economics，Macquarie University.

19. 全球图书行业中的澳大利亚出版商：调查方法与结果 *Australian Book Publishers in the Global Industry*：*Survey Method and Results*，David Throsby，Jan Zwar，Callum Morgan，2018，The Department of Economics，Macquarie University.

20. 澳大利亚土著居民扫盲基金会 https：//www.indigenousliteracyfoundation. org.au/.

21. 澳大利亚杂志出版商协会（Association of Magazine Publishers of Australia），http：//www.magazines.org.au.

22. *Digital News Report*：*Aurtralia 2017*，News & Media Research Center，2017

23.《悉尼先锋晨报》，*The Sydney Morning Herald*.

24. *Australian Business Law 2012*，Pual Latimer，CCH Australia Limited，2011.

（作者单位：辽宁大学）

2016 年独联体国家出版业发展报告

王卉莲

1991 年 12 月，除立陶宛、拉脱维亚、爱沙尼亚、格鲁吉亚外，苏联其他 11 个加盟共和国领导人在哈萨克斯坦阿拉木图会晤，通过了《阿拉木图宣言》和《关于武装力量的议定书》等文件，宣告成立独立国家联合体（简称独联体）。目前，独联体正式成员国有 9 个，分别为亚美尼亚、阿塞拜疆、白俄罗斯、摩尔多瓦、哈萨克斯坦、吉尔吉斯斯坦、塔吉克斯坦、乌兹别克斯坦、俄罗斯；非正式成员国有 2 个，分别为乌克兰、土库曼斯坦。

独联体执行委员会是独联体唯一常设的执行、行政、协调机构。该委员会下设的定期出版物、图书出版、图书发行及印刷领域跨国合作理事会，1999 年 6 月根据建立该理事会的相关条约成立，阿塞拜疆、亚美尼亚、白俄罗斯、哈萨克斯坦、吉尔吉斯斯坦、摩尔多瓦、俄罗斯、塔吉克斯坦八国为缔约国，土库曼斯坦、乌兹别克斯坦、乌克兰三国为条约参与国。2004 年 4 月独联体政府首脑理事会通过的《图书出版、图书发行与印刷领域合作条约》是指导该跨国合作理事会活动的基础性文件。2007 年，经独联体国家图书发行商协会建议，定期出版物、图书出版、图书发行及印刷领域跨国合作理事会开会研究独联体国家图书出版与发行业存在的问题。相关数据显示，苏联解体后十余年，独联体各国的图书出版与发行情况堪忧。2009 年 10 月，独联体国家元首理事会通过《图书扶持宣言》。白俄罗斯、哈萨克斯坦、摩尔多瓦和乌克兰等国纷纷出台扶持图书出版与发行的相关法律文件。但是，独联体国家对出版发行业扶持力度不够。据国际出版商协会统计，目前有 43 个国家免征图书增值税。欧盟国家的图书增值税税率一般不超过 7%。而独联体国家图书增值税税率则是欧盟国家的 1.5—3 倍。

白俄罗斯的图书增值税税率为20%，哈萨克斯坦和吉尔吉斯斯坦为12%，俄罗斯为10%。2016年，独联体国家执行委员会再次要求独联体各国提供出版发行相关情况，仅阿塞拜疆文化与旅游部、白俄罗斯信息部、哈萨克斯坦文化与体育部、吉尔吉斯斯坦外交部、摩尔多瓦外交与欧洲一体化部、俄罗斯通信与大众传媒部反馈上述信息，独联体国家图书发行商协会进行整理、分析。

相关数据显示，2007—2016年十年间，独联体国家出版发行状况不仅未有好转，而且更加恶化，需要引起各国和社会的广泛关注，亟待出台相关扶持政策，采取有效措施推动出版发行业健康发展。鉴于独联体各国出版业相关数据较难获得，独联体国家图书发行商协会用于各国间横向比较的各项数据尤为珍贵，本文数据更新至2016年。

一、出版业基本情况

2016年，阿塞拜疆、白俄罗斯、哈萨克斯坦、吉尔吉斯斯坦、俄罗斯、乌克兰六国出版图书和小册子156 878种，较2007年增加7.2%，总印数5.39亿册，较2007年减少31.9%。上述六国中，除白俄罗斯外，其他各国出版种数都增加，增幅8%~78%；除吉尔吉斯斯坦外，其他各国总印数都减少，降幅13%~66%；除哈萨克斯坦外，其他各国平均印数都减少，降幅27%~76%。

2016年，上述六国中，俄罗斯占总出版种数的74.6%，占总印数的82.9%；乌克兰占总出版种数的13.6%，占总印数的3.3%；白俄罗斯占总出版种数的6.1%，占总印数的2.3%；哈萨克斯坦均占总出版种数和总印数的3.0%。上述四国占六国总出版种数的97.3%，占六国总印数的91.5%。四国图书平均印数在2 200~3 800册。

2016年，就总出版种数而言，俄罗斯为11万余种，乌克兰为2万余种，白俄罗斯为9 000余种，哈萨克斯坦为4 000多种，阿塞拜疆约为3 000种，摩尔多瓦为2 500余种，吉尔吉斯斯坦约为1 200种。就总印数而言，俄罗斯为4.5亿册，乌克兰为近5 000万册，白俄罗斯为2 000余万册，哈萨克斯坦为1 600余万册，阿塞拜疆、吉尔吉斯斯坦、摩尔多瓦为180万~230万册左右。（见表1）

表 1　独联体国家图书和小册子出版情况

类别	出版种数（种）			印数（千册）			平均印数（册）		
	2007 年	2016 年	2016 年较 2007 年	2007 年	2016 年	2016 年较 2007 年	2007 年	2016 年	2016 年较 2007 年
阿塞拜疆	2 115	3 000	41.8%	5 855	2 000	−65.8%	2 768.7	667	−75.9%
白俄罗斯	12 565	9 581	−23.7%	49 777.8	23 140	−53.5%	3 962	2 415	−39.0%
哈萨克斯坦	4 211	4 691	11.4%	12 819	16 378.1	−27.8%	3 044	3 491	14.7%
吉尔吉斯斯坦	675	1 200	77.8%	1 098.3	1 795.1	63.4%	1 627	1 144	−30.0%
俄罗斯	108 791	117 076	7.6%	665 683	446 274.4	−33.0%	6 119	3 812	−37.7%
乌克兰	17 987	21 330	18.6%	56 111.7	48 978.1	−12.7%	3 119.6	2 296	−26.4%

根据联合国教科文组织数据研究所对独联体国家居民 2015 年拥有图书情况的统计，就人均拥有图书而言，俄罗斯为 3.1 册，白俄罗斯为 2.3 册，哈萨克斯坦为 1.1 册，乌克兰为 0.9 册，吉尔吉斯斯坦为 0.3 册，塔吉克斯坦为 0.1 册；就百万居民拥有图书而言，白俄罗斯为 1 084 册，俄罗斯为 770 册，乌克兰为 467 册，哈萨克斯坦为 316 册，吉尔吉斯斯坦为 201 册，塔吉克斯坦为 94 册。（见表 2）

表 2　2015 年独联体国家居民拥有图书情况

单位：册

类别	俄罗斯	白俄罗斯	哈萨克斯坦	乌克兰	吉尔吉斯斯坦	塔吉克斯坦
人均拥有图书	3.1	2.3	1.1	0.9	0.3	0.1
百万居民拥有图书	770	1 084	316	467	201	94

2016 年，白俄罗斯、哈萨克斯坦、吉尔吉斯斯坦、俄罗斯、塔吉克斯坦、乌克兰六国再版书所占比重均较 2007 年有所下降，其中，吉尔吉斯斯坦、哈萨克斯坦、白俄罗斯降幅最大，下降了约 30 个百分点，所占比重由 2007 年的 40% 左右降至 10%~20%。2016 年，白俄罗斯、俄罗斯、哈萨克斯坦的再版书比重在 15% 左右，吉尔吉斯斯坦、塔吉克斯坦、乌克兰的再版书比重在 5% 左右。

2016 年，阿塞拜疆、白俄罗斯、哈萨克斯坦、吉尔吉斯斯坦、摩尔多瓦、俄罗斯、塔吉克斯坦、乌克兰八国翻译类图书所占比重几乎都在 10% 以下。而 2007 年，摩尔多瓦、乌克兰、吉尔吉斯斯坦、俄罗斯四国翻译类图书所占比重在 15% 左右。

2016 年，白俄罗斯、哈萨克斯坦、吉尔吉斯斯坦、俄罗斯、塔吉克斯坦、乌克兰六国印数 500 册以内的出版物所占比重在 50%~75% 左右，而 2007 年这一指标则为 3%~18%。就印数 500—5 000 册的出版物所占比重而言，吉尔吉斯斯坦、塔吉克斯坦则由 2007 年 12% 左右降至 2016 年 6% 左右；2016 年白俄罗斯、俄罗斯所占比重为近 30%，哈萨克斯坦、乌克兰所占比重为 20%。（见表 3）

表 3　独联体国家各类图书出版情况

类别	再版书		翻译类图书		印数 500 册以内的出版物		印数 500~5000 册的出版物	
	2007	2016	2007	2016	2007	2016	2007	2016
阿塞拜疆	—	—	4.17%	4.47%	—	—	—	—
白俄罗斯	44.9%	17.7%	5.0%	5.1%	4.5%	62.9%	26.8%	28.3%
哈萨克斯坦	42.5%	12.2%	0.94%	3.44%	4.2%	60.5%	13.7%	18.2%
吉尔吉斯斯坦	39.8%	6.8%	12.78%	9.09%	13.6%	73.8%	12.5%	7.2%
摩尔多瓦	—	—	16.13%	7.89%	—	—	—	—
俄罗斯	27.6%	15.1%	12.3%	10.7%	2.7%	48.16%	24.9%	27.0%
塔吉克斯坦	19.6%	4.5%	3.0%	2.0%	18.0%	75.0%	12.0%	5.0%
乌克兰	7.0%	3.9%	14.0%	8.3%	8.4%	60.5%*	32.0%	20.3%*

注：* 为 2015 年数据

二、出版发行机构情况

根据 2007 年、2016 年独联体国家出版机构数量的统计，俄罗斯有五六千家，白俄罗斯有五六百家，哈萨克斯坦有 200~400 家，阿塞拜疆有一百多家，吉尔吉斯斯坦有六七十家。一些国家仅有上述年份其中一年的统计，2007 年乌克兰约有一千家，亚美尼亚有 150 家；2016 年摩尔多瓦有 364 家。

根据 2007 年、2016 年独联体国家书店数量的统计，十年间俄罗斯书店数量减少 60% 以上，由 2007 年的 4 000 家缩减至 1 500 家；乌克兰有约 400 家；哈萨克斯坦在

150 家左右；白俄罗斯有八十余家；吉尔吉斯斯坦有近五十家；一些国家仅有上述年份其中一年的统计，2016 年阿塞拜疆有 150 家，摩尔多瓦有 62 家。

2016 年独联体国家的书店数量与 20 世纪 90 年代的数据相比较，可以看出二十多年来，各国书店数量大幅减少，20 世纪 90 年代摩尔多瓦的书店数量是 2016 年的 11 倍，哈萨克斯坦为 9 倍，吉尔吉斯斯坦为 5 倍，白俄罗斯为 4 倍，阿塞拜疆为 1.6 倍。

书店平均服务人数、每平方千米的书店数量是衡量一国图书发行状况的重要指标。就书店平均服务人数而言，2016 年阿塞拜疆一家书店平均为 6.5 万人服务，这一指标白俄罗斯为 7.22 万人，俄罗斯为 9.8 万人，哈萨克斯坦为 10.6 万人，吉尔吉斯斯坦为 13.8 万人。上述国家的指标是欧洲发达国家的 5~10 倍（瑞士为 1.07 万人，德国为 1.16 万人，荷兰为 1.37 万人）。就每平方千米的书店数量而言，2016 年摩尔多瓦每平方千米有 1.83 家书店，这一指标阿塞拜疆为 0.58 家，白俄罗斯为 0.42 家，吉尔吉斯斯坦为 0.22 家，俄罗斯为 0.088 家，哈萨克斯坦为 0.062 家。上述国家的指标远低于欧洲发达国家，如芬兰每平方千米有 2.4 家书店，西班牙为 4.46 家。

三、国际书展举办情况

目前，在俄罗斯、白俄罗斯、乌克兰、哈萨克斯坦、土库曼斯坦等国均举办国际书展。

莫斯科国际图书博览会是俄罗斯最具代表性、规模最大的图书盛会，1977 年由当时的苏联国家出版、印刷与图书发行委员会、全苏版权局、苏联国际图书公司创办，以“图书为和平与进步服务”为宗旨。1997 年以前书展每两年举办一次，此后至今，书展成为俄罗斯图书界一年一度的盛事。1999 年交易会首次成为版权贸易的平台。2005 年首次设立主宾国。2007 年中国作为主宾国参展。2008 年 9 月，第 21 届博览会首次将独联体国家、波罗的海各国召集在一起。2019 年 9 月将举办第 32 届博览会。

圣彼得堡国际图书沙龙，2006 年 11 月创办，由俄罗斯圣彼得堡市政府和俄罗斯图书协会主办，联邦出版与大众传媒署提供支持，独立非商业性机构“圣彼得堡媒体项目”运营，旨在发挥阅读潜力、培养年轻一代对图书的热爱、将家庭阅读计划融入生活。第一届沙龙上，联邦出版与大众传媒署署长谢斯拉温斯基与俄罗斯图书协会会长斯捷帕申签署了《国民阅读扶持与发展计划》。2019 年 5 月举办第 14 届图书沙龙，围绕 2019 年“戏剧年”主题组织各类活动。

明斯克国际图书博览会，1994 年创立，组织者包括白俄罗斯信息部、外交部、教育部、文化部、明斯克市执行委员会、白俄罗斯作家协会、白俄罗斯图书、图书出版发行企业 Макбел 等。2006 年首次设立主宾国。2015 年中国作为主宾国参展。2019 年 2 月第 26 届图书博览会举办，来自 30 余个国家和地区的超过 300 家出版机构参展。

乌克兰国家图书博览会在“出版商论坛”框架下进行。出版商论坛在 1995 年创立，致力于提高乌克兰国民文化、教育水平，通过举办各类社会和文化项目，推广、发展乌克兰图书、文学与语言，促进跨文化交流。论坛举办方有：利沃夫城市委员会、利沃夫州政府、利沃夫州委员会、乌克兰出版商与图书发行商协会、乌克兰图书馆协会。2017 年 9 月，在该论坛框架下举办了第 24 届博览会、第 12 届国际文学节、第 23 届“论坛最佳图书”竞赛和颁奖典礼、第 8 届全乌克兰图书馆论坛等，约 200 家出版社、图书发行机构、1 100 多位来自乌克兰和其他国家的作家、艺术家、文化界人士参与论坛的各项活动。2019 年 5 月举办第 26 届博览会。

乌克兰“图书军械库”国际联欢节，2011 年创办，尝试突破传统的文学范畴，反映当前技术发展，以及与现实社会文化发生关联的各类视觉、媒体、音乐艺术形式，以各种创新形式，将文学、艺术、社会实践结合起来，鼓励读者走进图书市场，促进全民阅读。2018 年 5 月底至 6 月初，乌克兰举办了第 8 届联欢节，超过 150 家出版机构、约 200 位乌克兰作家、100 位来自 31 个国家的嘉宾出席联欢节。2019 年 5 月举办第 9 届联欢节。

哈萨克斯坦欧亚国际图书博览会，2016 年创办，由 Фолиант 出版社组织，哈萨克斯坦文化与体育部、阿斯塔纳市政府提供支持。2019 年 4 月举办第 4 届博览会，宣布启动“年度最佳图书”竞赛，分为最佳教材、最佳地方志、少儿图书、文化与艺术、科学与创新、最高奖、最佳展品等奖项。

土库曼斯坦“黄金世纪的金色出版物”国际展览，目前仅掌握 2007 年第 2 届“黄金世纪的金色出版物”国际展览的一些情况。2007 年 10 月，共有 20 个国家参加该展览。展会包括土库曼斯坦各部委、各州展台，出版、印刷、造纸企业展台。

参考文献

1. 独联体执行委员会网站.

2. 独联体国家图书发行商协会网站.

3. 相关国际书展网站.

（作者单位：中国新闻出版研究院）

附　录

2017 年 12 月 29 日人民币对各币种汇率中间价表

类别	汇率
1 美元对人民币汇率中间价	6.534 2
1 欧元对人民币汇率中间价	7.802 3
1 英镑对人民币汇率中间价	8.779 2
100 日元对人民币元汇率中间价	5.788 3
1 人民币对韩元汇率中间价	163.69
1 人民币对卢布汇率中间价	8.814 0
1 澳大利亚元对人民币汇率中间价	5.092 8

数据来源：中国人民银行